白佛言閱讀與寫作教室 下冊

Be-tween 這樣幸福

白佛言 著

謝楓其〈紅〉詩圖畫：上排由左至右依序為，圖1-圖2-圖3-圖4

下排由左至右依序為，圖5-圖6-圖7-圖8

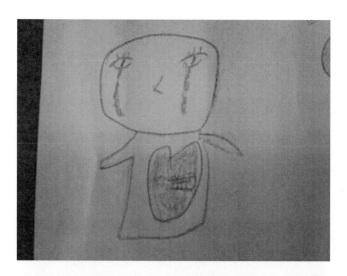

圖片一：「心中的無弦琴紅彤彤的呼吸著的臉龐流下來一個童話故事。

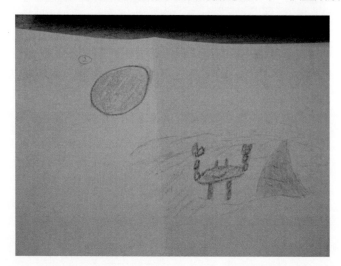

圖片二：「你在那夕陽斜照的猶新記憶中沙灘著招潮蟹漫不經心寫
在沙丘上的做夢」

圖片三：「你在那溪流散步的母親之臉中」

圖片四：「我們都有了成熟的美，面見晚風簌簌走著夜之人行道。」

圖片五：「『我要洗澡了！』一個小女孩把夜燈點亮地稚語。」

（全圖 1－5）

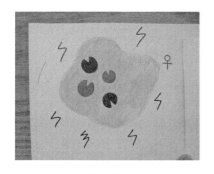

（第一段）

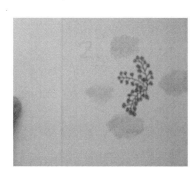

（第二段）

（第三段）

（第四段）

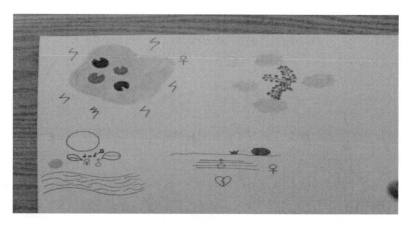

（整體）

序文

這樣幸福──閱讀與寫作教室

喜愛紀錄教室小說，這個教室生態，
滿溢小學教師和孩子們，生活在一起的
實在感。人類依靠一些現實事件，
意義自我。想念孩子們的時候，翻閱這一些意象，
時時刻刻為序。

──白佛言

為身體年後的小學教師、小學教室，
這樣幸福。
晨語。千萬顆晨露，千萬個晨陽；
千萬朵街景垂世的晨風。安靜的鮮麗，
水汪汪的眼神，一串串鵝黃嫩顏色的六月之晨。
一聲聲綠繡眼的光鏡，這樣幸福。
　　陳諺元常在黃老師的導師室走動，放學時段他靠近老師臉頰旁，輕聲地說著：「老師！剛才第二節你填完了『教師意願調查表，請陳雲愷送到研究室後，蕭育台就偷偷的哭了，你有沒有發現？』」
　　「喔！知道。我有看見！」黃老師回著，眼眶裡灰著，像塵。
　　他們兩人關了導師室，關了教室門窗，走在教室前的長廊，他們倆一起照顧的班級花圃，白薔薇正盛開、黃玫瑰正含苞，欲吐欲露、白六角茶花的小花苞，還在努力表達未來的生活是馬齒莧粉紅的、白潔的、鮮紅脆弱的花瓣盛開在六月的陽光裡。
　　這個半圓弧度造形的女兒牆角落，有個小孩子的秘密世界。其實黃老師小時候，也有個一樣的秘密童年，故事都是發生在小學高

年級的兩性吸引。他們彼此分享著內心底的小世界，一個大人，一個小孩，，世間的模樣變成人文色彩繽紛的有情。

「老師！還有轉緩的餘地嗎？」陳諺元跟在老師的旁邊，側頭問著。

「當你知道為什麼要這麼做時，你堅持著一個人生觀念，走完全程。那叫『堅持』。如果你不明所以的拗著個性不妥協，那叫做『叛逆』。」陳諺元邊走邊聽著老師的話。

他只想求老師留在高年級，繼續帶著他們直到畢業典禮的那一天，唱「今年的夏天」、唱「老師，我愛你！」、唱「永遠的畫面」。

「生命在學習『做決定』，我希望你們可以在老師與你們的學習分開時，學會習慣『做決定的思考』、學會習慣『做決定的代價』」黃老師的腳步緩慢地下沉，低音調的話裡有傷感。

他倆人的身影走下博愛樓三樓的階梯、二樓的階梯，踢踏的相伴到車棚。

有一次，他倆依是這樣的路線，整理完教室地板，邊走邊聊那一朵花的形態最有活力？情感的表達方式那一種最美？他背著書包，坐在老師的紅色小摩托車前，像親情聊著。摩托車停在校門口後，媽媽早已在外頭，微笑地等著孩子。

「老師，再見。明天見！」陳諺元回首向老師說著。

那一幕都還在記憶中。

這一天的車棚場景一樣，不同的心情成了背景的氛圍。他們師生倆人站在車棚閒聊。

「『永恆』的形狀和形成是因為『記得』！老師和你的內心已有許多的永恆，這是彼此送給對方的禮物。所以我們會幸福！」老師也略帶傷感的眼睛，低頭說著，像日本柴犬低下眼神的雙眼皮一樣，露出無辜的神情。

第二天導師時間，黃老師收著孩子傳回 E-mail 信箱的作文補交作品，他喚著：「蕭育台！到老師這邊來。」

　　蕭育台走到老師面前，隨著老師的手勢，他坐在老師的大腿上，讓老師雙手環抱著。

　　「『永恆』是因為我們都『記得』對方！」黃老師像一位媽媽，抱著自己的小孩，低頭在蕭育台的頸間說著話，很私密的小聲說話。

　　蕭育台的淚珠瞬間啪哒下來，黃老師的手臂上留著他心碎的淚水，二顆、三顆、四顆的淚珠從眼眶中掉落，整個心情在沒有語言傳說的時刻，掉落，掉落。

　　「耶！感動也不能把淚珠滴在我的手臂上啊！」黃老師選用一種撒嬌的動作和聲音說著話。他抱著蕭育台輕輕搖擺，像搖籃。

　　蕭育台笑了。

　　「老師的愛一直都在，那會存檔在心田裡！」黃老師摸著蕭育台的心坎說著。

　　他們倆人的眼裡恢復著晶光。

〈從那一堂課回來〉

　　從那一堂課回來三月已是驚蟄。

　　我從三月的東海岸綠見藍色的波浪，
　　那一家飲食手工小店舞起原住民想像的韻律風情，
　　外頭的台11線公路暗夜只能以燈摸黑，
　　簡樸的柴火悶燒一壺冬季，聽歌山語。
　　一對對男女、一家家出遊的城市，蜿蜒起海岸的年紀。

　　一場輕飲食，一場呼吸聲響著海風，一場秀姑巒溪流動。
　　一場場世界為之靜止下來的意念角落，雪白散落。
　　我想停腳在你走過的小腳印裡婆娑耳語。
　　序曲大自然樂章，幾回醉語顛倒。
　　磯碕的浪花、美麗東海岸海灣，民宿林立
　　就像我綿延展出的後山晨陽。

這是山，那是海。這是浪花，那是船。
隻隻清覺的梵音與你心靈之中的手感溫度。
我從海的聽覺聲聞你的眼神陽光地
停落，大冠鳩御風而行、翔翔山林。

從那一堂課回來，白薔薇花群已是四季。
從那一堂課回來，白六角茶花已是牡丹。
從那一堂課回來——
晨曦雀鳴、木棉花街語，
是誰走在路途遙遠的天際海藍。

這是山，那是海。這是浪花，那是船。

　　　　　　　　2012 年白佛言作序於台東茶語工房

目次

第十九章　如何閱讀作者思考

如果太陽出來會很可愛。今晚的霧有中古世紀感覺（11/3）。

〈海浪——春天的第一天〉
維吉妮亞‧吳爾芙 1940-1941 年日記節錄

邁向專家心智之路：

專家在面對問題時，嘗試著自己解決問題，讓自己更具創造力外；他們快速感知（perception）的統覺（apperception）知識，有效地提取長期記憶區累積的大量結構性知識，這是對其領域相對位置全盤概念的內隱知識（implicit knowledge）和解決問題相關的策略知識來解決問題。

專家會運用意元集組（chunk）的記憶樣式儲存大量的資訊；或是運用意元集組延伸為極大型樣式的模版（template）方式，儲存資訊。他們會隨時打開心智之盒，檢視、批評並擴增盒中的內容，朝向其領域頂尖人物的水準前進。

艾克瑞森也認為，成為專家真正重要的不是經驗，而是「潛心鑽研」的工夫，這代表著持續接受超越個人能力的挑戰。也有研究者指出，專業能力靠的是競爭、磨練而非文憑。

〈窺探大腦〉羅斯（Philip E.Ross）。白佛言摘錄整理：p.132-140

1.　閱讀與寫作思考藍圖

一開學，黃老師便發下十六篇的課外教學文章資料。每位同學一個資料夾，裡頭有八篇少年小說稿。

　　最複雜的二張資料是「國小語文教育『閱讀、寫作』教學思考架構表」、「發問技巧思考架構表」。他說：「六年級開始，我們的語文教育，將依照這樣的資料儲備表類目，配合著發問技巧進行教學。」

　　他把「閱讀、寫作架構表」、「發問技巧思考架構表」用 Microsoft Excel 完成格式，上傳到 mothermother1212@yahoo.com.tw 信箱，請班上孩子進到班級作業信箱，自行複製資料在家用電腦上。這天，他順勢傳了作家維吉妮亞‧吳爾芙在「海浪」一書中的節錄文章。

類目	國小語文教育閱讀寫作教學思考基礎架構東大附小 2010.9.1.						
A、寫作	A-1、作者寫什麼？	(1)場景.	(2)人的連續動作.	(3)各句子中主詞的連續動作.		(4)主角、配角組合的生活事件剪裁	
	A-2、作者怎麼寫？（寫作技巧？）	(1)字詞.	(2)句子.	(3)段落.		(4)篇	
B、閱讀	B-1、讀什麼(意義？)	(1)生活事件	(2)綱要	(3)全課大意.	(4)主旨.	(5)作者人生思考	.	(6)讀者人生思考
	B-2、怎麼讀（讀書方法？）	(1)審題思考.	(2)瀏覽閱讀	(3)分析閱讀	(4)發問技巧	(5)比較閱讀	.(6)綜合閱讀
	B-3、閱讀工作分析	a.觀察、b.想像c.譬喻、d 心靈圖片	a.決定文體基架b.自然段歸納意義段	a.金字塔結構b.綱要、c.大意	a.形式探究b.內容探究	a.發問結構b.理答結構	a.資料儲備表b.比較類目	a.資料儲備表b.綜合類目
C、基架	C-1、文章基架	意義段落	原因段（首段）	經過情形段落（中段）			結果段（尾段）
			起	承		轉	合
	C-2、（記敘文故事體）	自然段落	第一段場景、人稱、問題	第二段小事件(1)	第三段小事件(2)	第四段小事件(3)	第五段小事件(4)	第六段結論

D-1、全篇	D-1-1、形式探究	綱要					
		時間安排					
		空間安排					
		邏輯安排					
	D-1-2、內容探究	主旨					
		全課大意					
		閱讀心電圖（情緒變化）					
D-2、段落	D-2-1、形式探究	段落基架					
	D-2-2、內容探究	段落大意					
D-3、句子	D-3-1、形式探究	句子基架					
	D-3-3、內容探究	D-3-2、句型意義					
D-4、字詞	D-4-1、形式探究	字詞基架					
	D-4-5、內容探究	字詞意義					
人物刻劃	外在描寫、內在描寫（生理學、心理學、社會學）	古婷怡人物描寫：□□每當她聽到沈順崎那愚蠢的對話時，總以無法忍受的語氣對他叫：「沈順崎你安靜一點啦！」沈順崎卻裝出一副『我又不是故意』的表情，坐在他旁邊真是辛苦啊！					

〈閱讀寫作教學思考基礎架構〉敘述：

A、寫作類目：包含二個子類別。

　A-1、作者寫什麼？

　　這是作者的寫作內容。由（1）場景、（2）人的連續動作、（3）各句子中主詞的連續動作、（4）主角、配角組合的生活事件剪裁；

我們從文本的綱要中，可以得知作者寫了哪一些事件；從每一事件中可以得知作者寫了哪一些細節重點。

A-2、作者怎麼寫？（寫作技巧？）

這是作者在（1）字詞、（2）句子、（3）段落、（4）篇中所使用的書寫技巧。作者會思考形式基架的順序問題後，再以修辭學的摹寫技巧，逐一呈現主詞在現場情境中的所有具體行動，讓讀者感受著情境、主詞的臨場再現。作者還會以修辭學的其他形式設計技巧、內容設計技巧，強化作者所要傳達的情緒內涵、思想內涵，視覺內涵。

B、閱讀類目：包含三個子類別。

B-1、讀什麼？（意義？）

（1）生活事件、（2）綱要、（3）全課大意、（4）主旨、（5）作者人生思考、（6）讀者人生思考

B-2、怎麼讀？（讀書方法？）

（1）審題思考、（2）瀏覽閱讀、（3）分析閱讀、（4）發問技巧、（5）比較閱讀、（6）綜合閱讀

B-3、閱讀工作分析：

閱讀工作分析是根據「B-2、怎麼讀？」的細目，做微觀的工作分析。

（1）審題思考：a.觀察、b.想像、c.譬喻、d.心靈圖片

（2）瀏覽閱讀：a.決定文體基架、b.自然段落歸納成意義段落

（3）分析閱讀一：a.金字塔結構、b.綱要、c.大意

（4）分析閱讀二：a.形式探究、b.內容探究

（5）發問技巧：a.發問結構、b.理答結構

（6）比較閱讀：a.資料儲備表、b.比較類目

（7）綜合閱讀：a.資料儲備表、b.綜合類目

這樣微觀的工作分析，被列為「閱讀基本動作」而在教學推展活動中進行基本動作訓練，這成為孩子日後「可以帶著走的閱讀技能」。

C、基架類目：包含二個子類別。

C-1、文章基架

這由一篇文本的共同基架所組成「首段、中段、尾段」的「起、承、轉、合」組合，成為作者思考寫作基架的一般性共通架構。

依其不同文體，再改變格式，來適合記敘文基架（記人、記事『記事件、故事體』、記遊『記時、記地』、記物）、抒情文基架、論說文基架、應用文基架、小說基架。

C-2、記敘文故事體基架

由作者寫作的自然段落，歸納出意義段落，安排進入文章基架，即成故事體文章基架的「原因段（首段）、經過情形段落（中段）、結果段（尾段）」，這稱為特殊性文章基架。裡頭會見到幾個自然段落，依事件綱要（作者這一段在寫什麼事件？）被歸納成一個意義段落。所以 C-2、記敘文故事體基架，是扣準著 C-1、文章基架的發展，而彼此上、下對照著閱讀。

D、 全篇（D-1）、段落（D-2）、句子（D-3）、字詞（D-4）類目：包含二個子類別的「形式探究」、「內容探究」。

這被黃老師組合成一個「學科金字塔教學模式」，此設計依照著教育心理學的概念階層圖發展而來，成為一個鳥瞰式的閱讀方法。

每一個小細目又有其教學概念形成、教學概念辨認的教學實務推展和教學評量重點。

例如：D-3 句子類的「形式探究」、「內容探究」：「形式探究」當是句子基架、句子關聯詞形式字兩類。

D-3-1 句子基架的「主詞＋述詞。」的簡單句、複句。由基本的「主角＋怎麼樣（，）＋又怎麼樣（，）＋結果（。）」所組成。可由這基本型調整為順敘、倒敘、插敘等不同形式。句子的擴寫和句子的長句縮短，也都是在此句子基架中或增或減，以滿足國語科習作上的書寫技能。

D-3-2 句子關聯詞形式有：

1. 轉折關聯詞（①卻②但是③只是④雖然──不過）

2. 條件關聯詞（①不論②只要③只有④除非──不然）

3. 因果關聯詞（①由於②以致於③因為④因為──所以）

4. 遞進關聯詞（①不只──而且②不但──並且──還）

5. 並列關聯詞（①也②又──又③有的──有的④一邊──一邊）

6. 假設關聯詞（①假如②要是③倘若④如果──就）

7. 選擇關聯詞（①不是──就是②是──還是）

8. 目的關聯詞（①以免②以便③免得④為了──起見）」──等等。而關聯詞形式同時也傳達著一種形式表達的內在意義。

D-3-3 句子內容探究：依句子書寫正確、通順的結構正確、內容正確開始。發展為「句子書寫具體性」、「句子書寫優美性」、「句子書寫生動性」、「句子書寫豐富完整性」、「句子書寫主詞統一性」、「句子書寫節奏性」、「句子書寫細膩性」。逐一做為閱讀句子、寫作句子的基本技能訓練。

例如：D-4 字詞類的「形式探究」、「內容探究」：「形式探究」當是生字的「字體基架（D-4-1）、筆劃順序（D-4-2）、筆劃名稱（D-4-3）」的結構。

字體基架（D-4-1）分為左右結構的「左小右大字」、「左大右小字」、「左右均分字」、「左中右均分三併字」；分為上下結構的

「上小下大字」、「上大下小字」、「上下均分字」、「上下均分三併字」；分為獨體結構的「獨體字」；分為外包結構的「外包字」。

筆劃順序（D-4-2）分為「自上而下」、「由左而右」的書寫順序。

筆劃名稱（D-4-3）分為「永字八法」的基本名稱，「側（點）」、「勒（橫）」、「努（直）」、「趯」、「策（仰橫）」、「掠（長撇）」、「啄（短撇）」、「磔（捺）」。

字音名稱（D-4-4）分為「聲符」、「韻符」、「結合韻符」、「標點符號」。

「內容探究」（D-4-5）當是單字意義的「象形」、「指事」、「形聲」、「會意」、「轉注」、「假借」的倉頡造字思考過程和字典「部首」查尋的編輯思考。

如此生字教學的「形、音、義」思考，便可以有了一些簡單的評量類目。

這生字「形」的教學評量，是由台東大學語文教育學系的洪文珍教授，針對「字形」硬筆字教學的評量細分為字體書寫整齊、書寫美觀、書寫正確（筆劃順序正確、筆劃名稱正確）而得，自此教學評量是結合著教學概念而來，補救教學亦是回到教學概念的推展歷程而被檢視著。

例如：D-2 段落類的「形式探究」、「內容探究」：

D-2-1 段落的形式探究，是由組成段落基架的「主題句」、「推展句」、「結論句」所組成的多個句子。

其段落本身或段落與段落之間，往往強調著順序性的描寫，如「時間順序描寫」、「空間順序描寫（上、下、左、右、前、後、遠、近、內、外、全部、部分）」、「邏輯順序描寫（先 A 後 B、『A＞B，B＞C，所以 A＞C』、『A＝B，B＝C，所以 A＝C』、三段論式）」。

　　而掌握一個段落的「主題句」，往往是提問「這一段最重要的『主詞』是哪一個？」，由這最重要的『主詞』所形成的句子，即是段落中的「主題句」。「推展句」是依著「主題句」而發展出來的句子。作者會把「主題句」放在一個段的前面、中間、後面的不同位置，因此要讀者有意識地從段落中找出。

　　D-2-2 段落的內容探究，便是這一段的段落大意（D-2-2-1）與段落形式安排背後所隱藏的形式含意（D-2-2-2）。

　　書寫段落大意，是注意著用一個完整的句子，來寫出「這一段都是在說些什麼重要內容？」。「主題句」、「結論句」的歸納往往是段落大意的主要部分；而「推展句」的細節又要進一步歸納，彷如長句縮短的方式；最後由這一段的最重要「主詞」開始，形成「怎麼樣（，）＋又怎麼樣（，）＋又怎麼樣（，）＋ 結果（。）」寫出本段的段落大意。

　　其更精準的細膩性，可以再思考作者選用的「形容詞」、「動詞」、「配角的情緒、行動」、「修辭學（往往是類疊法的節奏性較多）」，是否是作者在此段所強調的「重要情緒字詞」、「關鍵性字詞」；如果推論過程，發現是「重要情緒字詞」、「關鍵性字詞」，則有必要放入段落大意的內容中敘述。伊索寓言的一篇「說葡萄酸的狐狸」和舊教材「模仿貓」，就是思考書寫段落大意更精準、更細膩的典型例子。

　　段落形式安排，也可以推論出一些內容含意。如：作者在此段形式安排，為何少了結論句？作者的描寫順序為何這麼安排？作者在此段刻意使用的修辭學是什麼？有何用意？作者在此段所刻意使用的關聯詞是什麼？有何用意？

　　這都是有助於協助讀者，讀出文本的精髓，深化自己的閱讀與寫作能力。

　　例如：D-1 全篇類的「形式探究（D-1-1）」、「內容探究（D-1-2）」：

　　D-1-1 全篇形式探究是由文章文體基架以下，開始列出「意義段落綱要」、「意義段落大意」、「段落主題句、推展句、結論句」、「全篇的時間順序安排、空間順序安排、邏輯順序安排」，這亦是黃老師說的「金字塔架構」的骨架形式。從這「金字塔架構表」，可以鳥瞰作者的寫作構思（篇、段落、句子）、閱讀作者形式安排的可能含意。

　　D-1-2 全篇內容探究，是由「主旨（作者在文章背後所傳達的人生意涵？）」、「全課大意（這一課都是在說些什麼內容重點？）」、「閱讀心電圖（閱讀句子時的情緒變化曲線圖）」、「全篇形式安排的可能含意，扣準主旨、大意（模仿貓的自我追尋形式安排，是一個典型例子。）」

〈發問技巧思考架構〉

發問技巧思考								
事件思考基架	原因	經過情形				結果	影響	評估
發問思考基架	背景	特徵（是什麼）	發展（怎麼樣）	關係	比較	（結果）	影響	評估
	Context	What	How	Relations	Comparisonl Contrast	Results	Consequesces	Evalutions
問句形式	---為什麼---？	---是什麼---？	---怎麼樣……？	---甲和乙有什麼關係---？	---請就甲和乙加以比較---？	---有什麼結果---？	---有什麼影響---？	---你認為如何---？請說出你的理由或看法---？
	---是什麼原因造成的---？	---它的特徵是什麼---？	---如何發展的---？				---影響是什麼---？	
	---有哪一些原因---？	---是指什麼---？	---是如何---？			---結果怎樣---？		
	---為何---？	---面臨什麼問題---？	---它的經過是如何---？				---影響有那些---？	---這樣好不好---？為什麼你這麼說---？
		---用意何在---？	---怎麼解決的---？					

　　太陽尚未升起。海與天一色，除了海面上有輕微的皺摺，好似一塊起了摺痕的布。慢慢地天空泛白，地平線出現一道暗線將海天分開來，灰布上有大筆觸的條紋晃動著，一道接一道，在海面之下，彼此追隨，彼此追逐，永不停息。

　　當海浪靠近海岸，每道條紋升起、堆高、破碎，然後一層白紗似地水在沙上掃過，海浪暫歇，然後再次退去，好像沉睡者的呼吸，不自覺地來去輕嘆著。地平線的暗色條紋逐漸變得清晰，彷彿陳年酒桶裡的雜質沉澱讓酒杯轉為綠色。地平線後，天空也清晰了，彷彿那裡的白色雜質也沉澱了，或像一隻綣伏於地平線下女人的手臂，舉起了一盞燈，之後白、綠、黃的平直條紋放射於空中，一把扇子的扇骨。然後她將燈舉高些，空氣彷彿成為纖維，由綠色表面閃爍彈出燃燒的紅黃線條，就像由營火中咆哮而出帶著煙的火花。逐漸地，燃燒的營火溶成薄霧，一團白熾舉起沉重的羊毛灰天空，將它轉為百萬個淡藍原子。海面緩緩轉為透明，微波蕩漾閃爍，直到暗沉線條幾乎被擦拭盡，緩慢地，持著燈的手再將燈舉高、再舉高，直到一道寬廣火焰清晰可見，一彎火弧在地平線邊緣燃燒，四周的海燃燒成金黃。

　　陽光照射在花園中的樹，將一片樹葉照得通透清明，接著又一片。一隻鳥高聲鳴叫後短暫停止；又一隻低聲鳴囀。太陽讓房子牆壁逐漸成形，然後在白色百葉窗頂上棲息著，宛如扇子的柄頂，在臥室窗戶邊的葉子底部留下藍色的指紋陰影。百葉窗輕輕顫動，但室內一切仍幽暗、未見成形。屋外的鳥唱著它們的旋律。

〈海浪〉作者：維吉妮亞・吳爾芙　黃慧敏譯

2007.02.　麥田出版社

（P.033-034）

　　他希望同學先寫出「文章基架表」。這被黃老師稱為「金字塔」教學法的文章基架表，是用來訓練孩子分類、歸納、演繹、寫綱要、寫大意、鳥瞰作者形式思考探究、內容思考探究能力的「閱讀與寫作思考」。

篇名：「海浪」文章基架節自吳爾芙 P.33-34											
全課大意											
意義段落	原因段（首段）			經過情形段落（中段）						結果段（尾段）		
	起			承			轉			合		
自然段落	第（　）段			第（　）段			第（　）段			第（　）段		
事件歸納	場景、人稱、問題			小事件（1）			小事件（2）			結論		
綱要											
段落大意											
段落基架	主題句	推展句	結論句	主題句	推展句	結論句	主題句	推展句	結論句	主題句	推展句	結論句
		1　2			1　2			1　2			1　2	
句子												

2. 單篇文章分析

　　黃老師把「閱讀、寫作教學思考基礎架構」先擇選出一部分基架，適用於對單篇文章的架構分析。他知道，孩子在初階段的訓練過程，會不知道如何區別「綱要」、「大意」。雖然他們聽過老師的界定，但是如果不在作業實務操作上，遇到困境與思考，這對作業規準的概念，是無法牢固的。

　　班上孩子領到這樣的作業，在實務作業上居然有四、五個孩子，把「綱要」、「大意」倒置，黃老師收到作業後直想發笑。

　　因為高層次的技能學習，需要在愉快的學習氣氛中完成，他更加注意控制著教室情境知識的情緒學習。

　　蔣亞涓經過一次的共同檢驗後，第二天即傳上第二次作業修定：

篇名：「海浪」文章基架		
全課大意	海浪在日出前，海面是灰色的，海浪彼此追逐。地平線像陳年酒。日出後，天空從沉重的羊毛轉為百萬個淡原子。陽光照的葉子通透清明。鳥兒唱著自己的旋律。		
意義段落	原因段（首段）	經過情形段落（中段）	結果段（尾段）
	起	承　轉	合
自然段落	第（1）段	第（2）段	第（3）段
事件歸納	場景、人稱、問題	小事件（1）	結論
綱要	日出前海面、天空的景觀。	海浪、天空，景色變化。	陽光的照射，鳥的鳴唱。
段落大意	海浪在太陽尚未升起時，海面是灰色的，海浪彼此追逐。	海浪的律動像沉睡者的呼吸。地平線像陳年酒。天空從沉重的羊毛，轉為百萬個淡藍原子。	陽光的照射，將樹葉照得通透清明。鳥兒在百葉窗上棲息、鳴唱。

第一段：

綱要	日出前海面、天空的景觀。				
段落大意	海浪在太陽尚未升起時，海面是灰色的，海浪彼此追逐。				
段落基架	主題句	推展句				結論句
		1	2	3	4	
句子	太陽尚未升起。	海與天一色，除了海面上有輕微的皺摺，好似一塊起了摺痕的布。	慢慢地天空泛白，地平線出現一道暗線將海天分開來。	灰布上有大筆觸的條紋晃動著，一道接一道。	海面之下，彼此追隨，彼此追逐，永不停息。	

第二段：

綱要	海浪、天空，景色變化。				
段落大意	海浪的律動像沉睡者的呼吸。地平線像陳年酒。天空從沉重的羊毛，轉為百萬個淡藍原子。				
段落基架	主題句	推展句				結論句
		1	2	3	4	
句子	當海浪靠近海岸，	每道條紋升起、堆高、破碎，然後一層白紗似地水在沙上掃過，海浪暫歇，然後再次退去，好像沉睡者的呼吸，不自覺地來去輕嘆著。	地平線的暗色條紋逐漸變得清晰，彷彿陳年酒桶裡的雜質沉澱讓酒杯轉為綠色。地平線後，天空也清晰了，彷彿那裡的白色雜質也沉澱	然後她將燈舉高些，空氣彷彿成為纖維，由綠色表面閃爍彈出燃燒的紅黃線條，就像由營火中咆哮而出帶著煙的火花。	逐漸地，燃燒的營火溶成薄霧，一團白熾舉起沉重的羊毛灰天空，將它轉為百萬個淡藍原子。海面緩緩轉為透明，微波蕩漾閃爍，直到暗沉線條幾乎	四周的海燃燒成金黃。

| | | | 了，或像一隻
綣伏於地平線
下女人的手
臂，舉起了一
盞燈，之後
白、綠、黃的
平直條紋放射
於空中，一把
扇子的扇骨。 | | 被擦拭盡，緩慢
地，持著燈的手
再將燈舉高、再
舉高，直到一道
寬廣火焰清晰
可見，一彎火弧
在地平線邊緣
燃燒。 | |

第三段：

綱要	陽光的照射，鳥的鳴唱。					
段落大意	陽光的照射，將樹葉照得通透清明。鳥兒在百葉窗上棲息、鳴唱。					
段落基架	主題句	推展句				結論句
		1	2	3	4	
句子	陽光照射在花園中的樹。	將一片樹葉照得通透清明，接著又一片。	一隻鳥高聲鳴叫後短暫停止；又一隻低聲鳴囀。太陽讓房子牆壁逐漸成形，然後在白色百葉窗頂上棲息著，宛如扇子的柄頂，在臥室窗戶邊的葉子底部留下藍色的指紋陰影。	百葉窗輕輕顫動，但室內一切仍幽暗、未見成形。屋外的鳥唱著它們的旋律。		

3. 試題分析思考

學校剛開學二週，學校行政部門討論著，試卷分析教育議題。黃老師知道這是教學目標與教學總結性評量該結合的地方。

由評量的結果、習作的書寫，可以追溯教學歷程。

一個老師在學科知識的單元教材分析向度、能力。教學知識推展歷程的技能目標如何形成？學習錯誤類型？補救教學如何回到教學概念分析，重新檢視。

他只給出一個，簡易的試題分析思考架構，期盼學校能逐步、逐年的建立專業對話場合、專業對話環境、氣氛。

他寫著「教學分析與試題分析流程」交給學校，靜待可能的一些討論。

他有意識地在心中藍圖形成初步判斷，學校在教育專業發展上的漠視情況。這時，他總是想到日本人的行業專業化過程，集體社會共同努力的文化、工作態度、社會制度對於專業認定的支援體系。

許多時候，他不能說太多話，只能等待。

教學分析與試題分析流程

層次／類目	布魯姆教學目標			簡易試題分析 （協助檢視教學目標的教學反思）	
	認知類	技能類	情意類		
七	創作	自我表現技能	實踐價值體系	教材分析	
六	評鑑				
五	綜合	獨立式練習	公開表達價值觀念	學科內容知識	教學知識

四	分析	半指導式練習	選擇一項價值觀念	教材總體課程中的教材地位、各單元內容	怎麼教的步驟
三	應用	完全指導式練習	反應		
二	理解	示範技能與說明	接受	試題類型、佔分比例、題型層次	
一	知識	講解限制性概念	因應	加考問答題：各科陳述性語言、步驟性語言、閱讀思考等組織、統整性技能與生活應用題型	

提議研究處研究發展組：

一、先提出一份，由「低層次」發展到「高層次」的試題分析卷，做為本校教學與出題的發展方向感。

二、校內教師再依次「逐步、逐年」發展建立良好試題類型。

黃老師想起先前的生活事件意象：「就像那位開鎖的先生一樣，他先聽完被服務者的口頭敘述，再根據自己心中所歸納出的專業經驗判斷藍圖，先給消費者幾個問題癥結的判斷點，這是許多專業開鎖師父，口傳下來的執業傳承經驗。再則像汽車修理技工，聽完汽車引擎發動的聲音，就可以初步診斷汽車保養、維修的問題所在，他們都有專業共通性，都有幾個專業經驗藍圖的判斷標準，都能循著這一張心中的專業藍圖，找到癥結問題，解決問題。」

最近一些朋友玩起咖啡自焙，他更有興趣在觀察一個產品的專業過程。

「咖啡專業烘焙師，根據試飲咖啡湯液，可以判斷進豆脫水、乾燥時的溫度，烘焙時的溫度曲線變化圖、烘門的『開、閉』掌握刻度、出豆前控制烘門所表現的瞬間悶蒸現象、出豆時的溫度，這一些是因為長時間的操作變因與控制變因，所形成的『經驗系統化知識』，早已存檔在烘焙師的心中，成為一張『烘焙藍圖』。」黃老師親證幾位咖啡烘焙師的對談，組織著這一些文字外的對話內容。

「烘焙師依據這心中建立的『烘焙藍圖』，掌握不同產區咖啡豆莊園的原豆特性，從咖啡豆烘焙處理的基本『一般性工序』到『特殊性工序』，來表現咖啡烘焙工藝美學。」他思索著，「每一項技藝表現都是美學的追求。」

這行業間彼此分享的專業工藝美學，讓品賞咖啡的風味韻事，串流在玩賞的玩家身上口耳相傳。美學實際在生活中點滴、追求；諮著歲月，一群人臉上的生活風采，就這樣玩開日子。

醫師的聽診器，也是因著如此經驗系統化的知識，成為一門法定的知識權威，有學術訓練體系、有行話、有行規，有倫理、有精神砥柱。

專業對話往往是行業間，經驗案例細膩思考的診斷、判斷、解決問題過程的步驟性經驗分享，他們共同建立一套，規範自己執業的專業訓練成長機制，被整個社會認同著。

反觀小學教育的專業化發展歷程，小學教師有一大段路程需要努力的。

4. 替代性人生經驗與閱讀自我

教學進度在錯綜複雜的教學情境中，不可預測地持續進行著。

黃老師一邊訓練「全課大意、綱要、段落大意」，一邊把這基本架構能力，應用在國語課文第二課「神奇的藍絲帶」。

一開始，他便拋出對於題目「神奇的藍絲帶」提問，「『神奇的藍絲帶』題目使用的形容詞是『神奇的』。因此我們預測在文章的內容發展上，作者一定要讓我們讀者感受到，這條藍絲帶的應用是『神奇的』。」

黃老師直接在黑板上呈現簡單的課文綱要：

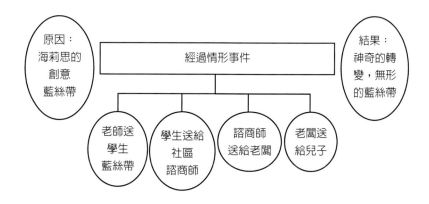

　　呈現這樣的綱要在黑板上，是為了鳥瞰作者的寫作構思，但它還不是內容深究。文學是為了拓展我們的人生經驗、豐富我們的人生思想，因此在文本中的閱讀體驗，不斷地透過提問、預測、推論、證實，應用在日常生活中的實用操作，讓我們在模擬性的人生經驗中，學習成長。

　　因此，黃老師要孩子們找出送出藍絲帶的過程：

　　每個事件裡，他們之間的「對話內容」有哪一些？這一條藍絲帶成為一種什麼「象徵意義」？這四個事件中的「對話內容」、「態度」、「想法」有什麼共同點？

　　因為黃老師說：「我不相信一條藍絲帶，就可以輕易改變老闆的嚴肅、不苟言笑、對工作目標的要求。所以諮商師一定談了許多重要的話，打動老闆的心思，這一些閒聊氣氛、對談內容可能有哪一些？」他接著說，「我更不相信一條藍絲帶，就可以輕易讓老闆低身下來，向孩子說出『藏在心裡的話』。孩子會輕易地哭得好傷心。這裡到底發生了什麼事？」他故意激動地發出老師的聲音，「不可能──不可能──不可能──一句話『做不到』。」

　　班上孩子知道他們的老師症狀又開始了，該吃藥了。他們隨著爭論、尋找、理出一些造成改變的類目：誠懇、真心、了解對方的

心思需要、同理心、關愛、支持、鼓勵、表情動作、話要怎麼說才貼切？

因此今天的回家功課便是，家庭聯絡簿上寫下：「應用國語第二課，內心『神奇的藍絲帶』完成二百字與家長的對話紀錄。紀錄中要有簡易的人物刻劃描寫技巧。」

陳雲愷在〈藍絲帶對話〉寫著：

放學回家，我給了媽媽一個溫暖的擁抱。

媽媽好奇的問：「咦？你今天反常了耶！為什麼要抱我呢？」

我神祕分分的說：「剛剛的那個擁抱是一條無形的藍絲帶哦！」

媽媽滿臉疑惑的說：「為什麼你要送我這條無形的藍絲帶？」

我誠懇的說：「您是創意十足的媽媽，雖然你個性嚴肅、不苟言笑，但您總是有跟別人不一樣的看法，讓我的學習生涯沒有阻礙、沒有負擔。媽媽，謝謝您！」

原本滿臉狐疑的媽媽，那個傍晚，我們親子之間多了一道彩虹。

吳冠志的〈神奇的藍絲帶對話〉：

放學回家，依舊那樣的表情，肩膀依舊那樣酸痛，放下書包後，肩膀酸痛的我，忍不住向不停吸引我的沙發上一躺，呼——，放鬆了一下，我問媽媽：「今天工作忙嗎？」

媽媽說：「嗯！今天又犯了什麼校規啦？幾時要見家長啊？」

「什麼？」這是我要的回答嗎？我說：「拜託——我不是在胡鬧！」

　　媽媽嗤之以鼻的說：「你不是又犯了什麼錯，想瞞過我嗎？」

　　「我知道妳在上班時，是非常擔心我在學習時的表現，但是我在學校已經非常能管理自己，並且，也順便告訴你不用擔心了！」我說。

　　媽媽也點頭答應了。從此之後，媽媽再也沒誤會，我有沒有在學習中犯錯了。

　　我滿臉黑線，又問：「媽，讚美是不是就等於巴結人？因為都是在講好聽的話啊！」

　　媽媽則解釋給我聽：「讚美別人是從內心真正欣賞對方，而巴結是假惺惺的只是希望得到好處。所以讚美和巴結人是不一樣地！」媽媽以周星馳招牌口氣說道。

　　經過這一連串對話後，我知道：適時讚美人，並多讚美人，就會有人讚美你。

江雲嵐的〈藍絲帶親子對話〉：

　　「媽──我可以玩電腦嗎？」我朝著四樓大叫。

　　「你給我寫完數學，再玩──」

　　「吼！運動完又是數學，煩不煩啊？囉哩囉唆……」我一邊碎碎唸一邊走向客廳，打算直接去玩電腦。

我那老媽，不知道是碰巧走下來還是快速移動，竟然馬上出現在我面前！我嚇了一跳。

　　「我下來看看是不是妳先玩電腦了。數學一定要天天練習，積少成多，才能熟能生巧。」什麼！她竟然知道我打什麼主意。

　　「妳怎麼知道我要做什麼？」我驚訝的問。

　　「因為，我是妳娘呀！」

　　親愛的老媽！我要送您一條藍絲帶，謝謝您料事如神，把我從賽爾號拉回來，讓我先盡完責任再去進化升等。謝謝您的無所不在，我才可以活得這麼健康又美麗！

　　（媽媽補充：我也要送妳一條藍絲帶，在你的雙腳打個蝴蝶結，謝謝妳幾乎每天快天亮的時，踹我一腳，免得我來不及準備早餐，謝謝妳在夢中的體貼啊！）

王妍可〈神奇的藍絲帶〉寫著：

　　我從小到大，就沒有那種無謂的安全感。

　　自從我有手機後，我的安全感指數就降低了，因為那時候起，我天天就把手機帶在身邊。

　　某日，我對媽媽說：「媽媽我愛你！你愛我嗎？」

　　媽媽梳著頭說：「孩子別亂想，你是我生的！我不愛你要愛誰？」

　　聽媽媽這麼一說，媽媽在我心裡的安全感又加了一分。

　　中午的時候我幾乎都不睡覺，因為我怕沒人會叫我。

　　而有一次中午睡覺時我跟媽媽說：「等一下要叫我喔！」結果我睡醒時，已經下午了。

　　在我心目中，那種無謂的安全感又減了一分！

幾天的上課課堂，黃老師會要求孩子給他一條「無形的神奇的藍絲帶」，他們這樣互動、這樣玩耍。

當他自發性地唱起：「海鷗飛在藍藍海上，不怕狂風巨浪──」

孩子們會對他說：「老師！拜託你不要再唱了。真的很難聽！」

「真的嗎？難聽嗎？我以前的學生怎麼說我的歌聲，有溫柔的味道？」

「老師！他們欺騙你的，怕傷了你幼小的心靈。我們說的是真的，很誠懇的說：『真的，超難聽的！』」賴奕軒、吳冠志、鄭慧

珮、徐敬敏湊在一起這麼說，像得獎的神采一樣，興奮地對他們的
黃老師說。

　　他無趣地走到郭丞宏身旁，再唱一次：「海──鷗──」
「喔，你不要再唱了啦！很煩呢！打擾到我了啦！難聽死了！」郭
丞宏說了一大片。

　　「我才唱了兩個字『海──鷗──』，你就說了一大片，我要
去思考人生的方向了。」黃老師邊走邊叨唸著：「上完了『神奇的
藍絲帶』，寫完了『無形的神奇的藍絲帶』作業，還是不會鼓勵老
師，不斷地打擊我、傷害我、欺負我。」

5.　列綱要與綜合閱讀（一）

> 多麼單純、多麼清明、波瀾不驚。──哦，他是如此地坦率、
> 理性、透明──有著如此敏感、纖細的心靈，飽讀詩書而澄
> 澈。甚至是靜謐與爽朗的，他們的生命對我開展：沒有污泥、
> 沒有漩渦。──因此我必須停止。沒什麼在騷動；
> 什麼也不投入；不內省（12/22）。
>
> 　　　　　　　　　　　　　〈海浪──春天的第一天〉
> 　　　　　　　　維吉妮亞‧吳爾芙 1940-1941 年日記節錄

　　國語第三課上課前，黃老師先指派回家功課：完成第三課「跑
道」課文結構表。

　　家庭聯絡簿上寫下一句：「『工作態度』是個人在團體中取得
『社會地位』的方式。」

　　第二天，他整理著幾位同學的綱要，發現同學們的統括能力，
還需要老師運用蘇俄心理學家買高斯基（Vygotsky）的認知理論，
在「近側發展區」上搭起一個「鷹架」，協助孩子們從實際討論過
程的認知、同化、調適歷程，清楚寫出綱要的技巧。

依此，黃老師呈現郭嘉柔、陳雲愷、江雲嵐、鄭慧珮等四位同學的課文結構表。發現四位同學的綱要分類均不一樣，進入討論分類的方法和綱要的寫法，會有一些新的學習。

意義段落	原因段（首段）	經過情形段落（中段）				結果段（尾段）
	起	承		轉		合
事件歸納	問題	小事件（1）	小事件（2）	小事件（3）	小事件（4）	結論
郭嘉柔綱要	政彬手上的接力棒變沉重	政彬找名揚麻煩	名揚受傷了，但仍上場比賽	他們跑贏了		名揚和政彬和好了
陳雲愷綱要	老師宣布名次調換的消息	政彬對名揚無禮取鬧，並想陷害名揚。	政彬的改變	政彬的改變	名揚跑最後一棒的模樣	重新建立關係
江雲嵐綱要	政彬感覺沒有自信	政彬認為老師偏心	名揚因為跳高比賽而受傷	政彬想起老師說過的話	政彬有所領悟	政彬掩飾不住自己的興奮
鄭慧珮綱要	政彬的心情	政彬內心的反彈	名揚受傷，也鼓勵他人	老師的話	政彬的領悟	倆人恢復友情

黃老師知道，這篇文章的課文結構，並不是一般的事件順序結構，而是抽掉「經過情形段落」，再把「原因段落」、「結果段落」合併時，是一個順序結構。

那「經過情形段落」擺進文章時，便是成為一個「插敘事件」的以前事件，以「小原因」、「小經過情形」、「小結果」組成的獨立事件，做為此篇文章的插敘。

因此可以說是「雙層結構」的文章。

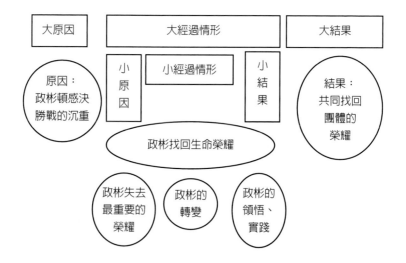

　　這一個課文綱要，由黃老師再做一次示範地呈現在黑板上。

　　黃老師強調著：「綱要是作者都是在寫什麼『事件』？所以不需要交代細節重點。例如：數學科、自然科、社會科課文上的『黑色標體字』即是綱要。」

　　他接著說，「大意是作者都是在說什麼內容重點？這需要交代主要的細節重點。」

　　黃老師明白一篇文章的陳述性內容，作者把綱要隱藏在文章中，因此在閱讀時，他要求孩子們，整合自然段落成為意義段落，寫出意義段落的綱要，這樣更易鳥瞰作者的思維。

　　在這一篇文章中，除了「綱要」的比較、討論教學之外，黃老師特別注意文章主角人物政彬的生命轉變歷程，這也是每一個人會面對的生活課題。因此他著重生命中最重要的「失去」與「找回」和「生命轉變」的因素、「生命領悟」、「生命實踐」。

　　他從政彬的心理歷程開始，「政彬失去最重要的榮耀」、「心中感到十分委屈」、「心存芥蒂」、「借題發威」、「尷尬的場面」、「拉不下臉道歉」來看待自己的生活經驗，也是如此。

　　因此「找回生命中最重要的榮耀」就成為一件人生大事。

　　所以黃老師畫著簡易的綱要結構表：

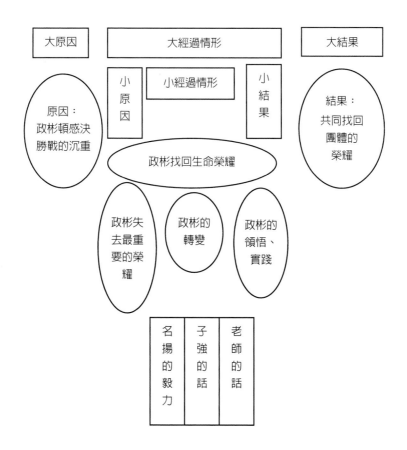

　　黃老師開始陳述：「第二課『神奇的藍絲帶』人物的對話內容中，我們找出『一句話』造成學生、諮商師、老闆、老闆的兒子生命轉變的可能性。我們也清楚『自省』、『了解』、『尊重』、『同理心』、『運用語庫』、『正面的肯定』是人與人互動上，成為生命轉變的樞紐。第三課『跑道』，我們也從造成主角人物政彬生命轉變的『名揚、子強的話、老師的話』，讓政彬的生命『領悟』，實踐出『放下個人得失』的行為。」說著說著，他請孩子拿出家庭聯絡簿，寫下一句：「『一句話』為什麼會造成他人的『生命轉變』？」

　　孩子收起聯絡簿後，他繼續他的課程：「當我們把這二篇文章，用歸納法找出相同的主題，列出一張資料儲備表來做閱讀探討，這是『綜合閱讀』的項目訓練。」黃老師一邊說明，一邊思考表白地說著，一邊在黑板上畫起『綜合閱讀』的資料儲備表。

主題＼文章		第二課『神奇的藍絲帶』						第三課『跑道』					
『綜合閱讀』主題	『一句話』為什麼會造成他人的『生命轉變』？	自省	了解	尊重	同理心	正面肯定	運用語庫	自省	了解	尊重	同理心	正面肯定	運用語庫
		1.老師 2.諮商師 3.老闆 4.老闆的兒子						1.名揚 2.子強的話 3.老師的話					

　　「經過這樣的『綜合閱讀』，你的知識學習變成有意義的在做聯結，讀者有意識地主動尋找，和生活相關的文本知識。分析、綜合後的知識庫，應用在生活中，完成實踐親子關係的『無形藍絲帶』。這亦是生活上的『操作變因』、『控制變因』的生活實驗，孩子可以為自己的實踐過程，下一個陳述生活的『操作型定義』──像陳雲愷的例子──我應用『擁抱』讓媽媽驚奇；用『正面肯定的語句』對媽媽說出『創意十足的媽媽』；用『了解』說出媽媽的『個性嚴肅、不苟言笑』；用『同理心』說出『讓我的學習生涯

沒有阻礙、沒有負擔。媽媽，謝謝您！』；結果媽媽『頓時間開懷的笑了起來。我們親子之間多了一道彩虹。』這『知』、『行』成了孩子可以帶著走的能力。尤其是老師示範著一種技巧、方法，一種閱讀的方法。」

他的口述，讓一些高能力的孩子，興致勃勃。

6.　列問文章細節與理答技巧

> 處女的唇；沒有平房的蹤跡；彷彿是在萬物的起始（11/5）。
>
> 〈海浪——春天的第一天〉維吉妮亞・吳爾芙
>
> 1940-1941 年日記節錄

在第三課「跑道」，黃老師另立了一個教學主軸「人生跑道」。

除了「閱讀作者思考」的動向：「政彬如何完成個人的『人生跑道』？」這便要配合發問的技巧，從鳥瞰文章綱要開始，列問人生。

1. 作者在整篇文章的寫作綱要上，為何安排政彬「失去」與「找回」生命中最重要的意義？

2. 作者在「找回」生命中最重要的意義段落，著墨最多。按照綱要思考是「轉變」、「領悟、實踐」兩個事件。請問作者的人生暗示可能有哪一些？

3. 作者思考著，安排政彬最初認定生命中最重要的意義，是對「第四棒」的在意、過意不去，成為他生命中的「失去」。而在領悟的「放下個人得失」和尾段中對名揚說：「你贏了！你贏了！」的連貫上，你認為政彬找回「生命中最重要的意義」了嗎？為什麼你這麼說？

4. 最初認定的「生命中最重要的意義」和最後領悟的「生命中最重要的意義」有何不同？

5. 請思考：政彬是一個「勇於面對人生」的孩子嗎？為什麼？這樣「面對自己不光明的一面」有何難處？請用自己的生活經驗和對他人的生活觀察，做為補充說明。

6. 作者安排政彬在尾段抱住名揚，說出：「你贏了！你贏了！」。如果黃老師說：「這是作者思考的人生伏筆？」你會怎麼說？

7. 請你推論：政彬經過這樣的生命事件，往後他會如何面對自己的人生事件？他會怎麼想？他會怎麼做？

　　黃老師請孩子們傳回 E-mail 作業。班上孩子在第二天就陸續傳回作業單，幾個孩子都表達著自己的看法。

1. 作者在整篇文章的寫作綱要上，為何安排政彬「失去」與「找回」生命中最重要的意義？

　　　　答：前言：對於安排政彬「失去」和「找回」生命中最重要的意義做開場。

　　　申論：

　　（一）政彬在失去最重要的東西時，心存芥蒂、借題發威、無理取鬧等行為，都是我們最重要的東西被人奪走時，一定的反應。

　　（二）言語可能會造成人生思想的改變。老師的話、子強的話，這些人生肯定，都軟化政彬不滿的情緒，使他有所領悟，最後他拿回的是珍貴的情誼。自問自答：我們是否找回了我們所失去的珍貴東西？也可能是作者在安排找回時設下的伏題。

　　　　結論：作者安排的失去和找回主要是要告訴我們，領
　　　　　　　悟到人生的真義，自己就是所找回的東西。（吳
　　　　　　　冠志）

2. 作者在「找回」生命中最重要的意義段落，著墨最多。按照
綱要思考是「轉變」、「領悟、實踐」兩個事件。請問作者
的人生暗示可能有哪一些？

　　　　答：作者在經過的段落，可能在暗示人生道理，作簡
　　　　　　單的敘述如下：政彬聽完了子強的話，難為情的
　　　　　　低下頭。（申論一）政彬聽完了老師的話、子強的
　　　　　　話，像面對強敵的英勇戰士，全身充滿力量與鬥
　　　　　　志。（申論二）聽完子強的話難為情的低下頭，代
　　　　　　表政彬的轉變。聽完了老師的話、子強的話，像
　　　　　　面對強敵的英勇戰士，全身充滿力量與鬥志。代
　　　　　　表政彬的領悟和實踐。（申論三）作者在暗示在中
　　　　　　間的過程中一定會有「心中的老師」，讓你想到判
　　　　　　斷方向的選擇，幫助你找回失去的東西。（結論）
　　　　　　（蔣亞涓）

3. 作者思考著，安排政彬最初認定生命中最重要的意義，是對
「第四棒」的在意、過意不去，成為他生命中的「失去」。
而在領悟的「放下個人得失」和尾段中對名揚說：「你贏了！
你贏了！」的連貫上，你認為政彬找回「生命中重要的意
義」了嗎？為什麼你這麼說？

　　　　答：我個人認為政彬已經找到生命中最重要的意義，
　　　　　　但並不是很完全。在本文中，政彬在 5、6、7 段
　　　　　　確實找到生命中的意義，因為他重新審定了自我
　　　　　　的人生目標，找回生命中的意義，所以才決定放

下個人得失。但在最後一段，政彬卻對名揚說：「你贏了！你贏了！」，政彬的心裡仍部分屬於自私狀態，名揚才愣了一下。所以我才認為政彬已經找到生命中最重要的意義，但並不是很完全。（陳雲愷）

4. 最初認定的「生命中最重要的意義」和最後領悟的「生命中最重要的意義」有何不同？

　　答：政彬最初認定生命中最重要的意義是在述說著個人榮耀；最後領悟的「生命中最重要的意義」雖然還是述說著一點「個人榮耀」，但是，政彬他已經放棄了「自己的榮耀」，把那份榮耀轉換到名揚身上。（對比）（陳諺元）

5. 請思考：政彬是一個「勇於面對人生」的孩子嗎？為什麼？這樣「面對自己不光明的一面」有何難處？請用自己的生活經驗和對他人的生活觀察，做為補充說明。

　　答：①我個人認為政彬並不是一位勇於面對人生的孩子。因為他在面對自己無法跑第四棒時，所採取的行動是「心存芥蒂」、「無理取鬧」，所以我認為政彬並不是一位勇於面對人生的孩子。

　　　　②我個人認為「面對自己不光明的一面」其實也蠻困難的。因為當體育老師在大家面前選自己跑第四棒時，那種榮耀是感動到說不出口的！相同的，有一天當體育老師在大家面前把自己換掉時，那才是真正的「痛」、真正的「傷」！

所以我認為政彬面對自己不光明的一面時所做的行為是很正常的。

而且我自己也有相同的經驗：我曾經參加過全縣說故事比賽，我得到第三名，獎金應該是 500 元，但工作人員卻頒給我第一名的獎金 1500 元，剛開始我沒發現，還與家人討論如何使用這比錢。結果，當我們正樂上頭時，工作人員就突然打電話來，說獎金錯誤，需要調換。我才恍然大悟，心情也頓時掉到谷底。那晚，我都不發一語，誰的話我都不想聽！

對他人的生活觀察：我們班的吳冠志在拿到數學考卷時，他 high 翻了，因為他考 100 分。但後來王玫蕾發現他有錯誤，拿去跟老師講，因而變成 97 分，吳冠志當場崩潰，痛哭流涕，無理取鬧。所以「面對自己不光明的一面」並不是一件很容易的事。（陳雲愷）

6. 作者安排政彬在尾段抱住名揚，說出：「你贏了！你贏了！」。如果黃老師說：「這是作者思考的人生伏筆？」你會怎麼說？

答：這是作者思考的人生伏筆，因為政彬喊「〈你〉贏了！〈你〉贏了！」，他用了「你」這個字，而不是用「我們」，表示他還是處於自私的心態。（陳明群）

7. 請你推論：政彬經過這樣的生命事件，往後他會如何面對自己的人生事件？他會怎麼想？他會怎麼做？

答：把這一事件當作第一個領悟的開始。（鄭小晴）

郭嘉柔也傳回她的「跑道」文章提問單：

1. 作者在整篇文章的寫作綱要上，為何安排政彬「失去」與「找回」生命中最重要的意義？

> 答：前言：作者對於安排政彬「失去」和「找回」生命中最重要的意義，以下是簡單敘述：

> 申論：

> （一）政彬在失去最重要的東西時，心存芥蒂、借題發威以及無理取鬧，都是我們在失去東西時最貼切的形容。所以首先，作者安排了「失去」，也就是以前的我們。

> （二）一句話可能會造成他人的生命轉變。老師的話、子強的話，這些人生肯定，都軟化政彬不滿的情緒，使他有所領悟，最後他所挽回的是珍貴的情誼。我們要問自己，我們是否找回了我們所失去的珍貴東西？也可能是作者在安排找回「生命重要意義」時的問題。

> 結論：作者安排的「失去」和「找回」主要是要告訴我們，悟到生命的真義，你就是你所找回的東西。

2. 作者在「找回」生命中最重要的意義段落，著墨最多。按照綱要思考是「轉變」、「領悟、實踐」兩個事件。請問作者的人生暗示可能有哪些？

> 答：前言：作者對於轉變、領悟、實踐的人生暗示，以下是簡單敘述：

> 申論：

> （一）轉變：一句話可以造成他人的生命轉變。

（二）領悟：我們只要悟到生命的意義，自己即是你找回的榮耀。

（三）實踐：光說不做，任何想法只是天馬行空，想要找回東西，就要實踐。

結論：經過轉變，領悟後實踐，就能找回失去的東西。

3. 作者思考著，安排政彬最初認定生命中最重要的意義，是對「第四棒」的在意、過意不去，成為他生命中的「失去」。而在領悟的「放下個人得失」和尾段中對名揚說：「你贏了！你贏了！」的連貫上，你認為政彬找回「生命中最重要的意義」了嗎？為什麼你這麼說？

答：（一）只是在初步階段（二）因為他所說的是「你贏了！你贏了！」，代表說他只是注重於個人，還沒有到團體榮譽，還在輸贏和得失打轉。

4. 最初認定的「生命中最重要的意義」和最後領悟的「生命中最重要的意義」有何不同？

答：一個是還在「迷」中，仍在輸贏打轉；一個雖然是「悟」的開始，但已經漸漸建立新的觀念。

5. 請思考：政彬是一個「勇於面對人生」的孩子嗎？為什麼？這樣「面對自己不光明的一面」有何難處？請用自己的生活經驗和對他人的生活觀察，做為補充說明。

答：一開始不是，因為他失去了榮譽，所以心存芥蒂、借題發威以及無理取鬧。所以他「面對自己不光明的一面」是無法做到的，因為他拉不下臉道歉。

生活經驗：以前小四時，因為朋友得不到榮譽，生氣記恨，雙方成了死對頭，心存芥蒂、借題發威

以及無理取鬧都是我們當時心情的最佳寫照。我們兩人一直拉不下臉道歉，關係愈來愈差。所以我們不但沒有挽回友情，關係反而愈來愈差。所以，我們要勇於面對人生，才不會再失去更多珍貴的東西。

6. 作者安排政彬在尾段抱住名揚，說出：「你贏了！你贏了！」。如果黃老師說：「這是作者思考的人生伏筆？」你會怎麼說？

　　答：沒錯，因為他仍然注意著輸贏得失，但也是他在悟的一個新的開始，他後段的人生會開始有變化，所以這是作者思考的人生伏筆。

7. 請你推論：政彬經過這樣的生命事件，往後他會如何面對自己的人生事件？他會怎麼想？他會怎麼做？

　　答：有了老師和同學對他的肯定，他應該也了解了：雖然自己沒有在大家面前得到榮譽，但在大家心中，自己是被肯定的。所以他會把外在機會讓給他人，而內心真正的榮譽是永不磨滅的。在下一次的生命事件中，他的人生是被期待的。

5-2　閱讀人生

　　十一月十一日星期四，師院教育實習生先預約要來到班上，觀摩語文科教學演示。

　　黃老師留下閱讀提問單，等著做教學演示。他預定前兩天，事先請孩子獨立完成家庭作業－「跑道提問單」。其餘的國語科教學進度，繼續往前跨出進度。

教學演示那天，他請組織能力較優秀的兩個孩子，當場說出這一課的文章基架，黃老師直接速記在黑板上。

之後，他特地做了文本的「閱讀自我」。

直接扣緊主角人物政彬的生命歷程，邀請孩子從自己的生活經驗舉例，以契合文本的情節發展。

像陳雲愷說的：「我們班的吳冠志在拿到數學考卷時，他high翻了，因為他考100分。但後來王玫蕾發現他有錯誤，拿去跟老師講，因而變成97分。吳冠志當場崩潰，痛哭流涕，無理取鬧。所以『面對自己不光明的一面』並不是一件很容易的事。」

吳冠志接受老師的邀請，說了數學期中考的數學成績事件。他躲到廁所哭泣，打電話給媽媽而得到安慰。

當老師問起他前、後經驗的改變時，他只說了「情緒發洩」完就好了。

黃老師說：「政彬因為老師、子強、名揚的話，讓他的生命觀念有所轉變。那黃老師當時對你（吳冠志）說了什麼話？有沒有造成你的轉變？」

「老師當時跟我說：『冠志要學習生命的挫折容忍度。』並且要我慢慢讓『想法』界定清楚。一個是學業成績，一個是人生思想，孰輕孰重？能做到『舉重若輕』的人生，是成熟度的高度表達。」吳冠志試著一面回想，一面斷斷續續的表達出來。

「那黃老師的一段話，對你產生了影響嗎？」黃老師問著不好意思而低頭的他。

「還在想。」吳冠志答著。

「那這一段人生面對，留給你自己來囉！成熟的男孩！」黃老師鼓勵著他說。

師院教育實習生，只知道這是好棒的教學，沒見過「文學即人生」的教學演示。他們離開教室前，向黃老師恭敬地鞠躬。黃老師清楚地明白：為他們未來的教學生涯，埋下一次「教學伏筆意象」。

有人曾經這樣，走過這裡，留下教學印象。

這閱讀作者「全篇文章」的思考，是一個起步。孩子們在知識的學習上，必需不斷地列問「為什麼？為什麼？」生命也是這樣開始演化的。

黃老師有意識地在教學中「示範閱讀人生」。

因為先前做過「綜合閱讀」，因此黃老師列問孩子：

「聖經、佛經、德蕾莎修女、達賴喇嘛、珍古德、宮崎駿。他們的人生跑道是什麼？」

基督教的基本精神是「信、望、愛」。佛教的基本精神是「慈悲、智慧」。

黃老師希望孩子到台東誠品書局、網路搜尋，找到這一些「人的思想」、「人的信念」、「人的實踐」，把這一些典範人物，當作另一個生命座標的思考。經過不斷地做「批判性思考」，人必需決定自己「要成為一個怎樣的人？」

他在黑板上寫下：「批判思考」。「批」是「下眉批，做註解」。「判」是「下判斷，做決定」。

他提醒孩子，注意字詞的定義，以此做為一個理性思考的孩子。

他印出「聖經哥林多前書 13 章」的部分、荒莫甘泉五月八日、荒莫甘泉八月四日全文、般若波羅密多心經給孩子，當是參考資料。

賴奕軒是基督教徒，他曾抄寫過幾篇荒莫甘泉，他看著資料：「凡事包容，凡事相信，凡事盼望，凡事忍耐。愛是永不止息。先知講道之能，終必歸於無有。──知識也終必歸於無有。──這有限的必歸於無有了。──我們如今彷彿對著鏡子觀看，模糊不清（原文作：如同猜謎）；到那時就要面對面了。我如今所知道的有限，到那時就全知道，如同主知道我一樣。如今常存的有信，有望，有愛這三樣，其中最大的是愛。」

　　陳諺元是佛教徒，他看著資料：「般若波羅密多心經：觀自在菩薩，行深般若波羅密多時，照見五蘊皆空，度一切苦厄。舍利子，色不異空，空不異色，色即是空，空即是色，受想行識，亦復如是。舍利子，是諸法空相，不生不滅，不垢不淨，不增不減。是故空中無色，無受想行識，無眼耳鼻舌身意，無色聲香味觸法，無眼界，乃至無意識界，無無明，亦無無明盡，乃至無老死，亦無老死盡，無苦集滅道，無智亦無得，以無所得故。菩提薩埵，依般若波羅密多故，心無罣礙，無罣礙故，無有恐怖，遠離顛倒夢想，究竟涅槃。三世諸佛，依般若波羅密多故，得阿耨多羅三藐三菩提。故知般若波羅密多，是大神咒，是大明咒，是無上咒，是無等等咒，能除一切苦，真實不虛。故說般若波羅密多咒，即說咒曰，揭諦揭諦，波羅揭諦，波羅僧揭諦，菩提薩婆訶。」

　　既然是「『人生的跑道』你要怎麼跑？為什麼你做這樣的選擇？」黃老師向孩子們提供一個思維的動向。
　　「短跑？」
　　「長跑？」
　　「馬拉松跑？」
　　「接力跑？」
　　「散步人生？」

7.　列出綱要，鳥瞰閱讀作者思考

　　這天，全班小組討論著「列出綱要的好處」，第一次的討論，孩子們不當一回事的玩耍，說不出個所以然來。
　　「你可以回到『跑道』的文章綱要，當作一個例子來思考。有列出綱要和沒有列出綱要的不同？」黃老師提醒著，並要求孩子們進行第二次討論。

這樣的小組發表，開始被紀錄在黑板上：

「綱要可以推論出作者的想法。」

「綱要可以讓我們知道，作者在說什麼事件。」

「綱要可以看出事件隱藏的意義、作者的暗示。」

「綱要可以看出作者的暗示。」

「列綱要再寫作，可以不偏離寫作主題。」

「綱要可以幫助理解課文內容：事件的含意、事件的背景、事件的經過情形發展。」

「綱要幫助鳥瞰文章全局：事件的剪裁、事件的延伸。」

黃老師再由孩子的發表內容「綱要可以看出作者的暗示。」補充著，「作者的暗示包括人生道理、主旨、啟示。」再則「列綱要再寫作，可以不偏離寫作主題。」他補充著：「依著綱要事件寫作，我們從段落結構的主題句、推展句（一）、推展句（二）、推展句（三）、結論句。便可以經營一個結構正確、完整、主題統一的段落。這也是一種寫作鏡頭的定格方式，你可以選擇廣角鏡頭、特寫鏡頭、分鏡頭、流動鏡頭的不同樣式。至於段落經營得優美、生動、具體、豐富、完整、節奏──這需要修辭學的摩寫、譬喻、轉化、類疊、意象、象徵、伏筆等等寫作技巧的思考，讓自己是一個作家，也是一個讀者。」

他更在每一個內容背後加入類別，因此黑板上的發表內容，呈現的區隔有一些歸納：

「綱要可以推論出作者的想法。」（閱讀）

「綱要可以讓我們知道，作者在說什麼事件。」（閱讀）

「綱要可以看出事件隱藏的意義、作者的暗示。」（閱讀）

「綱要可以看出作者的暗示。」（閱讀）

「列綱要再寫作，可以不偏離寫作主題。」（寫作）

「綱要可以幫助理解課文內容：事件的含意、事件的背景、事件的經過情形發展。」（閱讀）

「綱要幫助鳥瞰文章全局：事件的剪裁、事件的延伸。」（閱讀、寫作）

「綱要可以協助閱讀、協助寫作。我們今天只是剛開始，有一個好的經驗。實際上『閱讀、寫作』裡頭還有許多的細目，留待我們在其他的文章中討論。」黃老師統整性地說完，即讓孩子放學回家。

8. 閱讀文本主旨

星期一上午，學校事先舉行慶祝教師節活動。

回到班上，黃老師要孩子們討論：「『跑道』這一課的主旨是什麼？」

「主旨是這一篇文章背後，作者在告訴我們什麼人生的道理？」

「因此必須由綱要中鳥瞰作者的思考；注意作者的定題『跑道』，成為一個運動場的意象圖片；注意作者的取材是四百公尺『接力賽』的回到經驗現場，有四個棒次，每位選手都要經歷跑『直道』和『彎道』，再把接力棒傳接給下一位選手；注意主角人物是政彬的『失去』、『找回』。由此再叩問：『作者透過這一篇文章，是要告訴我們什麼人生的道理？』」

「文學是生命的暗示。」黃老師總結地說，「沒有一個作者對文學生命是不當一回事的，也沒有一個作者對於文學生命是交差了事的。」

黃老師說著：「我們都曾經失去生命中最重要的，我們也會透過不同的方式，企圖找回生命中最重要的——所以作者在一千字的

短文中，連續花了兩個意義段落四百五十字，來交代政彬如何找回生命中的榮耀？究竟政彬找回的是第四棒嗎？還是其他的生命意義？『第四棒、生命意義』孰輕孰重？如果是你，在這樣的人生決定下，你做了什麼選擇？你做了什麼註解？」

這天的回家功課是：寫出「跑道」這一篇的文章主旨。

孩子們的第一次作業，讓他不滿意，因而黃老師在黑板上寫著：

「曾經失去生命中最重要的（　）。」

他在括號中填上：

政彬曾經失去生命中最重要的（第四棒）。

「我」曾經失去生命中最重要的（親情、友情、愛情、親子關係、被信任、被寵愛、面子、尊嚴、人性）。

這樣一個替換語詞，班上的孩子愣住了。鴉雀無聲地，不像往前一樣逗趣。直指人心地刺進孩子的心坎。

他引用謝錦的話：「難道你要在『二十歲就宣布精神生命死亡，八十歲肉體下葬？』」

他請孩子拿出家庭聯絡簿，寫下第一句：「人可以為自己選擇生命的品質、內涵。」寫下第二句：「只有自己才能回答自己生命的課題。」

午餐時間，黃老師喚著陳雲愷到他身旁，問著：「這樣的語文課，你覺得如何？」

「很刺激！很好！我從來都沒有這樣，仔細閱讀過一篇文章，要分析、要推論、要思考、要找出作者暗示的人生意義。」陳雲愷開心地回著話。

「謝謝你！你懂了！」黃老師邊吃飯，邊說著。

他又喚著吳冠志蹲在他的身邊，說：「你的人生體驗和體會是夠的。你很認真在生活，我很高興。明天先看你的 E-mail。」

「謝謝老師！那，我去吃飯了喔！」

這一天教師節，他收到兩張卡片，不知他在樂個什麼勁兒。

星期三孩子再傳回來的 E-mail，讓他忙著。

陳雲愷寫的第一次、第二次「跑道」主旨：

第一次：在與別人競賽時，我們應團體合作，才能獲得最後戰勝的榮耀。

第二次：在人生跑道中，可能會失去，也有可能找回。當我們失去了人生

最重要的榮耀，應該使用理性的方式去面對、去挑戰。往往找回的是最甜美的榮耀。

二次書寫不同的原因：課文內敘述到政彬失去在他人生中最重要的第四棒，又曾因競選班長落敗的他，而與名揚心存芥蒂。

後來政彬在子強的鼓勵中找回了不一樣的人生，讓他對生命的看法，有了不一樣的觀點。就在準備起跑時，政彬想起老師的話，這句話就像是支持政彬改變的藥水。準備起跑時，他決定放下個人得失，為班上、自己努力爭取榮譽。最後，政彬和名揚共同找回甜美的榮耀──。

「學習用理智去追求自己想要找回的東西」這句話是一位心理學作家所說的話。沒錯，人生不一定稱心如意，但只要用理智、挑戰，往往找回的比失去更有價值。

劉傅藤的第一次、第二次「跑道」主旨：

第一次：在人生跑道上，失去了就要找回來。

第二次：在人生跑道上，除了失去了什麼就要想辦法找回來，也要扶持他人的生命、有團隊精神，這是爭取自己與團隊勝利的不二法門。

　　二次書寫不同的原因：因為老師的講解中，有說到子強鼓勵名揚的經過，我才改成這個主旨。先把之前寫的說明得更清楚，再加入含有鼓勵他人成分的句子，新主旨就完成了。

陳諺元的第一次、第二次「跑道」主旨：

　　第一次：人生像是跑道，要團結，不要心存芥蒂，發揮「團結力量大」的精神，同時也要放下自己的得失。

　　第二次：每個人都有不同的人生跑道，如果迷失了人生的方向，要正面思考，並且要有良善的態度和人相處、找回他人的信任，才能讓你的生命充滿歡樂和希望。

　　二次書寫不同的原因：第一次的主旨在描寫同學們之間的鉤心鬥角以及政彬在得失間的內心掙扎，也沒有用鳥瞰法掌握文章的全局。然而第二次的主旨是藉由第一次主旨的問題來觀看我們生活中的每一個小細節。

　　當人碰到問題的時候要正面思考，不要太過於衝動，才能保持良好的生活態度，凡事不要斤斤計較，眼光要放遠，就像黃老師講的「只有自己才能回答自己生命的課題。」「人可以為自己選擇生命的品質、內涵。」

陳貴舜的第一次、第二次「跑道」主旨：

　　第一次：不要得失心太重，不要只想心裡只有輸贏，跟政彬一樣，名揚贏了，也是因為有大家的合作，所以我們要團結合作。

　　第二次：每一個人都有失去，但就要看自己怎樣去找回。就像政彬一樣，雖然失去了自己最擅長的第四棒、跑贏的榮耀。但是他看到名揚堅持的毅力、想起老師說的話：「只要每位選手都能全力以赴，一棒接著一棒的傳遞下去，直到

成功抵達終點，不管是第幾棒，都是跑道上最閃耀的明星。」，突然就領悟了，奮力的往前跑。

二次書寫不同的原因：因為我昨天只有用五分鐘就草草了事了，今天老師又講了很多東西，讓我有了靈感。

郭嘉柔的第一次、第二次「跑道」主旨：

第一次：失去了最重要的東西，不可以用無理取鬧的方式發洩！要領悟事情的真義並實踐，就能重新找回。

第二次：失去了最重要的東西，你必需有毅力、對他人有著關懷與支持並團結合作，得到的是他人的認同，也能找回你所失去的東西。

二次書寫不同的原因：第一次和第二次的主旨，一個是以領悟事情的真義並實踐來找回失去的東西；另一個是要有毅力、和支持他人，團結合作。

原因是因為，第一次在看「跑道」課文時，只有注意到政彬的轉變那段，然後下主旨，所以只有發現要領悟事情和實踐。第二次以鳥瞰法去看整篇課文，發現了要有毅力、支持、團結，毅力是因為從名揚而得知，支持是從子強對政彬的鼓勵，團結是因為名揚那句「我們贏了」的那個「我們」因此得知。

蔣亞涓的第一次、第二次「跑道」主旨：

第一次：在人生跑道中，一定會有失去，但找回的方式，必須運用挑戰生命的方式找回，想自己如果做了這個決定，後果是什麼。什麼是可以讓人生跑道變更好的找回方式。

第二次：在跑人生跑道過程中，一定會有失去，但重點不是失去什麼，而是找回什麼和找回的過程。在找回的過程中，一定會有領悟和實踐。找回什麼的意義。

　　　　二次書寫不同的原因：第二次的主旨，會改成找回的過程，是因為第三課最後一段的「喘著氣大叫」的喘著氣，代表在失去和找回的過程，會需要一直想，想的過程可能跟接力賽跑過程一樣，一直跑、一直喘。第二次主旨「找回什麼意義」是找回了失去，在找回失去時所領悟的、實踐的道理，就是找回的意義。找回時，每個人所領悟、實踐的都不同，所以意義也不同。

　　這樣的作業要求，還不是黃老師要的品質。因此，他利用空堂趕工，打出一份「三、『跑道』，黃老師讀出來的主旨：」黃老師寫下了一次文字稿，當作示範稿。

　　　　主旨：在人生的跑道上，如果能領悟出生命存在的真義，我們即是生命中最重要的榮譽。

　　　　我的閱讀主旨是因為讀到：主角人物政彬在失去生命中最重要的「第四棒」時，心中感到十分委屈、心存芥蒂、借題發威，讓生命出現尷尬的場面，又拉不下臉道歉。

　　　　還好見到名揚的生命毅力；子強的人生觀念是「為了班上的榮譽，團結一條心」和子強轉頭對政彬「短跑健將」的人生肯定，讓他心中百感交集，難為情的低下頭。這時他的生命開始出現了轉變的可能性。

　　　　他又想起老師的話：「接力賽就是團隊精神的表現，只要每位選手都能全力以赴，一棒接一棒的傳遞下去，直到成功抵達終點，不管第幾棒，都是跑道上最閃亮的明星。」讓他有所領悟生命的真意：「放下個人得失，『為自己』、『也為班級的榮譽』努力向前。」

　　　　最後他「抱住」名揚，「忘形」的喊著生命之歌。名揚楞了一下，也「抱住」政彬，喘著氣叫出生命之歌。

同樣都是「抱住」的表情動作，卻是不一樣的人生意境之表現。

這讓我想起電影中的一句話：「生命中有不同的歌曲，有不一樣的唱法，我只是選擇自己的歌來唱而已。」當我再度面對人生的時刻，我會想起和政彬一樣的心路歷程、一樣的人生困局，總是「讓生命出現尷尬的場面，又拉不下臉來道歉。」的勇敢面對人生。我會想起這一課「跑道中的人生」：生命中最重要的究竟是什麼？是「第四棒」還是「生命的榮譽」？

我領悟了什麼？

黃老師把他的書寫結構，分為兩大部分，和全班孩子們分享著：

第一部分是「課文本身」：按照課文結構的原因、經過情形、結果，寫下我的閱讀分析。

第二部分是「讀者本身」：我（讀者）的個人經驗或思想，分為以前的我、現在的我、未來的我，三個小結構的寫法。

他還說：「讀者的切身經驗沒有沉浸在文章中，產生共鳴、迴盪的有感交互作用，閱讀就無法滲透進入讀者的內在生命。」

因此他要求著孩子，品賞一篇文章的美感。

9.　思想與人物，綜合閱讀（二）

「綜合閱讀主題：自我認識、自我追尋、自我生命面對、自我肯定的人生課題，我們稱它為『人生功課』。」這是黃老師一直在思考的主題教學，他書寫在黑板上，對所有的孩子說。

他認為班都拉社會學習理論的楷模（model）學習，可以是一個真實的人、可以是文本中的象徵性人物。這象徵性的楷模可以是合成式模仿、掌握原則的抽象式模仿，讓孩子獨立完成自我指導。

　　這亦是文學作品扮演的角色，閱讀人生、體驗人生，讀者在文本中走過不同人物的替代性生命經歷與生命求索。尋找自己生命中的重要他人，禮敬一位師父一般地，向這典範人物學習。

　　隨時去思考「這位師父他會怎麼想？他會怎麼做？他把什麼看成是重要的？為什麼他要這麼做？他的人生思想是什麼？」

　　他希望孩子們能逐漸地敢於「做決定」，界定自己的生命角色扮演，建構一個具有人文素養的生活人。

　　因此第四課「馬可‧波羅遊中國」，他先向班上洪皓銘同學，借來馬可‧波羅遊記，一經閱讀才知道課文的改寫版，少了許多他要的重要訊息。

　　雖然孩子們已先個人完成意義段落的綱要，黃老師整合郭嘉柔、陳雲愷兩位同學的綱要，成為一張課文綱要。

　　因為郭嘉柔的綱要較高層次階層，原因段：馬可波羅初到中國。經過情形段：馬可波羅在中國看到的奇觀及新奇事物。結果段：馬可波羅回國，口述中國的好處，從此東西方有交流。

　　陳雲愷的綱要階層，沒把經過情形段落再統括為高層次，他分為馬可‧波羅看到他沒見過的事物；他到過中國各地，覺得其中『杭州』是最美的地方；他發現歐州沒有的紙幣、煤、茶。

　　所以黃老師把這二位同學，合併為一個綱要，呈現出來，說明他希望清楚地看見作者的思考綱要，以此來觀看、列問作者的人生思考和隱藏的形式意義。

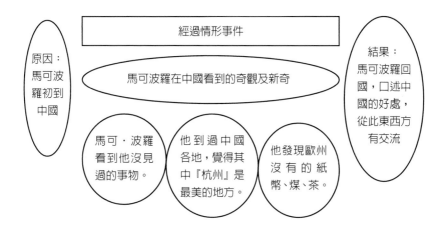

這一篇文章，黃老師更關心著「人物的思想與實踐」，他問著：
「馬可‧波羅為什麼要去做這一件事？」

「為什麼要留下這一本書『馬可‧波羅遊記』？」

這列問和許多典範人物一樣，「唐三藏西域取經、回到中國開始翻譯佛經；密宗白教教主傳記『密勒日巴尊者傳』，他追求什麼；少年小說『黑鳥湖畔的女巫』，文中的女巫杜漢娜、戴吉蒂、易乃德，他們的人生思考、做決定；少年小說『少年小樹之歌』，爺爺、奶奶、約翰叔叔的生命哲學是什麼；文學『梵谷傳』，梵谷在追求什麼；電影『小子難纏一、二、三集』，這師父堅持什麼武術生命信念；電影『葉問』，他堅持什麼中國武術信念；電影『甘地』，他要的是什麼；影集『大長今』的生命信念是什麼；『清貧思想』一書中，日本一些人在追求什麼？」這一些和黃老師產生聯結的人物，在這教室中常被提起。

有一次，他提到自己的爸爸、媽媽，他說：「我爸爸兩隻腳不能走路。小學時，我的記憶中，他固定每月閱讀『讀者文摘』，我想一定是文中的人物生命信念，讓他有一張慈祥的臉，他是我生命中的一個重要『人物』。媽媽的信仰中心是『關聖帝君』，歌仔戲中

的情節，讓他熟稔地背出歷史人物中的生命決定，所以媽媽有著一股英氣、俠義、柔情的一面鏡。也是老師生命中的一個重要『人物』。」被黃老師敘說的人物，活生生地在孩子們的耳中震撼著。

黃老師根據光復書局出版的「世界兒童傳記文學全集（五）」說起馬可‧波羅的人生故事：

> 馬可波羅像個孤兒，在雜貨店長大到十五歲（約國三學生）。

> 爸爸尼古拉是個商人，從歐洲的義大利水都威尼斯，往亞洲出發，因為戰爭爆發，所以東進到元朝（現今的北平），忽必烈從他口述中知道許許多多歐洲的發展情況，依此特令尼古拉為外交使者，想和羅馬教皇建立外交關係。

> 十五年後，尼古拉從亞洲帶回奇珍異寶回到威尼斯，引起一陣熱潮。馬可波羅和父親便和具有商機經營的父親來到中國。

> 馬可波羅在中國見到宮殿的金碧輝煌、井然有序的城市發展、紙鈔、米酒、煤燃料等民生需求物品。忽必烈皇帝特許馬可波羅探察邊境，他查訪雲南、西藏、緬甸、吉邦克（現今日本）、金邊（越南、高棉）、波斯。這一些地區的商機讓馬可波羅和父親買下了紅寶石、鑽石、金子、珍珠等等物品。

> 在服侍忽必烈十七年後，以十四艘大型船，六百個人員從泉州港出發，沿途經過爪哇、蘇門答臘、錫蘭（收買珍珠）、牟特斐利王國（收買鑽石）、印度（收買珠寶）、非洲（收買鯨魚胃裡龍涎香的香料）於西元 1295 年回到威尼斯。

> 這時的馬可波羅已四十一歲。這是一段商旅冒險與生命探險。

> 後來因為熱那亞戰爭，他被關進監獄，結識了作家魯斯凱洛。馬可波羅的經驗口述被紀錄下來，寫成「馬可波羅遊

記」一書。馬可出獄後開了一家「外國貿易商店」經商。

　　作家魯斯凱洛經馬可‧波羅的同意，把「馬可波羅遊記」出版，後來被翻譯成其他國家語言。馬可波羅也在七十歲逝世。

　　後來地理學者妥斯坎納利根據「馬可波羅遊記」的書中描述，畫成地圖送給哥倫布，這促成哥倫布發現美洲新大陸。

　黃老師邊說邊指著教室後面的世界地圖，帕米爾高原、塔里木盆地、戈壁沙漠和太平洋、印度洋、阿拉伯海、地中海，這一段沒人走過，或沒人留下文字紀錄的旅程，因為為了開發無限商機的投資行列，啟開了東西方的文化交流，直至哥倫布發現美洲新大陸。

　「你們社會領域第一單元『經濟與生活』，地球村現代型式的投資理財。你看到人類的生活面向，你自己會做出怎樣的思考？」黃老師提問般地說著。

　「不要輕言判斷自己的堅持與作為，有沒有用處。當時馬可波羅也沒想到，這會促進東西文化交流，改變人類的生活景況成為可能。愛迪生也沒想到，發明電燈會給予全人類光明。德蕾莎修女也沒想到在貧民窟的一輩子工作，會造成什麼？『跑道』的作者也沒想到，這一篇文章會教導六年五班的孩子，學習人生功課、人生跑道。但他們都有一個共通性：喜愛全心投入這工作、願意對想法冒險、當成一輩子的志向。」黃老師舉了幾個例子，希望孩子能有一些傳記人物，成為他們生活上鮮明的人生典範。

　第五課「神秘的海底古城」結束時，黃老師問著孩子：

　「如果生命旅行是一次藝術創作的過程。最終，我們的生命曾留下些什麼？（參考藝術家『畫家、音樂家、建築家、雕塑家』、文學家、思想家、科學家、自然學家、宗教家、運動家──的作品）」

他還說：「生命冒險、遠行的生命視野，都是一個個人可以思考的新方向。第六課三天的生活之旅『單車日記』、第七課詩歌靜觀『冬天的基隆山』，我們的生活曾為自己留下些什麼？」

綜合閱讀：思想與人物

課文、資料	人物	他們的想法	他們做了什麼	他們為自己留下什麼
一、詩二首	陸游			
	鄭燮			
二、神奇的藍絲帶	海莉思			
	中學老師			
	諮商師			
	老闆			
	老闆的兒子			
三、跑道	政彬			
	名揚			
	子強			
四、馬可·波羅遊中國	馬可·波羅			
五、神秘的海底古城	澎湖縣長			
	謝新曦			
六、單車日記	單車車隊			
七、冬天的基隆山	林煥彰			

「上了這一些課程，你的想法是什麼？你想要做的是什麼事？你想要為自己留下些什麼？」黃老師說著：「這一些，沒有答案，沒有對錯，沒有人可以為你生命存在的意義做決定。你得自己走過一遍！」

　　「我們都曾想著：『為自己的孩子留下好的生活品質，所以知識教育、文化薰陶、金錢、房子、好的工作、社會地位。』這一些都是父母親為下一代的努力。」黃老師提到家長們的想法，他也是有兩個孩子的父親，這想法來得格外深切。

　　「如果有一個人，他想著：『所有的眾生都是我的孩子，我要為他們留下些什麼？』這會是誰？請你猜一猜、想一想！」他丟出了一個問題，留給孩子們。

　　清晨的秋雨只是比雪還重的飄落。

　　教室窗外的十月剛過了立秋，秋思片片如下來的雨絲，清涼的秋風涼涼地吹拂，雨絲輕輕鬆鬆地彎出了柔性的線條，像舞蹈的姿勢。

　　生命之舞如此成就。孩子們去上科任課，他站在三樓的女兒牆前觀雨。

　　太陽來的時刻，中央山脈、海岸山脈又是濛濛如紗，又是山嵐駐足，又是瀟灑一片風景，一片藍天。

10.　書寫自我學習經驗

　　「上了這一些課程，你的想法是什麼？」

　　班上孩子們故意忘記這一項作業，誰也沒有再提起過。文字敘述統整活動是「陳述性語言」的筆記形式。做出提綱挈領的綱要是「步驟性語言」的筆記形式。黃老師的要求又是在筆記中加入自己的人生思考，修辭學摹寫技巧的應用一定又要求現場具體摹寫，所以施工工序往往需要長時間的醞釀，這功課非花上二、三個星期才能完成不可，因此大家好似商量好一般——「Ａ」老師的作業。

　　裝傻也是解決問題的機智之一，時間會淡化下來的。

　　黃老師想著：「在教學中，這一些孩子也夠認真、夠辛苦了。讓他們休耕一陣再說吧！」他也跟著裝笨了。他在空堂時間的導師

室，翻閱不同主題的課外補充教材，沉思著：小學老師還可以做些什麼是重要的事？

　　自我追尋、自我肯定主題：「兩個和尚」（國立編譯館國語科舊教材）、「海邊的老鼠」（愛諾・洛貝爾）、「模仿貓」（國立編譯館國語科舊教材）、「天地一沙鷗」（國立編譯館國語科舊教材）、「初旅」（東年，聯合報）、「題王許威武」（張之路，民生報叢書）。

　　工作態度、人生信念主題：「他們如此認真生活」（苦苓旅行寫作，中國時報 39 版 84.3.19.）、「高貴的補鞋匠」（讀者文摘一九九〇十一月號）、「想生金蛋的母雞」（文／漢娜・約翰森。圖／凱蒂・班德。譯／張莉莉。格林文化）。

　　人際互動主題：「看不見」（袁瓊瓊極短篇，爾雅出版社 77.2.5 初版）、「鬥氣」（源氏雞太作，廖清秀摘譯，極短篇 1 聯經出版社 80.1.）、「打氣」（劉心武，中國時報第 39 版，83.6.12.）、「轉變」（Chose Walker 作，陳桂芳譯）、「心靈成長四部曲」（廖和敏專題報導，聯合報第四十二版 88.3.27）、「變種的公雞」（蔡榮勇，台灣時報副刊 86.4.10.）、「心意與話語」（唐潤鈿，中國時報人間副刊 88.10.15.）。

　　親子關係主題：「黎明之獵」（Lois Lowry 原著，宇心譯，中央副刊，67.3.7.）、「麥帥為子祈禱文」（作者：麥克阿瑟。譯者：吳奚真）、背影（朱自清）、我的母親（朱自清）。

　　男女情感主題：「馬兒的愛情」（劉思源，兒童日報，77.10.9.第六版）、「有女懷春」（廖玉蕙，中國時報，78.9.1.第二十七版）、「浮木」（卡牧，台灣時報副刊 82.7.14.至 82.7.16.）、「我和小凱絕交了」（文／麥嬌莉韋曼莎梅特，圖／東尼第魯納，漢聲出版）、人間四月天（林徽音，天下）。

　　人文思想主題：「生之歌二則」（杏林子）、「雁陣」（白冰，新亞洲）、「牽蝸牛去散步」（作者姓名待查）、「泣血的葦鶯」

（沈石溪，民生報叢書）、「貓頭鷹的墓誌銘」（讀者文摘 87 年 9 月號。）

　　他看著五下郭嘉柔的暑期作業「短詩寫作」，這孩子有她自己的感受方式。

1〈離別〉 枯草旁 黑色的海邊 銀色曲調 一飄 一沉 道別 黑布 啊 離別 2〈盼望〉 狗兒玫瑰 在每夜的夢中 嗚咽 因為思念 最後破碎成 咕嚕咕嚕 顫抖的 沙啞的低泣 片片陽光和 清冷的天空	11〈木棉〉 春天的 木棉 在鳥鳴中 綻放 細小的 笑聲 慢步在心尖 等你走過了 橘紅的 身旁 颼落的 啊 那不是 落花 你可曾看過 我碎裂的 心

和她作伴
但她仍
盼望
有一天

3〈刻〉
在我離開前
希望你
用最迷人的笑靨
在我心頭
刻下
永恆

4〈在雲霧中〉
當雪白色的雲霧
從都蘭山尖撲流而下
那小小的生靈
便向那飛去

山中並無遠眺那般純白
只是迷迷朦朦的蓋在眼前

當天使的羽翼一揮
煙消
雲也散了

12〈題目未定〉
美麗的
晴天
鳥兒
在深綠
和翠綠之間
輕快的跳躍
閃過了一抹微笑

灰雲
悄悄的
矇住了雪白色的
碎花前
鳥兒
披著顫抖的
羽翼
在巢中
低鳴

寒風
夾雜著大雨的那
散亂羽毛
灑過了一絲
冰冷淚水
朦朧了窗簾

窗外的雨

5〈山的孩子〉

狡黠的光芒

在你眼中

閃爍

你拉滿弓

感受顫抖的弦

那側面容顏

刀鋒般的

夜歌到了你耳畔

生物深望你

你卻

一心的想得到

深到刻進你心坎的

森林之吻

6〈慢步在風上的女孩〉

金色花瓣

飄落在黑色短髮

那柔柔的眼神

融化指上

細雪的冷光

啊

用你微風般的調歌唱吧

在風中

那頭髮

慢慢的飄揚

依舊

不知是雨

還是淚

13〈星空下〉

夕陽的歌聲

傳到耳畔

天空

綴著星光

抹了一絲黑

鬼魅一般

安靜

悠長而嘶啞的

哀鳴

撕裂了

寧靜

森林

哭了

殘破的

樹影

被凍冽的

冷風

啃噬

搖著逐漸衰老的

7〈和你〉

和你擦身而過

有一絲微笑

也有一絲落寞

和你一起大笑

有

無盡的快樂

也有

不想停止的

哀愁

和你在一起

我不能

哭

也不能

笑

想告訴你

想要的並不是眼淚

8〈百合〉

山谷中

白浪掏空

清淡香

濃霧般撲在

雪白海上

等著

送給

心中最美的

身軀

傾聽森林的

哀鳴

星星在漣漪上

跳躍

在水花上

閃著

在森林的

眼中

閃著

14〈童年小鳥〉

花凋了

明天依然綻放

星星落了

隔日就亮起來

但是童年小鳥為何

一飛就不回來

螢火蟲啊

今晚你會不會

回到

童年小鳥

的

回憶

小巢

9〈鏡〉
美麗
清澈又閃亮
她的背影
是眼底的夢
當你遠揚
眼神掠過
那
破了
碎了
的臉頰

10〈只要〉
只要能倚著他
胸膛
夜夜的月圓
不再眼中閃爍了

15〈追著回憶〉
要走了
才發現
還未道別
都蘭山神
和那波波浪花
相依著遠望

抹去離別的淚水
想和你到永遠

再見
片片白雲
湖江的漣漪

16〈那天，在海邊〉
悄悄觸碰你的心看看
成群海鳥飛過
就乘著羽毛和風
划破海面
絲絲黑髮
從海藍回憶
輕掃而過

　　吳冠志有天傳給黃老師「生活小札」，他們會以文稿分享心情：

〈生活小札 1〉

坐在不起眼的，
小角落，
我看著人來人往的，
慢動作。
妳就背對，
坐在我這方向的，
三點鐘。
我點了一杯飲料給你，
它的名字叫做，
煩惱 Bubble。
我猜想你可能是在，
等待妳的，
那個誰，
男朋友？女朋友？
還是剛認識的朋友？
突然間，
妳甩甩頭，
露出半個側臉瞬間，
讓我好難過。
咱們還是
保持原樣吧！
妳等妳那個誰，
我還是乖乖看
我的報紙吧！

〈生活小札 2〉

黑夜降下來，
我也把心的窗簾，
慢慢拉下來,……
想起昨日，
你給的，
甜蜜的傷害……
複雜的情緒，
混著渾濁眼淚，
落下來……
時間的錯開，
讓我們彼此
都覺得
好無奈……

我知道，
我是那天她的替代，
時間到了要分開，
只好看著你，
帶著微笑
裝做不在意的走開……
其實……
我眼角
已氾成水災……
再高的牆

	都擋不起來...... 不停乞求， 你給不起的愛， 我又哭又鬧像個小孩...... 眼角 已氾成水災， 你把你的心 封閉起來...... 等她轉過頭。 我還在這等待。

11.　閱讀作者意象

　　閱讀作者在句子上的「意象經營」，也就是閱讀作者在句子上的「心靈圖片」。生命必須停格下來，看待自己的過程。閱讀者在閱讀過程中，沒有停格品賞，就沒有生命深化的可能，生命是草率的歷程？生命是不可輕忽的？這決定你的生命品質。

　　這一天早上第二節課，他們班上進行第三次的比較閱讀。昨天的二節本國語文課程，黃老師要小組們討論：比較第六課「單車日記」、吳薾芙「海浪」第 P.33-34 的句子描寫有何不同？

　　他昨天在黑板上畫出資料儲備表：

比較閱讀／文本			「海浪」	「單車日記」
句子描寫經營	段落結構	背景句	「意象」（心靈圖片）	「意象」（心靈圖片）
		主題句		
		推展句1	內心感覺	內心感覺
		推展句2		
		推展句3	作者的用意	作者的用意
		結論句		

　　黃老師先請孩子停留在兩篇文章的「背景句」上，比較兩位作者的「句子寫作」經營上有什麼不同？

　　二節課的討論讓黃老師毫無收穫的挫敗感。

　　「海浪」的背景句，就這麼簡短的一句：「太陽尚未升起。」

　　「單車日記」的背景句，是敘述性較長的一句：「從新城出站，我們在車站前的廣場，快速的把車袋裡的單車組裝起來，這一趟單車之旅正式開始。」

　　他點撥著孩子。作者的寫作「意象」（心靈圖片），對你這個閱讀者，所產生的「內心感覺」有那些？

　　孩子們在小組上愣住了，低頭沉默，不希望是被邀請發表的。有的小組成員直接說出：「老師！我們舉白旗。」鄭慧珮邊說邊拿著 A4 白色紙張，以衛生筷子做出一面白旗，向著黃老師揮旗，她發出李小龍的聲音，揮著旗子，惹得兩旁的蔡育泓、徐敬敏哈哈大笑。黃老師即刻請她「停格」自己的動作，按下 Play 鍵，要她 Repeat 五次。班上孩子見老師笑出聲來，跟著鄭慧珮的白旗輕輕搖動身體，哄堂大笑。

　　當黃老師停住笑聲，邀請第一組發表時，陳中佑說著：「我們這組陣亡。」

　　「這有點難。」吳冠志接著。

　　「你是說李白的詩：『蜀道難難於上青天。』」黃老師說：「有多難？」

　　「你都不知道，這真的很難哪！」賴奕軒裝出從椅子上，跌落身體的姿勢，趴在地上耍賴著，，碎碎有詞地說著：「很難哪！很難哪！很難哪！」小孩子的招數都出現在教室課堂。

　　黃老師真想為他們獻唱：「記得當時年紀小──」不過他還是興奮地，搖動身體唱出：「啊！追！追！追！追著你ㄟ心，追著你ㄟ人，追著你ㄟ情，追著你ㄟ無講理。啊！煩！煩！煩！煩過這世

人，心肝如蔥蔥，找無酒來澆。嘸氣啦！麥攔那麼大聲對我說話
——」

郭丞宏說他唱得：「有夠難聽！」陳諺元說他：「魔音傳腦！」
陳雲愷說他：「老人癡呆症！」唐可歆直接摀住耳朵。

黃老師還是自 Hight 唱出：「千江水、千江月、千里帆、千重
山、千里江山，我最水！」

孩子們齊唱：「不要臉！」

師生關係接得蠻好的。

「我是誰？」他偶而會用手指指著自己，問學生。

「你是老師！」孩子說。

「你是誰？」黃老師接問。

「學生。」孩子答著。

12.　句子寫作，比較閱讀（一）

經過浸染時間的等待，今天黃老師還沒放過學生。

討論的題目還是：「這兩篇文章的「背景句」。兩位作者的「句
子描寫」有什麼不同？」

第一組的陳中佑代表小組說著：「『太陽尚未升起。』這一句
是自然景物描寫，灰色的世界有寧靜、黑暗、希望、期待的感覺。」

「還有迎接、緊張的感覺。」陳明群、蔡紀韋互為補充著。

「專注的感覺。」陳諺元從第五組發出聲來。

陳中佑繼續著：「『從新城出站，我們在車站前的廣場，快速
的把車袋裡的單車組裝起來，這一趟單車之旅正式開始。』這一句
是人景、大自然之景的描寫，有期待、興奮、刺激、快樂。」

第二組由吳冠志、賴奕軒直接站起來，要求由兩人互補報告。
他們說著：「『太陽尚未升起。』這背景句是採用『廣角鏡頭』的
定點拍攝，這靜止中有瞬間的感覺，讓我們有鮮活的感受。」

「你說『鮮活的感受』是指太陽想躍上來的蠢蠢欲動？」黃老師澄清著。

「是！就是太陽在海下面，慢慢移動，要跳上來的期待感覺。」吳冠志比手畫腳，激動的說著。

「『從新城出站，我們在車站前的廣場，快速的把車袋裡的單車組裝起來，這一趟單車之旅正式開始。』這一句是分成多個鏡頭的空間移動，是動態的人景移動。因為他是一篇日記，有時間的順序，有期待、有快樂的感受。」第二組的賴奕軒繼續往下敘述，說著他們的討論。

「帥！就是這個意思。」吳冠志站起來，離開位置，握住拳頭興奮地走動著。

這樣的慢鏡頭教學，抵擋不住時間的鈴聲。

來不及發表的第三組，由唐可歆直接送上討論紀錄格式：

比較閱讀／文本			「海浪」	「單車日記」
句子描寫經營	段落結構	背景句	『太陽尚未升起。』	『從新城出站，我們在車站前的廣場，快速的把車袋裡的單車組裝起來，這一趟單車之旅正式開始。』
			相同： 　描寫大自然、擬人法（好似一塊起了摺痕的布）。 不相同： 　前面靜態，後面動態（前面：太陽尚未升起。後面：一道接一道，在海面之下，彼此追隨，彼此追逐，永不停息。） 　句子描寫嚴肅，不易懂、鳥瞰法鳥瞰全部的海浪。	相同： 　描寫大自然、擬人法（綠波中有點點金黃，像精靈的眼睛般在眼前躍動） 不相同： 　句子描寫白話易懂，八感摹寫技巧多，動態是全部的，特寫經過的路線。

下課前，黃老師衝動地放大聲音說話：「一個句子可以撼動你的整個神經、整個細胞、整個生命。」

他繼續說，「『太陽尚未升起。』背景句到這裡便斷了。」

他停了片刻，思索著作者基調一般地停格後，說著：「就一張圖片而已，逼你你必須『停格』生命，逼視你必須站在海邊那兒，在『作者的描寫現場』觀看。觀看時，所有心情的起伏、內涵，被自己察覺得更清楚，你無法躲避作者丟給你的心靈圖片和隱藏的情緒變化。」孩子們靜謐的領域，在心裡默許老師的詮釋。

那經過生活萃煉的感受，黃老師說起文學的任務：「這時候文學正在釀造一種生命轉變──那就是你，不要懷疑，讓閱讀的句子實實在在的產生亮度、產生光譜。」

他的教學表演現場基調，愈演愈烈，黃老師索性坐在椅背上，假想性的拿起等待拍攝太陽升起前的鏡頭，一動也不動地屏氣凝神，眼神絲毫不敢離開鏡頭的專注。

他讓孩子知道：「一不小心，明天再來。」

他讓孩子知道：「生命的變化如此瞬間。」

13.　段落寫作，比較閱讀（二）

下星期一，他們班上決定「教學現場攝影」。不知會走出什麼教學景況？他們只能面對教學生活的開展。

黃老師簡單的敘述著：「我們做過『綱要』、『綜合閱讀』、『主旨』的閱讀，嘗試去分析作者的寫作安排思考、人物的生命歷程、作者文章背後傳達的人生意義。」他約略讓孩子們回想，先前上過的閱讀課思考，是在「篇」、「段落」的什麼位階？是內容探究？還是形式探究？協助孩子注意教材位置的統整。

「這次我們要進行的『比較閱讀』是針對不同作者的『句子描寫』思考。」

比較閱讀／文本			「海浪」	「單車日記」
句子描寫經營	段落結構	主題句	海與天一色，除了海面上有輕微的皺摺，好似一塊起了摺痕的布（主題句）。	花蓮的風涼爽輕柔，陽光和煦溫暖，鄉間小路上，總是有熱情的居民朝著我們揮揮手（主題句）。
		推展句1	慢慢地天空泛白，地平線出現一道暗線將海天分開來（推展句1）	沿路有零星的稻田，風一吹，一整片的綠波盪漾（推展句1）。
		推展句2結論句	灰布上有大筆觸的條紋晃動著，一道接一道，在海面之下，彼此追隨，彼此追逐，永不停息（推展句2）。	仔細看看，綠波中有點點金黃，像精靈的眼睛般在眼前躍動，那是早熟的金針花（結論句）。

　　太陽尚未升起（背景句）。海與天一色，除了海面上有輕微的皺摺，好似一塊起了摺痕的布（主題句）。慢慢地天空泛白，地平線出現一道暗線將海天分開來（推展句 1），灰布上有大筆觸的條紋晃動著，一道接一道，在海面之下，彼此追隨，彼此追逐，永不停息（推展句2）。（結論句？）

14.　閱讀字詞

　　──學習如何從自己的藝術意識中觀看這個世界。

〈馬奎斯的一生〉傑拉德‧馬汀 p.141

　　回到作者的寫作現場，「閱讀句子表現的現場」就成了體驗作者生命基調的閱讀過程。

　　黃老師在黑板寫下句子表現中，「詞性」的表現效果：

　　作者在句子中所選用的「名詞」會在讀者的心中形成心象、印象、心境、情緒變化的意象心靈圖片。

　　作者在句子中所選用的「動詞」會在讀者的心中形成動態或靜態的意象動感。

　　作者在句子中所選用的「形容詞」會在讀者的心中形成對「名詞」意象的描述。例如：「名詞——雲。」在讀者內心的心靈圖片，可能是層積雲、捲積雲、灰色雲——因此作者加上了形容詞，幫助意象圖片的情感、狀態，更加清晰可見。

　　作者在句子中所選用的「副詞」會在讀者的心中形成，對於動作的「細膩度、解析度」，幫助意象圖片更加能看清細微的動態。

　　說完後，他突然宣布平時測驗題目：「閱讀『單車日記』推展句 1，『沿路有零星的稻田，風一吹，一整片的綠波盪漾。』請寫下閱讀作者的心境和情緒？」

　　一張空白的 A4 紙張，孩子們在上面畫著稻田、腳踏車、風，用圖示來幫助自己的文敘述。

　　郭靖婷慢慢寫著「作者的心境、情緒」：

　　　　作者的情緒很開心，從一整片的綠波蕩漾看得出來。而作者心境很平靜、安靜，因為沿路有零星的稻田，看到這種風景，心境會感到平靜和安靜。

　　　　沿路讓作者感到有點孤單，靠到沿路零星的稻田就感覺有許多人陪伴著。風一吹，感覺孤單被吹走了。一整片綠波蕩漾，作者看到之後，放慢速度，慢慢的欣賞，感覺心情非常快樂。

　　劉傅藤畫著一塊塊的稻田、腳踏車、吹動的風，他為每一個小景塗上顏色，寫著：「沿路有零星的稻田，風一吹，一整片的綠波蕩漾。」

　　n.名詞〈稻田、風、綠波〉
　　v.動詞〈吹、蕩漾〉

adj.形容詞〈零星的、一整片的〉

adv.副詞〈沿路有〉

　　作者的心境在沿路上看到到處都有小小塊的稻田映襯出金色大地和綠色大地融合的美，作者對這種陌生的美感到興奮、悠閒，風一吹，使作者感覺輕快，很想繼續前進，期待會有更美的景色。

　　作者的情緒用法有輕快、悠閒、興奮、期待以及想往前衝的感覺。

　　零星的稻田是用來映襯綠波蕩漾的美。風一吹是用來讓綠波蕩漾。沿路是在說一直有稻田和綠波。

　　郭嘉柔快速度的寫作解讀「閱讀句子現場」，「沿路有零星的稻田，風一吹，一整片的綠波蕩漾。」

　　　　作者的心境很開闊，因為「整片綠波」的心靈圖片就像「一望無際的大草原」。 很清爽，因為風一吹可以使得綠波蕩漾，風是柔的。稻田是綠油油的，零星的稻田配合整片大地，綠油油配合大地的五顏六色，襯托出一種美。沿路，這種感覺就是沿著路一直走下去，就像朝另一個新、另一心理感受邁進。綠波蕩漾，感到一種有節奏的輕鬆搖擺。

　　　　作者的情緒用詞：「草原」，一望無際會讓人感到開闊平靜。「風」，涼爽又柔柔的會感到舒適，所以心中很喜樂。大地襯托「零星稻田」，很新鮮，鮮明的感覺。「沿路」下去就像一種邁進，是滿有勇氣的。「綠波蕩漾」，輕鬆搖擺就像放鬆的感覺，自由自在的。

蔣亞涓的「閱讀句子現場」〉：

心境：稻田的顏色是綠色，有金黃色稻子，風一吹，綠色的
　　　草和金黃色的稻子，搖來搖去。風吹過稻田，發出了
　　　輕微的沙沙聲。稻田是零星的，在大自然藍藍的天和

綠綠的山包圍下，變得很奇妙。作者心裡的環境是在天堂的感覺，因為金黃色的稻子被風吹，就像陽光的光芒，包圍著作者。

情緒：作者心裡的情緒應該是快樂的，因為看到像陽光的光芒一樣的稻田，又有綠綠的草地，綠色會讓人心情愉快。零星的稻田，沿路都可以看到一點點，一點點迷人的風景。這些稻田迷人的景致，在作者的心裡，已經讓作者微微笑。風吹過稻子發出的沙沙聲，讓作者心裡變輕鬆。

吳冠志的「閱讀句子現場」〉：

心境：一片一片的稻田，混雜著些許金黃，在陽光的照耀之下，風一吹，稻田就像海浪一樣，拂過去，又隨即恢復原狀。隨著風一陣一陣，稻田就一波一波的，還會帶著淡淡的稻香，給人的感覺是溫和。

情緒：悠閒、輕鬆或陶醉吧！作者有寫到「蕩漾」意思是「起伏」讓人很容易就「陶醉」在文章裡的感覺。

　　整個教學後，黃老師由「篇」、「段落」、「句子」、「字詞」的閱讀分析著手。讓孩子實際走過，模擬式的「作者寫作現場」，放慢閱讀速度，讓孩子感同身受地浸染在作者的文字世界生活。

　　他說著：「注意作者的『寫作視點』。也就是作者寫這一篇文章時，他是站在那一個地點？他是站在那一個位置？把觀察的景物摹寫下來的。如果這樣的閱讀習慣養成，即成了『閱讀作者寫作技巧思考』。這一樣有『篇』、『段落』、『句子』、『字詞』的模擬式體驗過程。作者的『寫作鏡頭』和拍電影的『拍攝鏡頭』其實是一樣的，當你熟練之後，看電影也是在練習寫作思考。」

　　黃老師選擇最貼近的教學表徵「電影鏡頭」，為孩子舖陳，生活中處處是意象，處處是鏡頭。

　　「你的眼睛，便是鏡頭。廣角鏡頭、特寫鏡頭；移動鏡頭、定點鏡頭；鳥瞰鏡頭、仰視鏡頭；併貼鏡頭、切割鏡頭──」黃老師說著這一些鏡頭，他說這是寫作者的第一步「專注訓練」。

15.　單篇文章基架閱讀教學評量

　　幾天後，黃老師發下「樹的醫生」文章，請孩子書寫「綱要、大意、主旨」，做為總結性評量。孩子們小心翼翼地做著平時測驗：

蔡紀韋寫著：

全課大意：啄木鳥在一棵又黃又乾的樹上，幫樹看病，啄木鳥努力的把蟲啄了出來之後，又黃又乾的樹長出了新葉子，所以啄木鳥是樹的好醫生。

綱　　要：原因：啄木鳥幫樹治病。經過情形事件：啄木鳥把蟲啄了出來。結果：啄木鳥成了樹的好醫生。

主　　旨：暗示我們，除了啄木鳥能幫樹治病，我們人也可以用話語來幫一些心裡上有創傷的他人來治病，這樣我們也成為了他們的好醫生。

黃韻恩寫著：

全課大意：啄木鳥發現樹生病了，於是他便找出蟲子把牠吃了，過沒多久，樹就好了，啄木鳥真是好醫生啊！

綱　　要：一、啄木鳥發現樹生病的經過。二、啄木鳥幫樹治病。三、樹好了，啄木鳥真是好醫生啊！

主　　旨：我們要盡自己最大的能力幫助別人。

洪詠俞寫著：

全課大意：啄木鳥停在一棵樹上，發現樹好像病了，啄木鳥每天都東敲敲西敲敲，發現一個地方聲音不同，啄木鳥把蟲子啄出來，樹病就好了，啄木鳥真是樹的好醫生。

綱　　要：（1）啄木鳥發現樹生病了。（2）啄木鳥想辦法幫樹治病（3）啄木鳥真的是樹的好醫生。

主　　旨：我們要熱心幫助別人。

王妍可寫著：

全課大意：啄木鳥看到樹有病，牠就幫他看病，看完病，樹就長出新葉子。啄木鳥真是好醫生！

綱　　要：一、啄木鳥幫樹治病。二、啄木鳥幫樹治病經過。。三、樹病好了，長出新葉子。四、啄木鳥真是好醫生。

主　　旨：利用自己的專長幫助他人或社會。

通常黃老師會加考「閱讀思考表白」，列問孩子：

1. 寫下你完成「全課大意、綱要、主旨」的運思思考表白？（你怎麼做的步驟思考過程？）
2. 你根據什麼判斷標準、判斷類目，來說明你所做的是正確的？
3. 請比較幾位同學的書寫紀錄稿，並給予評量分數，並說出為什麼？

這樣的「教學列問語庫」在黃老師的課堂教學中，不斷地重複著。他認為高層次的運思監控技能，也該當做一種「讀書方法訓練的基本動作」，在教室生活中操練成為習慣性動作。

16. 閱讀教學統整性評量

這一些時刻，為了準備學校定期評量，班上的閱讀課也將接近尾聲。

黃老師給班上同學訂出「閱讀評量」，以維吉妮亞・吳爾芙「海浪」的第 33、、34 頁文本為材料，進行評量題目「閱讀作者思考──以『海浪』為例子」，學校學科期中評量後，一星期的時間交回 E-mail 試卷。

備註：（老師建議你先將「海浪」的文章基架分析表列印出來，貼在書桌前觀看；再以資料儲備表的樣式，橫向架構進行「閱讀文章內容」，進行「閱讀作者寫作思考」等兩大類思考；縱向架構以分析「全篇」、「段落」、「句子」、「字詞」的形式探究、內容探究；逐步「自我提問」、「自我理答」，你會完成這項複雜的文字敘述工程的！祝福你的工作態度──）

蔣亞涓寫了一千七百多字的 E-mail 試卷，讓黃老師佩服著她的工作態度。

　　「海浪」這是一篇用廣角鏡頭描寫自然景觀的記敘文。在每一句的後面，作者常用譬喻修辭，把句子描寫得更具體。（例如：海與天一色，除了海面上有輕微的皺摺，好似一塊起了摺痕的布。）

　　全篇的形式結構是用：原因，經過情形，結果。第一段的形式是用：主題句。推展句（1）（2）（3）（4）。第二段的形式是用：主題句。推展句（1）（2）（3）（4）結論句。第

三段的形式是用：主題句。推展句（1）（2）（3）。作者把結論句拿掉，是要讓讀者想像。（例如：太陽尚未升起。）

　　第一段是在敘述：日出前海面、天空的景觀。（例如：海面上有輕微的皺摺，好似一塊起了摺痕的布。慢慢地天空泛白，地平線出現一道暗線將海天分開來，灰布上有大筆觸的條紋晃動著。）

　　第二段是在敘述：海浪、天空，景色變化。（例如：每道條紋升起、堆高、破碎，然後一層白紗似地水在沙上掃過，海浪暫歇，然後再次退去，好像沉睡者的呼吸，不自覺地來去輕嘆著。地平線的暗色條紋逐漸變得清晰，彷彿陳年酒桶裡的雜質沉澱讓酒杯轉為綠色。）

　　第三段是在敘述：陽光的照射，鳥的鳴唱。（例如：光照射在花園中的樹，將一片樹葉照的通透清明，接著又一片。隻鳥高聲鳴叫後短暫停止；又一隻低聲鳴囀。）

　　作者的寫作技巧第一段是：廣角鏡頭。特寫海平面和海浪的晃動。（慢慢地天空泛白，地平線出現一道暗線將海天分開來，灰布上有大筆觸的條紋晃動著，一道接一道，在海面之下，彼此追隨，彼此追逐，永不停息。）第二段是：廣角鏡頭。每一句再加上譬喻，使句子更具體。最後再用廣角鏡頭，描寫海面和地平線。（例如：海浪靠近海岸，每道條紋升起、堆高、破碎，然後一層白紗似地水在沙上掃過，海浪暫歇，然後再次退去，好像沉睡者的呼吸，不自覺地來去輕嘆著。海面緩緩轉為透明，微波蕩漾閃爍，直到暗沉線條幾乎被擦拭盡，緩慢地，持著燈的手再將燈舉高、再舉高，直到一道寬廣火焰清晰可見，一彎火弧在地平線邊緣燃燒，四周的海燃燒成金黃。）第三段是：廣角頭。（例如：太陽讓房子牆壁逐漸成形，然後在白色百葉窗頂上棲息著，宛如扇子的柄頂，在臥室窗戶邊的葉子底部留下藍色的指紋陰

影。）作者譬喻修辭使用是把物轉化成人的擬人法。是用海浪暗示我們的人生。第一段：我們的人生就像海浪的波紋一樣。彼此追隨，彼此追逐，永不停息。（例如：在海面之下，彼此追隨，彼此追逐，永不停息。）第二段：太陽使所有景物有的變化。我們的生活中常常有很多人使我們有了變化。（例如：海面緩緩轉為透明，微波蕩漾閃爍，直到暗沉線條幾乎被擦拭盡，緩慢地，持著燈的手再將燈舉高、再舉高，直到一道寬廣火焰清晰可見，一彎火弧在地平線邊緣燃燒，四周的海燃燒成金黃。）第三段：小鳥唱著他們的旋律。我們唱著自己的人生之歌。（例如：屋外的鳥唱著它們的旋律。）

　　句子的結構是：主角怎麼樣，又怎麼樣，結果。（例如：百葉窗輕輕顫動，但室內一切仍幽暗、未見成形。）可是有的句子只有主角怎麼樣，把結果拿掉。（例如：太陽尚未升起。）太陽尚未升起。這句話讓讀者的感受是：有希望、有期待、迎接、心情緊張、專注。作者使用到的修辭有譬喻修辭（海浪暫歇，然後再次退去，好像沉睡者的呼吸，不自覺地來去輕嘆著。）作者使用的字詞有名詞、副詞、形容詞、動詞。（例如：名詞，例如：海浪。副詞，例如：不自覺地。形容詞，例如：輕微的。動詞，例如：舉起）作者用的動詞有用到連續動作。用的詞都有暗示性的感覺。用的字詞，也使句子變得更完整、具體。（例如：連續動作，例如：每道條紋升起、堆高、破碎。暗示性的字詞，例如：彼此追隨，彼此追逐，永不停息。具體、完整，例如：地平線的暗色條紋逐漸變得清晰。）

　　「海浪」這篇文章的主旨是：太陽讓萬物的景象改變。在我們的生活中很多人都像太陽一樣把我們變色，有時候是像太陽一樣把我們變成金黃色，有時候卻把我們變成

黑色。

我跟文章相同的經驗：我也有看過海浪升起、堆高、破碎，每一次只要聽到海浪拍打到岸邊的聲音，心裡總是有種像被海浪拍打到岸邊的聲音燃燒。海浪的節奏就像人的呼吸聲來去嘆息著。坐在沙灘上，望著無邊無際的海洋，心裡有滿滿的希望。把腳放入海水中，讓海水輕輕的撫摸，站在海水中被海風吹著，心裡就像灰布上有大筆觸的條紋晃動著，一道接一道，在海面之下，彼此追隨，彼此追逐，永不停息。

郭嘉柔的「班級閱讀統整期中評量」也被提及是一個藝術品。

		閱讀內容				閱讀寫作技巧				
		形式			內容		形式			內容
閱讀文章本身	全篇	從海浪推到陽光，又拉回花園與鳥兒。◎是記敘文			一開始獨自上演的浪，和陽光配合出美景，最後是陽光和花園。		都是先由大方向的廣角鏡頭，慢慢推到特寫鏡頭做細膩特寫。			廣角鏡頭和特寫鏡頭不斷的輪流使用，大概場景和細部達成平均。
		1	2	3	1	2	3	1	2	3	1	2	3
	段落	少了結論句	少了結論句	少了結論句	太陽未升的海	太陽升起的海	花園陽光和鳥	廣角＋特寫	特寫鏡頭	廣角＋特寫	注重於八感的看	注重於八感的看	看、聽、感
	句子	大多是少了結論、結果句，有一種思想的空間。		例如：一隻鳥高聲鳴叫後短暫停止；又一隻低聲鳴囀。		相同內容形式的句子，加上動作連貫感（見文字敘述例子）。		如：每道條紋升起、堆高、破碎。	

	字詞	以一種別人想不到的詞當形容詞。	如： 羊毛灰的天空； 陳年酒桶的顏色。	作者使用特殊的物來當形容詞，增添了一種想像力的天地。	動態形容和靜態形容都特殊而貼切，抽象的感覺非常有趣。
文章之外	主旨	本文中描寫的大自然，就像一位舞者盡心盡力的舞動人生，將自己的才能發揮的淋漓盡致，信心的在台上演出，而這就是我推論出的主旨。			
閱讀自我	自我提問	1.為什麼作者在安排段落架構時少了結果句？ 　A：作者在安排段落架構時少了結果句，所以形成了很多只有片段的心靈圖片；這種感覺是突然停止，用在景物上是短暫的美。當你面對短暫的美時會把握當下，這或許是作者在海邊時的感覺，緊張……等。而且少了結果句就像詩的留白---想像的天地。（其他問題在文字敘述）			
	經驗類似	我曾經獨自一人坐在海邊的岩石上吃早餐，那種靜謐和吳爾芙所描述的一樣。吃完了早餐，將腳伸進海水中，那種來與去的感覺，以及向前眺望的海面，都像吳爾芙所說的：一層白紗似的水在沙上掃過；海面上有輕微的皺摺，好似一塊起了摺痕的布等。加上這種類似的經驗，在讀文章時更能深入理解。			
	文章影響	讀了這篇文章，我體會到了盡心盡力的舞動人生、也學會了以特殊的物來形容，不論擬人、擬物都可以趣味性的來描寫，在具體後更為生動。在運用廣角、特寫鏡頭我也會多加注意，在不同的時間點運用，產生的感覺都會不一樣。就像詩一般，切割鏡頭，以及留白。用了留白，整篇作文就成了一個思考的區域，充滿了想像以及抽象的美。			

文字敘述：

　　當我做閱讀表格時，首先以橫向切為「閱讀內容」以及「閱讀寫作技巧」，再來是把縱向切為「閱讀文章本身」、「閱讀文章之外」以及「閱讀自我」為大方向的思考。在「閱讀內容」的「閱讀文章本身」中我將它切為全篇、段落、句子、字詞。而在這四種項目中，我再切為形式和內容兩種（「閱讀寫作技巧」的「閱讀文章本身」也是一樣）。以下是閱讀文章本身的分析：

（一）全篇形式為記敘文。全篇內容為一開始獨自上演的
　　　浪，和陽光配合出美景，最後是陽光和花園。

　　　　　　而在全篇的寫作技巧之形式，為先由大方向的廣
　　　角鏡頭，慢慢推到特寫鏡頭做細膩特寫；而在內容
　　　方面則是廣角鏡頭和特寫鏡頭不斷的輪流使用，大
　　　概場景和細部達成平均，因此不會感到重心都偏於
　　　某個地方。

（二）在段落形式都少了結果句，增添了一種想像的留白。
　　　例如：一隻鳥高聲鳴叫後短暫停止；又一隻低聲鳴囀。

　　　　　　而段落內容綱要為：（首）太陽未升的海。（中）
　　　太陽升起的海。（尾）花園陽光和鳥鳴。

　　　　　　在段落的寫作技巧中，作者的八感都聚在「看」，
　　　到了最後才有「看、聽、感」，代表作者在觀賞海浪
　　　時都是用眼睛仔細觀察其變化。

（三）句子形式為在主角＋怎麼樣＋又怎麼樣＋結果中會
　　　抽掉其一，達成的效果和少了結果句相等，一樣是一
　　　種想像的留白。例如：太陽尚未升起。

　　　　　　而在句子的寫作技巧方面，形式最為特殊的是連
　　　貫動作法，例如：海浪的每道條紋升起、堆高、破碎。
　　　這種方法形成了一種播放影片的感覺，連貫的感覺更
　　　加鮮活。

（四）字詞形式以一種特殊的物來當形容詞。例如：羊毛灰
　　　的天空；陳年酒桶的顏色——等。寫作技巧的字詞動
　　　態形容和靜態形容都特殊而貼切，抽象的感覺非常有
　　　趣，這是作文運用字詞時一種很好的方法。

（五）再來是閱讀文章之外，也就是主旨，而我的思想方法
　　　和推論如下：

　　　　　本文中描寫的大自然，就像一位舞者盡心盡力的舞
　　　動人生，將自己的才能發揮的淋漓盡致，有信心的站在
　　　台上演出。就如我們的人生一般，如果不盡心盡力的發
　　　揮其才能、舞動彩色人生，那我們活著有何用處？

（六）再來是閱讀自我的自我提問：

1. 為什麼作者在安排段落架構時，少了結果句？

　　答：作者在安排段落架構時少了結果句，所以形成
　　　　了很多只有片段的心靈圖片；這種感覺是突然
　　　　停止，用在景物上是短暫的美。當你面對短
　　　　暫的美時會把握當下，這或許是作者在海邊
　　　　時的感覺，緊張……等。而且少了結果句就
　　　　像詩的留白─想像的天地。

2. 為什麼作者要以特殊的物來當形容詞？我們要怎
　　麼學習？

　　答：作者以特殊的物來當形容詞，不但不奇怪，反
　　　　而貼切。使用特殊的物來當形容詞，是一種能
　　　　讓文章具備趣味性表現，但是要用的貼切是很
　　　　難的。從這個題目我們可以再往外延伸，作者
　　　　是很細心、觀察力很好的人，所以我們可以試
　　　　著觀察周遭事物，久了便能也有這樣的能力。

（七）經驗相似：

　　　　　我曾經獨自一人坐在海邊的岩石上吃早餐，那種
　　　靜謐和吳爾芙所描述的一樣。

　　　　　吃完了早餐，將腳伸進海水中，那種來與去的感
　　　覺，以及向前眺望的海面，都像吳爾芙所說的：「一

層白紗似的水在沙上掃過；海面上有輕微的皺摺，好似一塊起了摺痕的布」等。加上這種類似的經驗，在讀文章時，我更能深入理解。

江雲嵐的 E-mail 試卷有她自己的閱讀視點：

一：表格

		閱讀內容		閱讀寫作技巧	
		形式探究	內容探究	形式探究	內容探究
閱讀文章本身	全篇	記敘文	海浪、海岸、太陽、景物的變化。	運用廣角鏡頭、特寫鏡頭來寫出一篇文章。	加上修辭、作者的暗示（作者本身要告訴我們的事）。
	段落一二三	作者運用敘述句、轉化、譬喻、等修辭組成一個完整的句子。	一：太陽剛剛出來時與海浪波動的變化。 二：海與地平線在太陽下不同的變化。 三：太陽照進院子、屋子裡的變化。	句子中運用的譬喻和擬人最多，但也有運用其他表達意思不同的修辭。	讓整篇文章更加能夠表達出作者真正的意思。
	句子	有時廣角鏡頭和特寫鏡頭在同一個句子、段落交互使用，來使句子更加生動；有時運用修辭來加強句子的變化。	作者把當時看到的景象（太陽的升起、海浪的波紋等）寫出來。	運用譬喻（明喻、暗喻、略喻）和轉化（擬人、擬物、擬形象）的修辭。	靈活運用修辭來加強讀者閱讀句子時的感覺。

	字詞	主要字詞：名詞。副要字詞：動詞。加強用詞：副詞和名詞。	在細微、不被重視的地方放了許多仔細的描寫。	主要字詞：海（海面、海浪）、地平線、太陽（太陽的位置、變化）副要字詞：沙灘、花園、百葉窗、鳥兒。	運用名詞、副詞等讓讀者更能看出文章細微的句子、字詞。
閱讀自我		我會有時會一直專注的看樣東西（跟作者一樣），例如：看著大樹。被風吹的時候隨著風搖擺；被雨打的時候發出「滴滴答答」的聲響；雨後被陽光照耀時，樹葉上的水珠反光耀眼。這些都是仔細觀察後所得的，也可以像作者一樣創造成一段句子、一篇文章。			

二：文字敘述

　　這篇文章是作者用「鳥瞰法」寫出來的文章，主要是說明：陽光下山巒、雲朵、海等景物的變化。我要先把文章拆開敘述，再合起來整篇敘述。

第一段：

　　第一段綱開始太陽還未升起時，是由海面上輕微的浪作為主角，如：海與天一色，除了海面上有輕微的皺摺，好似一塊起了摺痕的布。

　　太陽慢慢升起時，地平線把海與天空隔開，如：慢慢地天空泛白，地平線出現一道暗線將海天分開來，灰布上有大筆觸的條紋晃動著，一道接一道，在海面之下，彼此追隨，彼此追逐，永不停息。

第二段：

　　第二段剛開始在描寫海浪的皺摺，如：當海浪靠近海岸，每道條紋升起、堆高、破碎，然後一層白紗似地水在沙

上掃過,海浪暫歇,然後再次退去,好像沉睡者的呼吸,不自覺地來去輕嘆著。

接著是地平線:地平線的暗色條紋逐漸變得清晰,彷彿陳年酒桶裡的雜質沉澱讓酒杯轉為綠色。

太陽慢慢的升起,直到高高掛在天空時的描寫,使用了多種譬喻句,如:地平線後,天空也清晰了,彷彿那裡的白色雜質也沉澱了,或像一隻蜷伏於地平線下女人的手臂,舉起了一盞燈,之後白、綠、黃的平直條紋放射於空中,一把扇子的扇骨。然後她將燈舉高些,空氣彷彿成為纖維,由綠色表面閃爍彈出燃燒的紅黃線條,就像由營火中咆哮而出帶著煙的火花。逐漸地,燃燒的營火溶成薄霧,一團白熾舉起沉重的羊毛灰天空,將它轉為百萬個淡藍原子。海面緩緩轉為透明,微波蕩漾閃爍,直到暗沉線條幾乎被擦拭盡,緩慢地,持著燈的手再將燈舉高、再舉高,直到一道寬廣火焰清晰可見,一彎火弧在地平線邊緣燃燒,四周的海燃燒成金黃。

第三段:

太陽已經掛在天空,照進院子裡樹的描寫。如:陽光照射在花園中的樹,將一片樹葉照的通透清明,接著又一片。

接著,鳥兒的歌唱。如:一隻鳥高聲鳴叫後短暫停止;又一隻低聲鳴囀。

太陽照要著屋子外圍,但還未照到屋內。如:太陽讓房子牆壁逐漸成形,然後在白色百葉窗頂上棲息著,宛如扇子的柄頂,在臥室窗戶邊的葉子底部留下藍色的指紋陰影。百葉窗輕輕顫動,但室內一切仍幽暗、未見成形。

最後鳥而繼續唱著歌。如:屋外的鳥唱著它們的旋律。

P.S 將細明體的部份合起來就是一篇完整的「海浪」

文章「起、承、轉、合」：

起：第一段。作者開頭第一句只用「太陽尚未升起。」六個
　　字，會讓人想不透，使讀者更想繼續的看下去，並猜測
　　接下來的發展。第一句之後，開始描寫太陽還未升起時
　　的海面皺摺。再來天空慢慢泛白，平線出現一道暗線將
　　海天分開來，灰布上有大筆觸的條紋晃動著，一道接一
　　道，在海面之下，彼此追隨，彼此追逐，永不停息。這
　　裡使用了類疊法「彼此追逐，彼此追逐」。使用了類疊
　　法，讀起來讓句子更生動。

承：第二段前半段。開頭描寫海浪拍打岸邊時的景色。海浪
　　靠近海岸時，每道條紋堆高、破碎、退回去，在堆高、
　　破碎、退回去、堆高、破碎、退回去。海浪會不斷的重
　　複這個動作。接著是地平線。地平線後，作者就接著描
　　寫太陽慢慢的升起。這裡用了譬喻，像「女人的手臂」
　　舉起了「燈（太陽）」。

轉：第二段後半段。接著承的後面，開始再繼續描寫太陽升
　　起時的變化。用譬喻「女人的手臂」在將燈舉高，在高，
　　在高，直到世界一片光明。太陽已經升到天空了。

合：已經升起的太陽從天空照到了院子裡的樹，每一片葉子
　　都被照亮了。再逐漸照到房子的外圍，但還未照到屋子
　　裡。最後結尾是屋外的鳥唱著它們的旋律。

　　這就是文章的「起承轉合」。

　　如果有這種類似的經驗，當你在閱讀文章時應該能更深
入的了解文章。

　　收到作業的當天，黃老師走向她們，說著：「收到這樣的作業，都會讓老師萌生無限的希望，我感動擁有這樣的藝術創作物——妳們的作業就是一位十二歲的藝術家作品。」

　　蔣亞涓說著：「謝謝老師！」歡心的純真臉龐，映襯著眼神中滿溢的活絡。郭嘉柔也跟著淺笑，這淺笑的澹然，似乎是靜默中的深意。江雲嵐則是害羞中的沉思者。

　　「其實，應該是老師謝謝你們！讓我品賞十二歲孩子的藝術生活。」黃老師神采飛揚地看著班上同學。

　　「或許『閱讀慢活』才能如散步一樣，享受身邊的一景一物、享受身邊的一思一想。最近台灣正推動的自行車運動，我想也是如此享受吧！」黃老師走入導師室，若有所思地思維著。

17.　閱讀自我學習

> 追尋的歷史其實是一個不斷重塑的過程，也是一個心靈缺憾不斷縫補的過程。——記憶中不斷補綴父親的形象。——戀父的情節在歲月中是不斷經過修改、調整的。——「不知該如何稱呼你了？父親，你是我遺世而獨立的戀人。」
>
> 〈現代散文〉鄭明俐。P.164-172

　　閱讀散文最愛賞看的在於它是一帖生命潛意識中的「藥引子」。

　　我常在獨處、獨遊之際，放開手讓自己的生活影像，隨著閱讀散文中的人物內心情節蠢動，或許是作者的潛意識在作品中自然朗現的招引，令我最大的興致在於「閱讀自我」。

　　閱讀自我習慣性中的個人生活歷史的諸多因緣果報。

　　所有的習慣性都有源頭，累世的源頭、早年生活經驗的源頭，匯集成現在的我的習性，終將成為卷尾的一條隱藏性敘述線。

　　為了明示自我，對自己說：「沒有對錯，亦非選擇，一切均是如常經過──」像靜靜地摩挲掌心一般，靜靜地賞看觸覺輸送的意識之流。──白佛言

　　這樣的閱讀課告一個段落時，黃老師說了這一段話語，以文字稿發給孩子們。

　　他說：「當你的手上不再有書籍時。你還是在進行閱讀課，『閱讀電影』、『閱讀生活』、『閱讀自己』、『內觀：閱讀內心最細微的變化』──」當一個人安靜下來的時候，當一個人對待生活提出「為什麼？」的問號時，他終會找回自己的一切。

　　期中考後，黃老師沒忘了由課外資料教學的同時，也要求孩子們作課前準備。透過不斷的技能訓練作業，加強孩子們的文章架構、綱要、摘取大意的諸項能力傳回 E-mail。

　　陳明群的第九課「沉思三帖」文章分析表如下：

「沉思三帖」全課大意：
美要是內心的感受，貪念和謊言是會被察覺的，要發揮自己真正的力量去思考、觀察，才能看到別人看不到的。這些是導正內心的良藥，也是評量人生的課題。

第一帖 心中的花園	第二帖 少年與海鷗	第三帖 石頭裡的巨人
段落大意	段落大意	段落大意
盲人細心照顧花，使他人讚嘆。他覺得美是心中的感受。	少年和海鷗原本是朋友，這天，他動了貪念，卻連一隻都抓不到。	米開朗基羅運用靈敏的頭腦和犀利的眼光看出這塊石頭真正的價值，創造出舉世無雙的雕像。

段落句子				段落句子					段落句子				
一位盲人在院子裡種花。	朋友讚嘆園裡的花。	許多人都發出相同的讚嘆。	盲人覺得美是心中的感受。	少年和海鷗是多年的朋友。	少年對海鷗的售價動貪念。	少年撒小魚抓海鷗，牠卻沒看見似的。	少年在沙灘思索：海鷗竟然知道我要抓牠。	一塊有裂痕的大石沒有人要。	有位先生將石頭買走了。	先生說：「石頭裡的巨人誕生就值得了」。	其實雕塑家的目光早就貫穿整個石頭。	雕刻家花三年把那顆石頭雕成大衛雕像。	這位雕刻家看出這塊石頭真正的價值。

　　從這分析表可以看出，陳明群從「三則短文」個別的段落大意，歸納到全則大意。

　　第一帖「心中的花園」大意寫著：盲人細心照顧花，使他人讚嘆。他覺得美是心中的感受。

　　第二帖「少年與海鷗」大意寫著：少年和海鷗原本是朋友，這天，他動了貪念，卻連一隻都抓不到。

　　第三帖「石頭裡的巨人」大意寫著：米開朗基羅運用靈敏的頭腦和犀利的眼光看出這塊石頭真正的價值，創造出舉世無雙的雕像。

　　最後他整合「沉思三帖」這一篇文章的全課大意，他寫著：美要是內心的感受，貪念和謊言是會被查覺的，要發揮自己真正的力量去思考、觀察，才能看到別人看不到的。這些是導正內心的良藥，也是評量人生的課題。

　　黃老師分析著：美要是內心的感受（第一帖），貪念和謊言是會被查覺的（第二帖），要發揮自己真正的力量去思考、觀察，才能看到別人看不到的（第三帖）。這些是導正內心的良藥，也是評量人生的課題。（三帖歸納出的共同點，都是在說什麼重點？）

　　黃老師將陳貴舜寫的「課文綱要」列印出來，補足陳明群文章基架表中所省略的作者寫作綱要：

1. 心中的花園

	原因	經過			結果
綱要	盲人細心的照顧花。	1	2	3	盲人的領悟。
		朋友讚賞花園。	很多人在誇獎花園。	盲人種花的成長。	

2. 少年與海鷗

	原因	經過		結果
綱要	少年與海歐的相遇。	1	2	少年的思索。
		少年的貪念。	少年的動作。	

3. 石頭裡的巨人

	原因	經過			結果
綱要	在廣場上有石頭。	1	2	3	他使石頭生動。
		有人想買石頭。	他看到石裡的靈魂。	他完成雕像。	

　　黃老師在班上採用概念性階層圖的教學方式，依文章類型做成「文章基架表」來訓練孩子們的分類能力、歸納統整能力、演繹思考能力；他清楚做學問的基本工夫從這開始的陳述性語言訓練、步驟性提綱挈領訓練、架構性鳥瞰法思考模式的訓練。

　　這上層結構的自上而下，依概念性階層的「全課主旨」、「全課大意」、「意義段落綱要」、「意義段段落大意」、「『文本自然段落』依同一事件歸納為『意義段』」、「段落句子：『主題句』、『推展句』、『結論句』」是一個分析閱讀前的思考模式。

　　訓練的剛開始是自下而上，依概念性階層歸納的「『文本自然段落』依同一事件歸納為『意義段』」、「意義段綱要」、「段落句子：『主題句』、『推展句』、『結論句』」、「意義段段落大意」、「全課大意」、「全課主旨」。

　　這是一種掌握文本重點的教學歷程，也是日後小組討論教學法的基本先前能力。

　　這些被黃老師稱為「閱讀基本動作」，也是需要如同球隊運動員的訓練一樣，從基本動作練習開始。

　　球隊訓練前的運球、傳接球、投籃是每天的例行性訓練日誌。也是我們集體潛意識的一般性文化認同。

　　技藝訓練養成教育的過程，是這樣一步一步過度練習來的，如孩子學書法、學畫畫、學鋼琴、學小提琴、學游泳、學桌球、學羽球、學直排輪，等等有技術性的活動，往往低、中年級的孩子，已能學得有模有樣了。

　　而學校語文學科教育，重視學科內容教育，完全忽略了「語文技藝」的教育訓練。因此「閱讀技藝」、「寫作技藝」無法從課堂教學中，發展出如藝能科的技能訓練步驟，無法讓孩子擁有帶著走的技藝能力。

　　這也是黃老師在小學教室中，深覺該教給孩子的。所以他一直在各個學科中尋找有效度的「教學表徵」、尋找有效度的「可類化性教學表徵」，把「教學概念」隱藏在遊戲化的「教學表徵」中進行教學。

　　那一天進行游泳教學的徐文勇老師來到茶語工房，他倆沖泡老班章普洱茶餅、沖泡冰島普洱茶餅、沖泡二千餘年野生茶樹所製成的苦系普洱茶餅。

　　純原料的品質，讓人手拿茶餅、批茶、開湯前，一下子即聞到茶餅散發出單純的茶香。他也喜愛打開茶紙筒前，讓飲茶人以嗅覺享受原始森林中的單一氣息。

　　徐老師說著：「現在新式的游泳教學是『魚式教學法』。」黃老師軀身向前，好奇的眼神傾聽著，「有『海豚』、『海星』、『翻車魚』、『青蛙』……」。

　　黃老師驚訝地說：「最棒的『教學表徵』。可類化性的游泳基本動作都隱藏在這一些水中遊戲中了。」他商請徐老師在這裡一邊做動作示範、一邊口頭思考表白，這是「學」。

　　黃老師又問著：「那這每一個遊戲動作，如何進行教學步驟？」這是「教」。

　　這一晚真是津津有味。

18.　散文詩閱讀與寫作

　　六年級上學期期末前一個月，黃老師將印度詩人泰戈爾的「偷睡眠的人」發給班上孩子。這是之前遠景出版社，由糜文開、裴普賢二位前輩，翻譯的泰戈爾詩集中選出的作品。

〈偷睡眠的人〉

作者：泰戈爾
（印度曾榮獲諾貝爾文學獎的詩人）

　　誰從孩子的眼裏把睡眠偷了去呢？我一定要知道。
　　媽媽把他的水灌挾在腰間，走到近村汲水去了。
　　這是正午的時候。孩子們遊戲的時間已經過去了；
　　池中的鴨子沉默無聲。

　　牧童躺在榕樹的蔭下睡著了。
　　白鶴莊重而安靜的立在檬果樹邊的泥澤裡。

就在這個時候，偷睡眠的人跑來，

從孩子的兩眼裡捉住睡眠，便飛去了。

當媽媽回來時，她看見孩子四肢著地的在屋子裡爬著。

誰從孩子的眼裡把睡眠偷了去呢？我一定要知道。

我一定要找到她，把她鎖起來。

我一定要向那個黃洞裡張望，在這個洞裡，

有一道小泉從圓的和有皺紋的石上滴下來。

我一定要到醉花林中沉寂的樹影裡搜尋，

在這林中，鴿子在牠們住的地方咕咕的叫著，

仙女的腳環在繁星滿天的靜夜裡叮噹的響著。

我要在黃昏時，向靜靜的蕭蕭的林裡窺望，在這林中，

螢火蟲閃閃的耗費牠們的光明，只要遇見一個人，

我便要問他：「誰能告訴我偷睡眠的人住在什麼地方？」

誰從孩子的眼裡把睡眠偷了去呢？我一定要知道。

只要我能捉住她，怕不會給她一頓好教訓！

我要闖入她的巢穴，看她把所有偷來的睡眠藏在什麼地方。

我要把牠奪過來，帶回家去。

我要把她的雙翼縛得緊緊的，把她放在河邊，

然後叫她拿一跟蘆葦在燈心草和睡蓮間釣魚為戲。

黃昏，街上已經收市了，村裡的孩子們都坐在媽媽的

膝上時，夜鳥便會譏笑的在她耳邊說：

「你現在想要偷誰的睡眠呢？」

　　黃老師依四格漫畫的「起、承、轉、合」，在黑板上畫起閱讀意象圖。

　　孩子看他畫畫真是有點兒忍難。

　　「很難看呢！」郭丞宏叫著。

　　「這位同學，說話不要太實在、太天真，太讓我想「K You」，Ok？」他停筆看著干擾教學的他。

　　他繼續一邊唸出詩句、一邊依句畫畫。等待完成一格圖畫，全班會停下來感受整體圖畫，停下來感受作者在段落詩句中的分鏡圖畫，思考作者安排的人生用意。

　　誰從孩子的眼裡把睡眠偷了去呢？我一定要知道。

　　媽媽把他的水灌挾在腰間，走到近村汲水去了。

　　這是正午的時候。孩子們遊戲的時間已經過去了；池中的鴨子沉默無聲。

　　牧童躺在榕樹的蔭下睡著了。

　　白鶴莊重而安靜的力在檬果樹邊的泥澤裡。

就在這個時候，偷睡眠的人跑來，從孩子的兩眼裡捉住睡眠，便飛去了。

當媽媽回來時，她看見孩子四肢著地的在屋子裡爬著。

誰從孩子的眼裡把睡眠偷了去呢？我一定要知道。我一定要找到她，把她鎖起來。

我一定要向那個黃洞裡張望，在這個洞裡，有一道小泉從圓的和有皺紋的石上滴下來。

我一定要到醉花林中沉寂的樹影裡搜尋，在這林中，鴿子在牠們住的地方咕咕的叫著，仙女的腳環在繁星滿天的靜夜裡叮噹的響著。

我要在黃昏時，向靜靜的蕭蕭的林裡窺望，在這林中，螢火蟲閃閃的耗費牠們的光明，只要遇見一個人，我便要問他：「誰能告訴我偷睡眠的人住在什麼地方？」

誰從孩子的眼裡把睡眠偷了去呢？我一定要知道。

只要我能捉住她，怕不會給她一頓好教訓！

我要闖入她的巢穴，看她把所有偷來的睡眠藏在什麼地方。

我要把牠奪過來，帶回家去。

我要把她的雙翼縛得緊緊的，把她放在河邊，然後叫她拿一根蘆葦在燈心草和睡蓮間釣魚為戲。

黃昏，街上已經收市了，村裡的孩子們都坐在媽媽的膝上時，夜鳥便會譏笑的在她耳邊說：

「你現在想要偷誰的睡眠呢？」

　　他們在教室中分享每一個「名詞」所形成的意象，這一些「意象群」的組合和「動詞」的使用，可產生一首詩的「動畫效果」；「形容詞」的使用，更可以感受到意象圖片中的氣氛；「類疊法」、「長句子、短句子」的使用，可以感受內在起伏著的情緒節奏；「語句留白、斷裂」的使用，可以令人聯想、追尋、醒悟、消逝的進入某種瞬間感，感受另外一層意義。

　　蔣亞涓簡易地記述「偷睡眠的人」上課內容點滴，黃老師很喜愛孩子的上課筆記，轉換成一篇自己以後能回憶的文稿。

　　　　時間終究會偷走一切。

　　　　「偷睡眠的人」是泰戈爾的一篇詩。

　　　　老師和我們說泰戈爾的詩不容易讀懂，是因為泰戈爾擅長用暗示的手法，把人生體會隱藏在詩中。

　　　　老師跟我們說要找出泰戈爾在詩中隱藏的人生哲理，必須仔細的閱讀每一個字，就可以找出詩中所暗示的人生思想。

　　　　老師先帶我們找出詩中的時間順序。這篇詩的時間順序是從正午、下午、黃昏到晚上。其中黃昏到晚上，作者用了兩段來描寫，可是在第四段作者雖然也在寫黃昏到晚上，但多了夜鳥；這兩段的寫作安排都是「圖片的重覆」。

　　　　第一段作者在描寫正午。作者先寫偷睡眠的人到家裡把孩子的睡眠偷走。（誰從孩子的眼裡把睡眠偷了去呢？我一定要知道。）

　　　　作者寫完了偷睡眠的人到家裡，接著寫大自然。（白鶴莊重而安靜的力在檬果樹邊的泥澤裡。）

　　　　作者第一段的最後一行在寫媽媽回家。（當媽媽回來時，她看見孩子四肢著地的在屋子裡爬著。）

　　　　找出這篇文章的時間順序後，接下來老師帶我們從文章中找出線索，把泰戈爾所暗示的答案找出來。

老師讓我們從詩中找出「誰」在一天之內做了哪些事？有哪些特殊的技能？

同學們閱讀著詩，專心得找出答案。

過了幾分鐘，同學們說：「『誰』會飛（我要把她的雙翼縛得緊緊的，把她放在河邊，然後叫她拿一跟蘆葦在燈心草和睡蓮間釣魚為戲。）、會玩遊戲、會偷睡眠（誰從孩子的眼裡把睡眠偷了去呢？）、是一個女孩（我要闖入她的巢穴）。」

「所以『誰』是大地之母、床母、仙女、小精靈、天使？」老師總結了同學們的答案，說。

我覺得「偷睡眠的人」這篇詩中最重要的線索是「有一道小泉從圓的和有皺紋的石上滴下來。」這句話像在暗示：時間總是滴滴答答的溜走。所以我覺得『誰』是時間。

我覺得老師帶我們從泰戈爾的詩，一步一步的找出線索，再猜測、推測，最後再找出答案的這種閱讀方法，就像偵探一樣，找出真正的主角。

閱讀者便是這樣享受一位詩人所帶給我們的一切有感。

黃老師開始說著他的閱讀：

這首詩的主詞是「媽媽」。所以作者泰戈爾的發聲位置，是以「化身為一個媽媽」的角色說話。

從媽媽的角色開始，尋找出作者想要賦予的人生位置觀點：「天底下的媽媽，都是有這共同的育兒經驗和心情。」

所以讀者也要以媽媽的心境，走入這首詩中的替代性經歷，走入這首詩中的同感，去類推、去聯想、去推論、去分析「母愛」的所有類型。從作者的選材段落中，從作者的遣詞用句中，從作者的修辭應用中，不難理出作者的思考：

　　第一段：媽媽走到近村汲水去了。媽媽去工作。回來時，她看見孩子四肢著地的在屋子裡爬著。孩子不睡覺地玩著。身為媽媽的當然是擔心、放不下心、恐懼、害怕地面對這一些情緒，所以她要找出那搗蛋的「偷睡眠的人」，沒讓她孩子乖乖的睡覺。小小的孩子睡著，媽媽才能專心工作。

　　第二、三段：我一定要向那個黃洞裡張望，我一定要到醉花林中搜尋，鴿子、仙女、繁星滿天的靜夜；我要在黃昏時，向靜靜的蕭蕭的林裡窺望，螢火蟲閃閃的──不都是在表現媽媽的童年經驗，表現媽媽探索童年的好奇心嗎？怎麼好意思怪小孩子不午睡，四處爬走探索好奇的一切事物呢？這麼讓大人不放心。

　　第四段：「只要我能」捉住她，怕不會給她一頓好教訓！「我要」闖入──「我要」把牠奪過來──「我要」把她的雙翼縛得──這樣的氣不過氣來，媽媽也同理心的知道，孩子就是孩子。媽媽小時候的玩性跟此時自己的小孩一樣頑皮，讓媽媽不知道該怎麼辦。媽媽生大氣，不打自己的小孩不乖、不睡覺，因為愛孩子的心情，所以把一切過錯推到別人身上。「我要」、「我要」、「我要」這情緒透過修辭學的俳句，逐漸升高氣不過的情緒，而達到發洩的效果。

　　第四段結尾句：夜鳥便會譏笑的在她耳邊說：「你現在想要偷誰的睡眠呢？」黃昏，街上已經收市了，村裡的孩子們都坐在媽媽的膝上時。媽媽忙完了，可以陪孩子玩耍了，可以逗小孩了，怎不叫孩子睡覺呢？大人自私的觀點──所以夜鳥譏笑她、反而逗著這個母愛玩耍。

　　首段：誰從孩子的眼裡把睡眠偷了去呢？我一定要知道。尾段：「你現在想要偷誰的睡眠呢？」的呼應上，孩子想睡了，媽媽想當偷睡眠的人，偷孩子的睡眠藏起來，不讓他睡，想盡一切可能的玩耍、逗孩子，自娛娛人。

　　泰戈爾把天下媽媽的母愛類型、情緒變化掌握得精準，以一個「偷」字的行動詞傳達了「傳神的詩眼」。

當過媽媽的一讀「偷睡眠的人」，沒有不百感交集的。或許我們的人生是這樣體認的。

黃老師以一個四十八歲的父親心情，上著這一首詩。

「兩個女兒，都在外地讀書，一年碰面不了幾遍。愛一個人直到深切時，常常是用回憶來享受的。」他說完他的閱讀分析後，對班上孩子說。

「意象閱讀教學。」黃老師說完這一句，便聽著下課鐘聲，讓孩子離開教室。

19.　散文詩寫作

下一次課，黃老師帶著全班同學在校園中行走。水池、園林設計、爬牆虎、羅漢松小林、圖書館前坡道、茄苳樹、菩提樹、榕樹、操場草皮、兒童遊戲器材、三角梅——最後他們躺在綠操場的草皮上吹風。

這一天的回家功課：寫下這一首現場觀察的詩作。

隔日，他收著孩子傳回來的詩稿。他整理著全班稿件，挑出一些作品發給孩子。

六五 30 行　長詩寫作　99.12.27.

註記：上過泰戈爾詩「偷睡眠的人」長詩。帶全班同學在校園水池，以廣角鏡頭、特寫鏡頭，靜觀水池、鐵線蕨、樟樹、三角梅——指定作業「長詩寫作　30 行」。預定：教導長詩分鏡修稿思考。回到現場觀察景物點，修稿，如西畫的寫生訓練。

〈來自大自然的節奏〉　賴奕軒

輕輕的流水聲，

悄悄的流過身邊，

聽……
那清脆的聲音在耳裡迴盪，
以及那株翠綠的鐵線蕨，
配合著那水的節奏，
在一旁搖擺著。
相互交叉的樹枝，
在陽光的伴奏下，
顯得特別的美，
並讓樹葉的透光來和黯淡的底部來做對比。
牆角的梅花，
因艷陽的照亮，
使顏色分明清楚，
還不想綻放的梅花，
呈現淡綠色的清香，
彷彿一旁雪白的成熟人，
正取笑著還沒開花的花苞，
還在媽媽的懷抱裡哭著呢。
年長的老樹，
看著小孩們的成長，
回憶著……
樹上的鳥兒，
將老樹的溫馨，
轉化成美麗的歌聲，
以仙女般的歌聲唱給大自然聽，
回報大自然賜給牠的歌聲，
人們的聲音，
也跟著鳥兒的歌聲，
一起盪漾在這大自然的旋律。

〈鐵線蕨之美〉　陳雲愷

陰影的照射下，
流水聲，
滴滴答答，
讓氣氛變得安靜無聲！
此時
徐風，
以原來的腳步，
撫吹，
經歷好幾十年的鐵線蕨，
它
搖曳的身姿，
隨風的節拍，
融入自然界中，
最美的奏樂。
它，
滿樹幹的皺紋，
彷彿訴說著，
人生的勞累與
永遠數不完的糾纏。
它，
滿身的綠意，
為校園綻放出
滿校的春天！
這時，
鳥叫聲四起，
劃破了寧靜的時刻。

吱吱喳喳的聲音，
為這種節律，
添增幾分神祕。

〈風，如雙手〉　吳冠志

風，
如雙手，
輕撫著搖曳的身軀舞起美姿。
葉，
如輕羽，
在無私的白雲藍天中悅動著。
雀，
如鬥螺，
在綠意間交梭旋躍鳴聲連連。
心，
如平洋，
因滴滴答答的水聲而起漣漪。
搖枝般的自然，
縹緲般的朦朧，
明月般的清新。
但卻如瀑布之水般的躁動著……。

〈是否〉　鄭慧珮

從　那
茂密　透明

綠葉

尋找　絲絲金黃

陽光

搜索　片片蔚藍

天空

細細枝條　搖晃著

那是

菩薩的枝柳

片片綠葉　拍打著

那是

天使的潔白翅膀

鐵絲中

攀爬著　移動著　生長著

尚未開花　的

玻璃

淡紫牽牛花

有沒有聽到？

身邊的鳥兒

鳴叫著

輕脆的

有沒有聽到？

鳥兒在啄食

果子的聲音

刻刻刻

有沒有聽到？

鳥兒輕踏著

枝兒

沙沙沙

你是否也看到了
這一切？

〈美─大自然〉　　陳諺元

潺潺聲。
潔淨！
蓮花
出淤泥而不染。

身軀苗條，
翠綠大衣……。
鐵線蕨！
永遠飛揚？

雪白，
渲染的夢。
枝上，
三角梅，
嬌滴滴的……！

野牽牛，
綻放。
淡紫、粉紫。
搖曳。

風，
吹過。
油油葉片，
綠浪。

樟樹……，
舞動！

活潑，
沉默。
靈魂不同，
色彩對比。

〈震撼〉　郭嘉柔

好小
多麼微不足道
獨自
在牆角

一道翠綠
舞出生命之光
鐵線蕨
在風中舞弄
和陽光遊戲
躲出一片影
一種姿

好大
多麼引人注目
但不曾
被仔細欣賞

青綠
彷彿一面薄紗

透過光
在瞳孔中組成一種亮
一種清新

古老
凡人看來多麼平凡
和路人
擦身
枝椏
深色刻痕
在時間沖涮
更加不凡
巧巧的
悄悄的
弄姿

翻拍
精靈翅膀般的
翠綠

好小
好大
好古老

只有
震撼

〈大地，生命的創造者〉　江雲嵐

大地，生命的創造者。
大地上的萬物，
凡是生活在大地，
皆要感謝。
它。
生命的四元素，
風、水、火、草
風，
微風、弱風、強風、狂風，
就像人的脾氣；
水，
細水、河流、瀑布，
就像人的思想；
火，
小火、中火、大火、狂火，
就像人的情緒；
而草，
花草樹木，配上風，
搖擺出，
生命的旋律。
花草樹木，配上水，
水拍打著他的枝幹，
細小的、粗壯的。
花草樹木，配上火，
火燒的聲音，嗶嗶啪啪。
草，皆為溫暖。

草如地，如樹，
生命的創造者。
樹，隱藏著生命的意義，
它只是靜靜的豎立，沒有表達。
樹比我們人類偉大多了，太多了。
我們要學會，知足。
自己擁有的，就夠了。

黃老師也把自己最近的詩創作與孩子們分享：

〈紅彤彤的呼吸著的夕陽〉

心中的無弦琴紅彤彤的呼吸著的臉龐流下來一個童話故事。
我們都有了成熟的美面見自己的童言童語，小時候，
我想要去尋找你那隱約可見的印象，
你在那夕陽斜照的猶新記憶中
沙灘著招潮蟹漫不經心寫在沙丘上的做夢；
你在那溪流散步的母親之臉中
夜闌著原住民隱隱傳來走在蛛絲上的喚月；
聲慢慢、手悄悄的文字工夫貼近作者翻譯出
朦朦朧朧的心靈觸覺，如幻之真實。

我們都有了成熟的美，面見晚風簌簌走著夜之人行道。
我們都有了成熟的美，面見窸窸窣窣落葉之秋的晚蟲夜歌。
我們都有了無弦琴，紅彤彤的呼吸著的臉龐，
流傳下來一個夜之登場的童話故事，隱然成形的──
「我要洗澡了！」一個小女孩把夜燈點亮地稚語。

20.　閱讀詩思考表白

他發下另一張作業單。

六年五班「閱讀意象思考表白」作業單1：　2011.01.18.

※請對閱讀「教師示範稿〈紅彤彤的呼吸著的夕陽〉」這一首新詩的閱讀過程
　到製作成圖畫的思考歷程，以文字敘述你的「閱讀作品意象思考表白」！
　備註：文中當包括下列類別——

1、　寫出這首詩都是在說些什麼？（大意）
2、　寫出這首詩的主旨？（作者在這首詩的背後，可能是在表達什麼人生
　　思想？）
3、　寫出我在閱讀這首詩時，腦中浮現的心靈圖片、聯想、回憶的生活事件？
4、　最後寫出我閱讀完這首詩，把我選擇的字句畫成圖畫時，我是怎麼做的。我以什麼「圖樣方式」表現我的思考歷程？

　　　陳雲愷寫著〈閱讀意象思考表白〉：

　　　　「閱讀意象思考表白——紅彤彤的呼吸著的夕陽」作業
　　單——閱讀老師

　　　　我在閱讀〈紅彤彤的呼吸著的夕陽〉時，我覺得這首詩
　　的大意應該是：作者有一個愛情故事，而這愛情故事讓作者
　　回憶以前曾經獨自擁有的童話故事。

　　　　小時候的影像不停地倒轉在作者的腦海中，成為永恆的
　　回憶。

　　　　而我認為在這首詩中，作者可能想傳達給讀者的人生思
　　想（主旨）是：作者想要讓讀者藉著這篇詩，讓我們以長大
　　的觀點去回味小時候的初戀情人。

　　　　我個人在閱讀這篇詩時，心中也出現了一些心靈圖片，
　　以下是我的支援意識：

　　我在閱讀第一句時，句中「紅彤彤呼吸著的臉龐」，讓我想到一張正在呼吸的紅彤彤的臉龐。

　　在第二大段──「我們都有了成熟的美面見……」、「我想要去尋找你那隱……」、「你在那夕陽斜照的猶新記憶中……」、「沙灘著招潮蟹……」、「你在那溪流散步的……」、「夜闌著原住民……」、「聲慢慢、手悄悄的文字功夫……」、「朦朦朧朧的心靈……」以上這些句子拼奏成的支援意識（心靈圖片）是──時間開始倒轉，倒轉到一個屬於自己的童話故事：小時候，曾經看到招潮蟹漫不經心的在沙丘上做夢，而自己童年影像也曾經模糊的映照在母親的臉上……。

　　第三大段中──「我們都有了成熟的美，面見晚風……」、「我們都有了成熟的美，面見窸窸窣窣……」這兩句話讓我聯想到──有一對情人各自有了成熟的美，正面見人生上的夜之人行道；正聽著人生中的晚蟲夜歌著。

　　第四段中──「我們都有了無弦琴，紅彤彤的呼吸著的臉龐」、「流傳下來一個夜之登場的……」這兩句白話讓我想到的心靈圖片是──一對情人在各自成熟後，流下來一個曾經永有的童話故事……。

　　最後一段──「『我要洗澡了！』一個小女孩把夜……」讓我聯想到──有一位小女孩正要去洗澡時，把夜燈打亮著。

　　我在完成這一幅接一幅的心靈圖片時，我使用的是**連接圖**：我先把各段的名詞畫出來，因為名詞能造成心靈圖片──

　　第一段中，我所找到的名詞有**無弦琴**、**臉龐**、**童話故事**，我用的顏色是咖啡色、膚色、水藍色。

　　在第二段的第一句中，我找到的名詞是**美面**、**童言童語**，我使用的顏色是膚色、藍色。

　　在第二段的第二句中，我找到的名詞有**印象**，我用的顏色是灰色。

在第二段的第三句中，我找到的名詞有夕陽、記憶，我用的顏色是橙黃色、灰色。

在第二段的第四句中，我找到的名詞有**沙灘、招潮蟹、沙丘、夢**，我用的顏色是淡膚色、橙紅色、淡膚色、粉色。

在第二段的第五句中，我找到的名詞有溪流、**母親、臉**，我使用的顏色是水藍色、膚色、膚色。

在第二段的第六句中，我找到的名詞有原住民、**蛛絲、喚月**，我用的顏色是膚色、黑色、黃色。

在第二段的第七句中，我找到的名詞有**文字工夫、作者**，我使用的顏色是黑色、膚色。

在第二段的第八句中，我找到的名詞有**心靈觸覺**，我使用的顏色是紅色。

在第三段的第一句中，我找到的名詞有美、**夜之人行道**，我使用的顏色是粉紅色、灰色。

在第三段的第二句中，我找到的名詞有美、**落葉、夜蟲**，我使用的顏色是粉色、黃褐色、咖啡色。

在第四段的第一句中，我找到的名詞有**無弦琴、臉龐**，我使用的顏色是咖啡色、膚色。

在第四段的第二句中，我找到的名詞有**童話故事**，我使用的顏色是水藍色。

在第五段的第一句中，我找到的名詞有**小女孩、夜燈**，我使用的顏色是膚色、淡黃色。

以上是我完成心靈圖片的過程。而在最後，第二大段中的第一句：「我們都有了成熟的美面見自己的童言童語，小時候，」若把這句話的最後——**小時候，**的逗號改成……，讓人感到小時候所發生的點點滴滴，將變成永恆的感覺。

謝楓其的〈閱讀意象思考表白〉：

大意（作者都是在寫什麼？）：

作者以前的回憶，敘述著他因為某種事情而回想起以前的記憶。

主旨（作者背後表達什麼人生思想？）：

以前那一個有弦的琴，那一個美妙繽紛的弦，歌頌著那一段時光。隨著時間，琴弦損壞，成了一把無弦琴，但那空空的外殼，卻在心中默默的演奏著……

支援意識（看完文章，腦中所浮現的心靈圖片、聯想、回憶）：

心靈圖片：一把沒有弦的琴（任和一把琴都可以，但我選擇吉他或鋼琴）、夕陽、海灘椅及海灘上的事物、作者的想法、晚上的街道、一個房間。

回憶：綠色的山丘上，

金色燦爛的天空。

我，走在樹林中，

回想起那個人。

我以文字敘述，是如畫出這張圖，配合老師示範稿：

第四行：第四行所說的太陽，在圖中我刻意畫成四分之一，因為這樣的話，把那一個太陽拼圖，從任何一個角度或把拼圖怎麼轉，那一個太陽都展現出有著活力、有這熱情的感覺。但文章中卻說「夕陽」，彷彿是在說一種嬌小中，又帶有盡力的感覺，就像是已經努力過一樣。

第五行：第五行中寫出的螃蟹，我把牠夾在兩人之間，但牠卻是單獨一片拼圖，在大張的拼圖中，把那一張螃蟹拼圖貼上時，就像那完美的琴弦還在，代表著過去，而當把螃

蟹拼圖拿掉時，就像弦突然不見了，代表著現在，所以那螃蟹是非常重要的。

（請參閱書前彩色圖）

謝楓其〈紅〉詩圖畫：上排由左至右依序為，圖1－圖2－圖3－圖4
下排由左至右依序為，圖5－圖6－圖7－圖8

郭嘉柔的〈詩的閱讀意象思考表〉：

文章意象與繪圖方式篇：

一開始我在讀時，第一句的「**心中的無弦琴紅彤彤的呼吸著的臉龐流下來一個童話故事**」，在我的心中浮現出一把無弦琴和一位有著紅彤彤臉龐呼吸著的人，因此我在繪圖時在左上角畫上一個臉頰彤紅的主角，從她的眼角流上來一滴淚，淚擴散開來，成為回憶往事的背景，代表著那是滴回憶

的眼淚。

「無弦琴」的意象讓我在思考時認為：有弦的琴可以彈奏出聲音，拉出來的不論是情感還是故事，都能夠清楚的向任何一個人表達；然而一把無弦的琴，當彈奏它的人看到它時，琴的樣子會讓他開始回憶，但演奏者卻無法表達，只是珍藏在心底；而這暗示著另一個道理，愛慕一個人不需擴大張揚，只要默默的為他付出就好了。所以我在繪圖時，畫了一把小提琴在擴散眼淚的邊界，也就是左下角。而選擇小提琴的原因則是因為它可以拉出很多不同的聲音，亦可指情愫，也代表著作者心中多樣性的感覺。

「紅彤彤的臉在呼吸著」的意象，會讓我覺得：一個人對生命的期待與希望，這種興奮的感覺會讓人有著紅彤彤的臉，而在這時的呼吸，我想也會成為一種興奮的喘息。

「流下來一個童話故事」會讓我覺得：一顆喜悅而感動激出的淚，是讓作者回憶的一個童話般的故事。

「我們都有了成熟的美面見自己的童言童語，小時候……」，到這裡浮現的意象是，成熟的成人在回憶著小時候童年的點滴。此因只能用言語表達，所以沒有畫進去。

「我想要去尋找你那隱約可見的印象，」浮現的意象，是一個人，似乎在腦中找著一張似曾相識的臉和內心。

「你在那夕陽斜照的猶新記憶中」，浮現出的意象和想法是，作者和那位讓他掛心的人，一起在一個讓作者印象深刻的地方的一個記憶，而在那個場景中，夕陽斜照著他們倆。

「沙灘的招潮蟹漫不經心寫在沙丘上做的夢」，讓我想到的意象和想法是：一個人在想念著另一個人時，常常會夢到他，更不願夢醒，夢醒後也珍惜這個夢，要把它記錄下來。作者選擇招潮蟹，可能是因為牠生命中美麗的圖騰，和他美麗的心靈一樣吧！置於選擇海邊，也可能就代表著作者可能

和他珍惜的人，在海邊度過一小段值得回憶的記憶。從剛才那段「我想要去尋找你那可見的印象開始」到此，我把它整理成一張圖，是夕陽斜照的沙灘上一隻小招潮蟹。

「你在那溪流散步的母親之臉中」，讓我感覺到的意象和想法是：作者所珍惜的人，可能被作者像母親般的珍惜愛過，因為每一個人都是非常的愛自己的母親，很珍惜和她之間的時光和記憶，是生命中很重要的人。

「夜鬧著原住民隱隱傳來走在蛛絲上的喚月」，我覺得原住民是以歌唱與跳舞在喚著月亮，很符合他們開朗的個性。但是一位癡心人呢？他或許就像蜘蛛一樣靜默的望著月亮，希望用眼神使他回頭，叫喚他，所以無時無刻都把他當成寶貝，看著他、欣賞他。

從「你在那溪流散步的母親之臉中」一直到此，我把它畫成一張圖，其內容為：一個女人走在溪流旁散心，而在她的正右上角，畫上一片蛛網，並在蛛網的上方，用漸層法將一位原住民浮現出來。

「聲慢慢、手悄悄的文字工夫貼近作者翻譯出　朦朦朧朧的心靈觸覺」，這句話較為顯白易懂，是作者用自己的文字工夫寫出自己的心靈觸覺，亦可指這首詩。

「我們都有了成熟的美，面見晚風簌簌走著夜之人行道。」顯出的意象為：作者與他思念的人都以是身心成熟且富有人生經驗的人了，而正在思念對方而出去散心時，就如願的面見了對方，有一種浪漫的感覺。

「我們都有了成熟的美，面見窸窸窣窣落葉之秋的晚蟲夜歌」產生的意象和上一句差不多，只是情景換成秋夜且充滿蟲鳴的夜歌。從剛才「聲慢慢、手悄悄的文字工夫貼近作者翻譯出　朦朦朧朧的心靈觸覺」開始到此，我畫上主角慢步在人行道上，面見了他思念的人(沒有畫上)，身旁有飄落

的樹葉和蟲鳴。

　　「**我們都有了無弦琴，紅彤彤的呼吸著的臉龐，**」，代表著彼此都擁有了對感情的真誠和珍藏，也有了對生命的新奇與期待。

　　「**流傳下來一個夜之登場的童話故事，隱然成形的……**」的意象為一個人流下一滴淚，而那滴淚上呈現的是一位女孩開了燈便準備洗澡了。

　　從剛才到此，我把它匯整為一張圖為：主角有著紅頰，手握無弦琴流下了淚，而淚上有著一位開了燈且正要洗澡的女孩；我將淚畫為無邊境，可以不斷的延續下去。最特別的地方是回憶的淚中，又有了一滴回憶且無邊境的淚正不斷的延續下去。

　　文章大意：訴說作者對心上人的關心、真誠、思念與愛慕，以及兩情相悅的情景、成熟愛情的苦澀甜美。

　　文章主旨：人生就是要擁抱下一個喜悅與感動，也擁抱著無境的愛，而一個人的愛中，是需要真誠、關心、思念、著想，是愛的真諦。

　　聯想、回憶：在此詩中，作者以大自然的景象加入詩中；因為從小在都蘭生長，斜照的夕陽下，我曾經漫游在如此的海水中；晴空萬里時，和弟弟在沙灘上尋找招潮蟹的蹤影；在都蘭深山中，無人煙的地方，撩起褲管在小溪中抓小魚小蝦；夜深人靜時，在夏夜中傾聽晚蟲高唱；窗外的蛛網吸飽月光，變成銀色的線條。所以讀此詩，給我很多開啟回憶的機會，意象隨之變多。

蔣亞涓的〈詩的閱讀意象思考表〉：

　　老師發了一篇他寫的一首詩。

　　這首詩是〈紅彤彤的呼吸著的夕陽〉，這首詩是現實生活的情詩。我覺得這首詩是在說一個成熟的人，要去尋找朦朦朧朧的童年。

　　我覺得這首詩裡的「無弦琴」代表沒有辦法聽到聲音，沒辦法聽到生命的悸動。「流下來一個童話故事」中的流下來，流下來的眼淚應該是悲傷中帶一點快樂。因為後面有寫成熟的美，成熟的美是有知識、內涵和人生經驗的，所以會有一點快樂。後面又寫「晚風簌簌走著夜之人行道」和「窸窸窣窣落葉知秋的晚蟲夜歌」，傍晚的風是冷冷的，又是在晚上面見，就會有一點悲傷的感覺。「夜闌著原住名隱隱傳來走在蛛絲上的喚月」中的喚月是用感覺來喚月。「我想要去尋找你那隱約可見的印象和後面有一句如幻之真實」，代表他是要去想像模糊不清，用幻想的方式尋找出他幻想是真的的童年。「小時候……和隱然成形的……」中的刪節號，有延續的感覺，可以回想——

　　在讀這首詩時，其實有一點讀不懂，很難理解這首詩到底在暗示什麼，可是讀到時會有很多雜亂地畫面出現在腦中。會有把天空染紅的夕陽。傍晚的沙灘，天色有點暗暗的。在挖洞的招潮蟹。媽媽和藹可親的笑容。晚上暗暗的人行道，只有路燈一絲絲的照亮——等。想到最多的是在海邊散步，和弟弟堆沙堡，腳泡在海水裡被海水沾濕。

　　我是以拼圖的方式畫出心靈圖片。

　　我第一塊圖是畫一個人在哭泣，哭泣的眼珠裡有一篇篇的童話故事；因為「紅彤彤的呼吸著的臉龐流下來一個童話故事。」我也在心中畫了一顆愛心，裡面有一把無弦琴；因為「心中的無弦琴」。

　　第二塊圖我是畫一夕陽和沙灘上有一隻螃蟹，螃蟹在沙灘上堆了一作沙丘；因為「你在那夕陽斜照的猶新記憶中沙灘著招潮蟹漫不經心寫在沙丘上的做夢」，我覺得沙丘裡有滿滿的夢。

　　第三塊圖我是把一個哭泣的人當作溪流，一個人在上面散步；因為「你在那溪流散步的母親之臉中」。

　　第四塊圖我是畫一個男生和一個女生在黑暗的夜裡在人行道面見：因為「我們都有了成熟的美，面見晚風簌簌走著夜之人行道。」。

　　第五塊圖我是畫一個小女孩開心的說：「我要去洗澡了！」；因為「『我要洗澡了！』一個小女孩把夜燈點亮地稚語。」。

（請參閱書前彩色圖一～五圖）

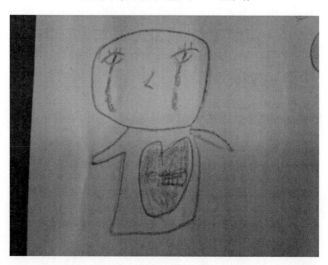

圖片一：「心中的無弦琴紅彤彤的呼吸著的臉龐流下來一個童話故事。」

圖片二：「你在那夕陽斜照的猶新記憶中沙灘著招潮蟹漫不經心
　　　　寫在沙丘上的做夢」

圖片三：「你在那溪流散步的母親之臉中」

圖片四：「我們都有了成熟的美，面見晚風簌簌走著夜之人行道。」

圖片五：「『我要洗澡了！』一個小女孩把夜燈點亮地稚語。」

（全圖 1－5）

　　這次班上的寒假作業是「閱讀自我創作物思考表白」作業單、教室小說寫作初稿 6000 字。

　　孩子們狂叫、起鬨、耍脾氣。

　　「父親的愛，你們能懂。『我是偷睡眠的人』，哈哈──」黃老師得意地說著。

　　「每次都這樣！卑鄙──Bady！」賴奕軒、吳冠志和聲地唱著。

21.　閱讀自我創作物

六年五班「閱讀自我創作物思考表白」作業單 2：
2011.01.19.寒假

※請對個人「自我創作物〈詩名〉」這一首新詩創作物的「修稿過程」到製作
　成「圖畫」的思考歷程，以文字敘述你的「閱讀自我創作物思考表白」！
　備註：文中當包括下列類別──
　1、　寫出這首詩初稿創作地點的景象？

2、　我這首詩的修稿過程是如何考慮的？

3、　我這首詩要表達的主旨？（我在這首詩的背後，是要表達什麼人生思想？）

4、　我寫這首詩時，腦中浮現的心靈圖片、聯想、回憶的生活事件？

5、　最後寫出我選擇的字句畫成圖畫時，我是怎麼做的？
　　我以什麼「圖樣方式」完成我的藝術創作物（圖畫）？

陳雲愷的〈閱讀自我〉寒假作業：

「閱讀自我意象思考表白──」作業單──閱讀自我

　　　　在寫這篇初稿詩前，老師帶我們到學校裡，靠近垃圾場的前面，幾株鐵線蕨前，老師要我們靜靜觀察。

　　　　我用廣角鏡頭，看到了一旁的水池，正潺潺流動著，搭配著陰影，使氣氛變得安靜無聲。剎那，微風靜悄悄的撫過，那兩株老鐵線蕨，使它們的身姿，隨風擺動，融入自然界中最優美的奏樂。此刻，我把鏡頭往下移動，移動到樹幹的部份。發現了滿樹的皺紋，那些經歷好幾十年，彷彿訴說著人生的勞累與永遠數不清的糾纏。這時，我把鏡頭拉廣，看照著鐵線蕨的全身，我看到了那滿身的綠意，正為校園綻放滿校的春天。頓時，鳥叫聲四起，把這份巧妙的寧靜，增添了幾分神秘。

　　　　我在修稿詩時，我把整個影像全倒回垃圾場旁的那兩株鐵線蕨，開始增加或修改這首詩。

　　　　在定題方面，我使用改用詞，在畫面處理方面，我用拼圖法來表現我的意象，在意象摹寫技巧方面，我用八感重新調配處理。

　　　　在這首詩中，我想表達的人生思想〈主旨〉：一個人會面臨生老病死。在詩中，「微亮的晨光　照射長滿青苔的池邊　水流聲　答答滴滴　清晨的氣氛　安靜無聲」我想表達的意思是「生」。

　　「柔柔微風徐徐吹來　輕輕拂過　歷經滄桑的鐵線蕨搖曳的身姿　隨著微風的節拍融入自然界中　宛如最美的奏樂　池邊布滿皺紋的樹幹　彷彿訴說著　人生的勞累與永遠數不完的糾纏」我想表達的意思是「老」。

　　「一襲的綠意　為校園綻放出　滿校春天」我想表達的意思是「終、病」。

　　「剎那　鳥鳴四起，劃破寧靜時刻　吱吱喳喳的聲音添增幾分神祕」我想表達的意思是「死」。一個人的生、老、病、死是世界上最自然的現象。樹也不例外。如果人類若能像樹一樣，安靜的等待著這四個現象，那該有多好。

　　在第一句中，我找到的名詞是**晨光**，我使用的顏色是金黃色。

　　在第二句中，我找到的名詞是**池邊**，我使用的顏色是灰色。

　　在第三句中，我找到的名詞是**水流聲**，我使用的顏色是水藍色。

　　在第五句中，我找到的名詞是**氣氛**，我使用的顏色是粉紅色。

　　在第六句中，我找到的名詞是**微風**，我使用的顏色是藍色。

　　在第八句中，我找到的名詞是**鐵線蕨**，我使用的顏色是綠色和咖啡色。

　　在第九句中，我找到的名詞是**身姿**，我使用的顏色是咖啡色。

　　在第十句中，我找到的名詞是**節拍**，我使用的顏色是藍色。

　　在第十一句中，我找到的名詞**自然界**，我使用的顏色是綠色。

　　在第十二句中，我找到的名詞是**奏樂**，我使用的顏色是黑色。

　　在第十三句中，我找到的名詞是**池邊**、**樹幹**，我使用的顏色是灰色、咖啡色。

　　在第十五句中，我找到的名詞是**糾纏**，我使用的顏色是白色。

　　在第十六句中，我找到的名詞是**綠意**，我使用的顏色是綠色。

　　在第十七句中，我找到的名詞是**校園**，我使用的顏色是彩色。

　　在第十八句中，我找到的名詞是**滿校春天**，我使用的顏色是綠色。

　　在第二十句中，我找到的名詞是**鳥鳴**、**寧靜**，我使用的顏色是黑色、灰色。

　　在第二十一句中，我找到的名詞是**聲音**，我使用的顏色是黑色。

　　在第二十二句中，我找到的名詞是**神祕**，我使用的顏色是黑色。

吳冠志的〈自我創作意象思考表白〉：

原稿：	修稿後：
風， 如雙手， 輕撫著搖曳的身軀舞起 美姿。 葉，	風， 如雙手， 輕撫著搖曳的身軀 舞起美姿。 葉，

如輕羽， 在無私的白雲藍天中 悅動著。 雀， 如鬥螺， 在綠意間交梭旋躍 鳴聲連連。 心， 如平洋， 因滴滴答答的水聲 而起漣漪。 搖枝般的自然， 縹紗般的朦朧， 明月般的清新。 但卻如瀑布之水般的 躁動著……。	如輕羽， 在無私的白雲藍天 輕輕悅動。 雀， 如鬥螺， 在綠意間交梭旋躍 鳴聲連連。 心， 如平洋， 因滴滴答答的水聲 而起漣漪。 搖枝的自然， 薄霧的朦朧， 明月的清新。 但卻如瀑布之水的 躁動……

　　這首詩是在學校寫的，事實上還有更多的景物，像鐵線蕨、三角梅等等，那時的天氣很不錯，上大自然都變得好看了一分。

　　初稿時，我原本以為自己寫得很不錯了，結果修稿時發現自己有累贅詞，如：「般」等等重複使用的詞，還有許多長句子，修稿時覺得是「冗長」而不是「節奏長」。其實長句很不通順，所以把長句分段，感覺起來通順多了。其實省掉累贅詞，對作者的心靈意象也有絕大的影響，像：「搖枝般的自然」我改成：「搖枝的自然」，省掉了「般」感覺上搖枝又更輕盈更自然。

　　我並沒有畫下我的心靈圖片，但我先順序將名詞→形容詞→背景→……依序畫出，再作些微的修正。而且原本只是寫寫，但我腦中仔仔細細的想了一遍，突然發現其實和以前的愛情故事有些許的相似：『從：「風，如雙手」：「鳴聲連連」似乎是在描寫著，被某位女孩的姿態迷住了，心就像羽毛一般輕飄飄的，而許多人都喜歡她，都在談論她。才會鳴聲連連。』

　　之後我跟她非常要好，但是我們的友誼之路走的非常艱辛，不是被朋友大聲宣傳，甚至被周遭的人設下隔離牆，製造麻煩。

　　為什麼？因為功課好？社會地位崇高？想當個朋友，不行嗎？想接近她十步以內就會被人罵、被人趕、被人誤會，俗話說「當局者迷，旁觀者清」，我看在我的情感社會，顛倒了，非常顛倒，在我認識的人當中，沒有人理解。我不會對任何人的情感下陷阱，但卻一直被人害，這還有道理嗎？沒有，沒有道理。

　　而之後想了想，其實還有比追女孩更重要的事，而漸漸的不喜歡她了，相信有些人經過無數次的打擊與小動作，也為她留下了無數次的眼淚，為了使她快樂，犧牲了一切，但是對他們來講，已經很滿足了。之後想了想，還是保持傻傻的，先不要想這麼多，自己當自己，快樂逍遙，只是朋友，但是在心底深處，還是深埋著那一天的衝動。

　　我相信很多人在剛開始看這首詩時，不懂裡頭竟然有愛情的涵義，讀完之後清楚了吧！當我寫完這份作業時，我大概已經退出了，其實還有人沒有寫，但我不想說。

陳諺元的〈自我創作意象思考表白〉：

　　2011/01/19 黃老師在幫十一位同學上課，他認真與感動的述說著，那首詩是讓老師喚起末那識最重要的一刻。那首詩非常不好分析，它有分三層，每層都是抽象畫，讓我們吃了一些苦頭。

　　我認為這首詩主要是在寫：

　　第一層：一個人在開始回想童年時，當時的她有如蜘蛛絲般的脆弱——

　　第二層：一個人在成長的心靈意像，力量無比巨大——

　　第三層：人，沉醉在愛河中的意志力——

　　為甚麼這麼想？每個人都會回想童年、想念往事——，讓作者感覺到心酸、溫暖與快樂。

　　另一方面，人生道理？

　　作者可能在表達：當你真正在喜歡一個人，你會願意付出一切的心意，但是，為甚麼喜歡她？只有你自己可以回答，沒有那麼多後悔藥可以吃，選擇了她，就無法再改變，都要靠緣分。

　　雖然我還是無法寫出這種水準的詩，但是那種心情我都能體會的一清二楚——，我了解黃老師！師徒知情——

　　因為，大概從 2003 年到 2009 年，我在判斷一個人時，只注意著外表長相，喜歡了六個人；現在開始注意內涵時，近兩年，只喜歡一人，現在我的心在也容納不下一粒沙了，完完全全屬於她——

〈隱瞞〉

那顆夕陽是妳的笑容化身的恆星

絲上的露水是我為妳留下的歡喜之淚

聲音！

妳的聲音有如天心的潔淨無私！

但是

我開始隱瞞自己。

　　在畫圖時，很多人跟我畫的不一樣，我是以最簡陋的方式來使它留白的更明顯，讓讀者去思考，讓某人知道我對她的留白。

　　留白是甚麼？你對她留白哪裡？

　　如果只想靠小聰明走捷徑，就算別人把辛苦找來的心情告訴你，你也不見得能夠體會，這種事情，要自己去尋找，我無法告訴你們——

　　其實我應該感謝的是一起陪伴我成長與訓練的這些人。

　　我不再隱瞞自己，讓你們看到我的成長、讓我們的友情一直延續下去，直到永遠——

〈閱讀自我〉

初稿：潺潺聲。	修稿一：朵朵荷蓮
潔淨！	無比潔淨——
蓮花	出淤泥而不染
出淤泥而不染。	淺藏無限能量
	出現一位大地之主
身軀苗條，	撼動世界
翠綠大衣……。	
鐵線蕨！	翠綠大衣

永遠飛揚？　　　　　　　身軀苗條──
鐵線蕨
雪白，　　　　　　　　　無私──
渲染的夢。　　　　　　　空中飛揚
枝上，　　　　　　　　　永遠──
三角梅，
嬌滴滴的……！　　　　　哈達的雪白
　　　　　　　　　　　　渲染著夢境
野牽牛，　　　　　　　　照亮妳我
綻放。　　　　　　　　　枝上
淡紫、粉紫。　　　　　　三角梅
搖曳。　　　　　　　　　嬌滴滴的述說銀色的
　　　　　　　　　　　　圓月──
　　　　　　　　　　　　那種樟樹的香味
風，　　　　　　　　　　我一世都不會忘記
吹過。　　　　　　　　　因為
油油葉片，　　　　　　　那是我愛情中的
　　　　　　　　　　　　成長的幼苗
綠浪。
樟樹……，　　　　　　　牽牛花使我們
　　　　　　　　　　　　魂牽夢縈
舞動！　　　　　　　　　紫色花瓣
　　　　　　　　　　　　風一樣使祂搖曳
活潑，　　　　　　　　　飄動的多彩多姿──
沉默。　　　　　　　　　多麼豔麗的容顏
靈魂不同，
色彩對比。　　　　　　　活潑
　　　　　　　　　　　　沉默

靈魂不同
人生
色彩對比

修稿二（定）：荷蓮朵朵

潔淨無比──
出淤泥而不染
誇示無限能量
頓時
愛人的出現
世界再次撼動

翠綠大衣
苗條身軀──
鐵線蕨
無私──
空中永遠──
飛揚

雪白的哈達
夢境正在渲染著
照亮妳我的白光
枝上的三角梅
嬌滴滴的述說
銀色的
銀色的圓月──

妳我的牽牛花同時綻放
使我們魂牽夢縈的聊天
聊著聊著──

紫色花瓣無緣無故的搖曳起來
飄動的多彩多姿——
容顏多麼的豔麗
笑容多麼的甜美
妳
那種呼吸的音符與氣息
我一生都不忘記
因
妳是我成長的重要人物
在愛河中

但
因我隱瞞我自己
使我不再介入這種甜美的世界
使我不再喜歡
變得黯淡無光——
一起悲痛
一同到達了無間地域
讓我一直對不起妳

　　第一首詩是在寫校園裡大自然情景；第二首詩是以大自然描寫成的微微情詩；第三首是以抽象畫來完成的情詩。

　　在修改詩時，我用五、六年級發生的事件的意象來用擬形象畫來表示。例：「使我不再介入這種甜美的世界　使我不再喜歡　變得黯淡無光——一起悲痛　一同到達了無間地域讓我一直對不起妳」等，能讓真實世界的感覺，更深入的讓讀者體到這份情感和心情。

　　第一首詩可以讓我們知道鐵線蕨、三角梅、野牽牛、樟樹等的生長環境、身軀的優點與缺點，讓人們都可以好好的

守護一整個地球的生命體。

至於第二首詩，可以讓人們好好的在愛情中學會珍惜與人相處的這份緣分與情感，大部份會讓人刺激，但是只有高手才能感到心酸。

可是，第三首詩是希望 1.在國小、國中談戀愛的時候能限制一點，不要每天都在──沒有專心上課。2.別人要祝福他們，不要讓其中一人受到打擊，讓愛情成長中的幼苗留下一道傷痕。3.學會祝福與尊重他人的情感發展。

寫這首詩時，我想起以前五年級到六年級時的情感表達與發展，經過無數次的打擊與動作，也留下了無數次的眼淚，為了使她快樂，我犧牲了一切，但是都沒有付出──可是讓我成長的事情可一堆呢！讓我了解數學、讓我學會情感的表達──對我來講，已經很滿足了。

意象？心靈圖片呢？雖然情詩的意象很多，但是我希望你們以連接圖來分析第三首，至於第一、二首都是由抽象畫呈現。以下我只分析第三首，因那首的情感最豐富──

我分析的第三首如下：

（請參閱書前彩色頁）

（第一段）

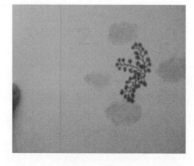

（第二段）

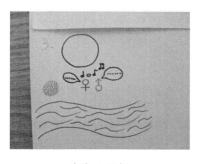

（第三段）

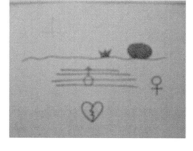

（第四段）

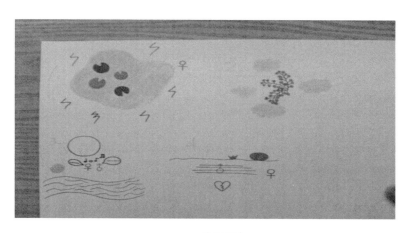

（整體）

　　我以連接圖來完成第三首，我把一些細節拿掉，讓讀者對照詩句來更深入的去追究，讓讀者自己去探索。

　　讓我們來破解這個機密——

蔣亞涓的〈詩的自我創作意象思考表白〉

〈**奇妙**〉　初稿：

細縫，
是
陽光
流露處。

鐵線蕨
獨自
伴隨著
水流聲
笑聲，
風
搖動，
一搖
一擺，
舞動著。

大樹，
是
一位好玩伴。
風
愛跑去吹他，
太陽
愛逗他。
葉子，
薄的
宛如

金沙，
太陽
嬉戲，
總是
穿過
薄薄的
樹片。

小鳥，
是
自然的音樂盒，
總是
無限
播放。

〈萬物〉修稿（一）　　　〈暗〉修稿（二）

涼憶	黑幕
已	已
悄悄	降臨。
湧上	翠綠的生命，
心頭。	就在
	無人看見的黑夜裡，
流水，	降臨了。
獨自在	可惜，
黑暗	翠綠的生命，
世界裡	被
潺潺地	黑暗之幕，
流著。	給
	遮蓋住了。

鐵線蕨的
翠綠
畫破
黑暗、
寂靜。

風，
柔柔得
撫摸
萬物。

一切，
宛如
三角梅，
隨風
自在得
吹撫。

〈閱讀自我創作物思考表白〉

　　這首詩的初稿是在學校的魚池和花架上的三角梅。學校的魚池有潺潺的流水聲，有時微風會輕輕地吹過。依偎在石縫中的鐵線蕨，常常在風的吹拂下一搖一擺。花架上的三角梅摸起來軟趴趴的，身體柔柔弱弱的，也很容易被風吹地搖來搖去，真叫人憐愛。

　　修改稿在思考時我是坐在車上，看著窗外的風景，心裡總是有一絲絲的遺憾。

　　這首詩是在表達我們大自然的美在大家的面前，大家的眼睛彷彿有一塊黑布蓋住了美麗的大自然生命。「無人看見的黑夜裡」。

　　我在寫初稿時心裡是開心的，因為想到徜徉在大自然的懷抱中，聽鳥兒們唱出動人的音樂，聽流水演奏出動人的樂章，看花兒跳出動人的舞姿。寫兩篇修改稿時，想到我常常不注意周遭的自然美景。

　　初稿我畫的心靈圖片是以拼圖的方式表示。

　　我的第一塊圖畫的是一棵大樹，大樹的葉子又綠又有黃；因為「細縫，／是／陽光的流露處。」

　　我的第二塊圖是畫有風吹著，依偎在水中的鐵線蕨，讓鐵線蕨開始搖擺，旁邊有很多笑臉圍繞著鐵線蕨；因為「鐵線蕨／獨自／伴隨著／水流聲／笑聲，／風的搖動，／一搖一擺，／舞動著。」

　　第三塊圖我是畫一棵大樹，陽光對著那棵大樹微笑，風吹著那棵大樹的葉子，讓那棵大樹的葉子散發出如金色一樣淡淡的光芒；因為「大樹，／是／一個好玩伴。／風愛跑去吹他，／太陽愛逗他。／葉子，／／薄的／／宛如／／金沙，／／太陽的嬉戲，／／總是／／穿過／／薄薄的／／樹片。」

　　第三塊圖我是畫一隻小鳥在唱歌，旁邊畫了一些音符；因為「小鳥，／／是／／自然的音樂盒，／總是／無限／播放著。」

　　初稿（一）的心靈圖片我的一塊是畫獨自在黑暗中潺潺得流著的河流；因為「流水，／獨自／黑暗／世界裡／潺潺地／流著。」。

　　第二塊圖片我是畫在黑暗的夜色中，有一珠翠綠的鐵線蕨；因為「鐵線蕨的／翠綠／畫破／黑暗、寂靜。」。

　　第三塊圖我畫風慢慢得吹來；因為「風，／柔柔的／撫摸／萬物。」。

　　第四塊圖我是畫風把三角梅吹得搖來搖去；因為「一切，／宛如／三角梅，／隨風／自在得／吹撫。」

　　初稿（二）的心靈圖片我畫得比較簡單。我畫一塊黑色的布幕把鐵線蕨遮住一半。

22.　文章細節閱讀測驗

六年五班閱讀課平時測驗：

六下康軒版第六課廖鴻基的文本「航向台灣尾」是節錄自「海洋遊俠」。我們從原文最後一段：

「當船隻靠岸後，我仍然站在船頭，不曉得為什麼，臉頰上都是淚水。」提問，為什麼作者會有「不曉得為什麼，臉頰上都是淚水。」的感受？請從原文找出證據來敘說這「臉頰上都是淚水。」的內在思考或感受到些什麼？竟讓作者下筆如此「當船隻靠岸後，我仍然站在船頭，不曉得為什麼，臉頰上都是淚水。」

請找出你的看法並敘述：

「當船隻靠岸後，我仍然站在船頭，不曉得為什麼，臉頰上都是淚水。」

1.為什麼作者會有「當船隻靠岸後，我仍然站在船頭，不曉得為什麼，臉頰上都是淚水。」的感受？

答：1.作者藉由黃頭鷺的登臨臺灣，比喻作者的心情，回想著當年曾經離鄉背井到印尼工作，經過幾個月後才返鄉，看見臺灣山頭時的安穩、踏實；以及後來作者在海上工作時，經由觀察一群群黃頭鷺及花紋海豚的流離來回，才發現自己竟是對臺灣這片土地最生疏的，直到這一刻才從這個角度、視野和心情回看臺灣，此時作者深深感動而不自覺的流下淚水。

2. 作者的淚水可能是為黃頭鷺而流的。因為作者曾經佇立在船頭，遠望黃頭鷺們飛向家鄉的情景，因為黃頭鷺想家的心情也和作者想家的心情一樣，但黃頭鷺就要到達自己的家時，可能只差距 1 公里、也可能只有差距 500 公尺吧！但牠們卻因為體力不支，而摔到一片汪洋大海中，回家的夢想也跟著摔入了大海裡了。作者親眼目睹了這一刻，內心也百感交集，剎那間眼淚也落了下來。所以我認為作者的眼淚可能是為黃頭鷺而流的。

2.請從原文找出證據來敘說這「臉頰上都是淚水。」的內在思考或感受到些什麼？

答：

①「我想著，多少年了，多少個季節流轉，船舷邊的這些生命，牠們一代接一代。多少次，牠們在這個海域流離來回－多少次牠們用我現在的角度看回台灣尾，多少次，牠們用比我更強烈的心情，看到島嶼，踏臨台灣」

個人看法：

1. 句中「船舷邊的這些生命」也在意指著作者，因為作者曾像黃頭鷺一樣，盼望著家鄉，期待著未來，所以才在句中寫著船舷邊的這些生命，指著黃頭鷺，也暗指著自己本身。

2. 句中「多少次，牠們在這個海域流離來回」也在意指著作者，因為作者曾經也像黃頭鷺一樣

　　　　　飄洋在大海中，所以才寫下多少次，牠們在這
　　　　　個海域流離來回。

　作者心情：作者望見黃頭鷺在慢慢的飛行著，有些已不
　　　　　　幸溺死，作者也在黃頭鷺身上看見了跟自己
　　　　　　一樣的心情──就是想家，內心也黃頭鷺一
　　　　　　樣百感交集，所以才不禁流起淚來了。

　②「我終於藉由這一群黃頭鷺和海豚聽見了山與
　　　海的共鳴」

個人看法以及作者心情：
山──是作者小時候的家鄉
海──是作者本身

　　山的旁邊一定是依靠著海，也是意指著作者小時候也一
定是依偎著家鄉，家鄉也是一個避風、避雨的場所，得以依
靠的地方。但在第十四段中「我竟然是最生疏的」，也表示
作者小時後可能沒把家鄉看得很重要，直到看見那一隻隻、
一群群努力不懈、懷抱著想家精神的黃頭鷺，才想起自己也
曾經擁有家鄉，淚水也不禁湧上眼眶，留下那一顆顆最純真
的淚珠。

　　陳雲愷從他的 E-mail 表達自己的閱讀思考，漸次地思考著作
者在文本中所隱藏的意象、象徵手法，這情景交融的文學性，更能
引發讀者去探究作者的人生思維。其實黃老師所要的語文教育也是
如此──「讀出作者的人生思維。找到自己的人生思維。」

郭嘉柔的「閱讀評量」寫起：

　　他的「不曉得為什麼」，是句反話，因為他了解，眼淚才會流下，因為他了解自己心中的話，才會讓淚充滿臉頰；反話情緒激動，因為刻意的掩飾內心感受，壓抑內心情緒。他的淚，可能是到山和海的共鳴，因為有一段這麼說：「藉由一群群黃頭鷺和海豚聽見了山和海的共鳴。」在這裡我認為，山就像溫暖的倚靠，像家，像那台灣的山脈，像台灣，像母親伸開雙臂迎接，像戴斗笠的農夫落下辛苦汗水；這一切，作者形容為沉穩、篤定、安靜的山脈，但我從其它形容找到這些答案，例如：在作者提到山，讓我連想到他所提的台灣，而台灣、山脈伸出雙臂迎接他，一如他所形容的大阪埒山(像斗笠)般的農夫，一如殷殷期盼子女到來的母親，一如就要讓他安心倚靠的溫暖的家；在將這些融合後，我得到這些答案，也知道作者深愛自己的家。

　　但作者還有一個「收容他的家」，那就是海洋。他在海洋中穿梭來回，更將一篇文章命名為「海洋遊俠」，代表著他就如海洋的流浪者，是浩瀚的海洋留住了他，並讓他體悟一些道理，改變他的心。在浩瀚的海上，作者看到了生命的一份堅持，一種堅忍不拔，牠們對自己緊握的希望：「繁殖下一代、勇敢活下去，」不放手的緊緊抓著；他被黃頭鷺和海豚深深感動。文章中，有一句：一群群黃頭鷺排成「人」字形隊伍，貼臨海面飛翔。「人」的解釋有很多種，如：天地間最具靈性和智慧的動物、品質和性情。黃頭鷺雖然不是最具靈性和智慧的動物，不過對於生命的熱忱，卻遠過於大部份的人類，這應該也是種對生命的智慧，但只是單純的「活下去」，比起尋死的人們，牠們有智慧多了，所以這一句可能是這麼代表。再來是品質和性情，可能和上一句很像，我

並不了解牠們生命的品質是如何界定，就如人們對生活的品質，可能是房屋的設計、健康的生活、風景的美麗；對心靈的品質，可能是平靜、祥和、包容……等等，非常多。所以對於黃頭鷺的生命品質和性情，我只能下珍惜生命、永續生命這樣淺薄的結論。而以上作者在黃頭鷺身上體悟和感受可能不只這些，還有著黃頭如同作者將到家時的期盼、渴望、熱愛，況且，牠們一路滄桑，有的甚至已看見了家，就在欣喜同時，卻也因體力不支而摔死，正如就在家不在是遙遠的盼望、虛幻飄渺的影子時，卻已再也看不到家。在文章中，作者認為，這將是多大的遺憾，尤其是那殘破的羽毛，更是令人痛心不已。他們有著同樣的心情，但命運有的卻如此不同，這讓作者十分感嘆。

這些是淚、家、生命，一切事物給作者的感覺，給作者的體悟，這些事物始作者百感交集，無法表達，正如一個「不知道」。

23.　學校生活活動寫作

畢業典禮前二個月，六年級老師規劃起「畢業歌票選活動」。把老師們想對孩子們說的話，透過此次活動表達出來。活動後，黃老師邀請郭嘉柔、蔣亞涓、陳雲愷三位同學，利用春假期間，文字書寫這一次活動文稿，傳回 E-mail。

週三，黃老師在後校門導護，他在這時間之前，看了孩子傳回的文本。中午放學時刻，他看著爸爸、媽媽接送孩子，一位媽媽牽著二歲小小孩的女兒，晃過他的眼前。包裹尿布的小女孩，左扭右動的臀部背影，讓他想起每一個孩子。如今孩子們又要畢業了，這會是那一首歌呢？

他想著郭嘉柔的文稿：

〈一場隨性的音樂會〉　作者：郭嘉柔

　　春天的風，坐在活動中心的台階前，看著雲、看著鳥、看著飄揚的樹葉，綠色點綴著童年般的藍天。

　　看著這一場隨性的音樂會，小朋友們選出來的道別。

　　接近十點鐘，下課鐘的旋律挑起同學們的嘴角，大家一溜煙的跑出教室，口裡喃喃的唱著班上選出來的畢業歌。這次的畢業歌，在老師們的討論後，希望由學生們自己票選。這是老師相信學生的方式，相信他們都長大了，能夠用自己的歌道別；但最重要的是，人生中有許多的歌能唱，選擇一首適合自己的愛唱的歌。

　　進了活動中心，在班級的位置坐下，每個人仍為第一次由小朋友選畢業歌的事而興奮，一臉難以抹滅的笑容，腳指不安的在地上扭動。這次活動由班導主持，他仍就是一臉躍動的笑容，俏皮的看著我們。

　　「大家安靜！」他說著。

　　「六年五班！你們的班導是誰啊？怎麼那麼吵啊？」這是他的開場白，五班的學生們不好意思的閉上了嘴。

　　「有誰知道？這次的綜合活動課，為什麼要讓你們自己投票，票選畢業歌？」看了看台下毫無動靜，他補上一句：「有獎金的喔！」

　　「我！」一位六班的學生舉手。

　　「好的！就是你。」老師請一位男同學上台。

　　「說吧！」班導把麥克風遞給這位同學，示意他說話。

　　「耶！不是對我說喔！」這男同學讓老師轉著身子面對大家，不好意思的說著：「讓我們的小學結束時，有一個特別的回憶。」

「哦！有一個特別的回憶，不錯！來！妳也上來！」老師請上來一個興奮的女同學。「妳來說說看！」

她一臉天真的笑容，手舞足蹈的拿起麥克風：「選畢業歌，很開心！」對於她的答案，老師不禁有所疑慮，但在她們老師上來，在主持人耳邊低語，說明她罹患的症狀後，黃老師眼中的倒影，就像是一個天真的女孩，他換了一個口氣，溫柔的問她：「那，妳可以用表情動作，表現給我們看嗎？」

「可以！」她笑了笑，然後開懷的笑了出來：「哈！哈！哈！哈！」台下的同學也跟著笑了，主持人也笑了起來。

「來！妳做得很好！」主持人遞給她一個兩百元的紅包，也轉身給了另一位男同學一百元的紅包獎金。

「好！」他稍微歇了一下，繼續問道：「你們覺得有什麼意義？」雖然有著獎金的誘惑，但是對於問題，同學們遲遲舉不起手。

主持人說出老師們的想法：「經過六年級老師的討論後，老師們覺得，應該由學生們自己票選，因為你們都長大了，我們大人來相信你們、支持你們的人生決定。而且，有一句話……」他緩緩的說，如這段話像寶貝一樣在舌尖轉著，沒錯，確實如此。「在你們的人生中，有許多首歌，你會找到一首適合自己的歌來唱。」

台下一片鴉雀無聲，彷彿在感覺這段話。當我聽到時，我是這樣想的，我是這樣享受這句話的。

「好了！接下來是下一個問題──」他看了看左手邊，貼著歌名的板子。「這是每班班選出來的歌曲，有『再見小時候』、『給我一個理由忘記』、『一起走到』、『我相信』、『真實』、『最後這一課』──現在請小朋友上來，將這些字句串起來，成為一段有意義的畢業段落──」他請上來一些小朋

友，同學們有的結巴、緊張的說著，有的流暢、興奮的說著，最後一位，是位雙眼失明的同學。

「來！你呢？」主持人一問六年一班的陳同學。

「我和你在上完『最後這一課』，『我相信』你會陪我『一起走到』這『真實』的世界。『給我一個理由忘記』這些美好回憶，『再見了小時候』。我會永遠記得你們。」他便毫不畏懼、深具信心的全說了出來。黑色墨鏡後，湧現出無數的歡樂。

主持人遞給他五百元的紅包，嘴角綻放出歡喜的笑容。接下來的獎金，全發完了。

「現在──我們要將大家班選出來的曲子，全部播放一遍，然後開始進行投票囉！」音樂開始了，有的人也跟著CD撥放，一起唱出這些曲子，就像表演者演歌；而這全場，就像一場隨性的音樂會。

音樂旋律一停，選票馬上傳遞了下來。主持人一再的提醒，在選票投入票箱之前，一定要仔細看好，箱子上貼的曲目名稱，不要讓自己珍貴的選票變成廢票。

大家滿心期待的在選票上寫下自己的班級、姓名、歌名。溼溼的手心緊握著自己心中的歌曲，看著一班一班魚貫上前投票。在大家的歡呼聲中，最高票是「最後這一課」，旋律輕快而活躍。這是我們這一屆畢業生，自己票選的畢業歌曲名。年級主任在音響旁，貼心的再為全六年級準畢業生撥放一次曲子。

在一場隨性的音樂會中，我們找到了適合自己來唱的歌。

蔣亞涓的「畢業歌」、陳雲愷的「大聲唱著，畢業歌──」：

〈畢業歌〉　作者：蔣亞涓

　　小鳥兒在枝頭上，輕快的唱出屬於自己的旋律。木棉樹上的木棉花，已從樹枝上慢慢的飄落下來。木棉樹橘紅的花朵飄落在人行道上。那朵朵顏色似火焰般的木棉花，已燃燒出一首童年之歌。

　　一群今年即將和童年揮手道別的六年級小學生們，踏著興奮的步伐，走向每個精彩的活動，這些都會在那禮堂裡舉行。我們要選一首最能代表和童年道別的一首歌──畢業歌。

　　這一屆的老師們，認為我們已經長大了，能夠為自己做決定，所以就把「票選畢業歌」這個重大決定，交給我們這些「小大人」。

　　剛開始進入禮堂時，是非常安靜的。但那位主持人，卻不希望氣氛是如此安靜。他反而希望大家能快樂一點，所以他決定拿對我們班搞笑的教學方式，來對待其他六年級的班級。主持人為了炒熱氣氛，說：「郭丞宏，我已經把你的五十元獎金準備好了！」說完，他馬上把五十元硬幣，放進紅包袋裡。在場的同學看到這個畫面，馬上笑到流淚。接下來的氣氛也是非常安靜，主持的老師想要全六年級的小朋友，都感染到他的幽默，所以他偷偷的跟六年級的同學們說：「等一下六年二班來時，我們全部為他們拍手！」老師說完這句話沒有多久，六年二班的同學就來了。所有的人聽從老師的口令，大聲的對他們拍拍手。

　　六年二班的同學，頓時不知所措。這位主持人為了吸引同學們答題的熱絡，準備了獎金，最高獎金新台幣五百元。主持人提問的問題由淺到深。問著第一個題目：「我們今天

辦理這場活動的意義是什麼？」最後一個問題是：「我們為什麼抽獎的禮物要用腳踏車？」聽到這問題，我心裡想著：「騎腳踏車必須要一步一步真實的踩到底，所以答案是『認真的靠自己的力量往前走』。」

過了一會兒，老師要準備說出答案，他說：「騎腳踏車是靠自己的力量一步一步往前騎，所以送腳踏車的原因是：『希望各位同學畢業後，能夠踏實的往前走出每一步人生。』」主持人問完這題深奧的提問後，接下來就是今天的票選重頭戲，但在重頭戲之前，必須把全六年級選出來的六首優美曲子聽一遍，再由現場的六年級同學們，從這六首震人心旋的歌中，票選出一首來當今年畢業典禮的「畢業歌」。

六首優美的音樂播放著，一首接著一首，聽著、聽著，讓人心中覺得這六年的小學生活，就像這六首歌一樣，一下子就呼嘯而過，心裡總有一絲絲的遺憾和不捨。

聽完了六首優美的音樂後，最重要的時刻到了──投票選出畢業歌。

我小心翼翼的，把心中的畢業歌寫在投票單上，按照順序走到投票箱前，慎重的把這一票，投進投票箱裡。等待同學都投完票後，各班同學互換監票權，當同學數起每一個投票箱中的票數。同學在這時刻，此起彼落地從位子中，傳來不停歇的、七嘴八舌的討論著：「到底是那一首歌會被選上？」

結果出爐了！被選上的那首歌是旋律最輕快、歌詞最有趣的「最後這一課」。這首歌是最貼切小學生活的一首歌，裡面的歌詞就像小學生活一樣，有學生逗老師的樂趣，也有同學逗同學的樂趣──。

童年是一個怎麼追也追不回的光陰。一首歌的時間是非常短的，但童年卻是世界上，永遠播放不完的一首歌──

〈大聲唱著，畢業歌──〉　作者：陳雲愷

「等一下要『票選畢業歌』，今天是由我主持，我也準備了四個紅包哦！」黃老師說著。

「哎呀！紅包裡只有一百元啦！」

「對呀！」

「您有多少錢我們又不是不知道。」同學們你一句、我一句，說大話嘲弄的笑聲，在教室裏傳開來。

「老師做人是不會小氣的啦！你們都太小看老師了。其中一個紅包有五百元、兩個兩百元、一百元！」黃老師說著。

「哇！五百元耶！太好賺了吧！」同學們高興的說。

「那就要看你們有沒有把握機會！憑本事拿紅包囉！」黃老師神秘的說。

「噹、噹、噹──」下課鐘聲緩緩的響起。大家一如往常，一到下課，同學們便開始開 Party 了。上英文課時，大家也是心浮氣躁，想要知道等一下五百元獎金的得主會是誰呢？

終於熬過英文課，大家一窩蜂的衝進禮堂，趕緊坐下。一來不但是要看六首畢業歌裡面，那一首會票選出來？二來是要看這古靈精怪的黃老師會出什麼怪題目？他一定不會輕易把五百元獎金送出去的，同學們一邊揣測，一邊想像著自己就是那五百元獎金的幸運得主。

「大家安靜！」黃老師笑笑的說著。

「今天的主題活動是『票選畢業歌』。那又有誰知道，今天辦理票選畢業歌活動的意義呢？」黃老師問。

一位身穿藍色衣服的男同學，舉起他的右手，拼命的左右搖擺，希望黃老師能看見，他那隻小小的手。

黃老師當然也沒讓他失望，馬上給他一個機會回答。

「來，請說。對著全校的師生講，不是對我講哦！」黃老師邊遞給他麥克風邊說著。

「舉辦畢業歌活動票選！」男同學天真的說著。

「你這樣的回答，沒辦法讓人接受哦！沒關係，請回座。」黃老師說。

「舉辦這樣的活動，你有甚麼感受，為甚麼呢？」黃老師問。

這時各有一位男、女同學，爭先恐後的舉手搶答。黃老師要這兩位學生上台說話。

第一位男同學說：「就是這群辛苦教導我們的老師，想希望讓我們有一個『很難畢業』的活動！」

黃老師笑嘻嘻的說：「什麼，一個『難畢業』的活動，我們附小老師沒你想的那麼壞啦！」話一說完，立刻引起一陣哄堂大笑。

那位男同學有點不好意思的修正：「啊！不是啦！是很「難忘」的畢業活動啦！」

黃老師繼續說：「那這位女同學，妳的看法呢？」

第二位女同學說：「就是老師希望我們存錢！然後讓我們來投票。」

這時那位女學的老師，在黃老師的耳邊悄悄的說了幾句話後，黃老師以親切的口吻說：「這位女同學，妳說得非常好。來，發給你兩百元獎金！」

黃老師轉過身，對身旁的男同學說：「你也說得很不錯，給你一百元獎金。」

「謝謝老師！」男同學邊說邊興奮的盯著紅包瞧。

「好，已經發出兩份紅包了。接下來的問題是請問在座的小朋友，誰能把這六首歌的歌名串成一個句子、一個小段落？每班只能派出一位代表，給各位一分鐘的時間思考。」

黃老師得意的說。

　　大家你一句、我一句的談論著；有些人則是擠破腦汁還是想不出來；有些人則是直接舉白旗宣告投降。

　　「好囉！現在開始搶答！各班請派出一位代表。」黃老師慢慢的說著。

　　各班的代表一個接一個出來，準備發表，但我們六年五班，卻遲遲沒派出一位代表來參加競賽。

　　「嘿！六年五班要棄權哦！怎麼沒有半個學生要出來參加呢？你們班的老師是誰啊？真該檢討、檢討！」黃老師邊說邊搖著頭。

　　「老師有毛病啊！罵我們也是在罵他自己啦！」、「對了！回歸正題，到底要派誰去啊？難道真要棄權嗎？嘿，不然這樣好了，讓賴奕軒去好了啦！」六年五班的同學們討論著。

　　這時，賴奕軒緩緩的走出隊伍，走向黃老師，但這時黃老師卻無情的說：「很抱歉，你們班已經棄權囉！」

　　「哦，老師！您每次都這樣！」賴奕軒邊說邊推動著黃老師。

　　「你毆打老師、霸凌老師！」黃老師開玩笑般的說著。

　　「那您就讓我參加啊！」賴奕軒也不甘示弱的說。

　　「好！好！好！我就讓你參加嘛！」黃老師用無辜的語氣說。

　　「現在開始比賽，看誰說得最好。說得最好的那個人，我們就會頒給他五百元獎金哦！那就從第一位開始吧！」黃老師興奮的說。

　　各班代表很整齊的一位一位敘說著，大家也都說得不錯，但輪到賴奕軒時，他嘻皮笑臉的說：「『再見我小時候最真實的童年，然後……嗯』，唉呦！我不知道要怎麼講啦！」

　　黃老師笑瞇瞇的說：「這位先生，請問你是來亂的嗎？」話一說完，又是一陣哄堂大笑。賴奕軒私自躲在佈告欄後，害羞、有趣的趴著頭。

　　黃老師又說：「不用理他啦！來，接下來輪到六年一班的代表。哦，是阿傑喔！來，說說你的看法」

　　「我和你在上完『最後這一課』，『我相信』你會陪我『一起走到』這『真實』的世界。『給我一個理由忘記』這些美好回憶，『再見了小時候』。我會永遠記得你們。」阿傑說著。

　　「說得太棒了，來掌聲鼓勵一下，我們直接頒給他五百元獎金，謝謝！來，請回座！」黃老師高興的說著。

　　黃老師接著說：「來，幫我判斷講完的幾位班級代表中，誰說得最好？」

　　座位上的同學們一致的說：「六年六班的。」

　　黃老師說：「來六年六班的在哪裡，我們頒給他兩百元獎金！」

　　這時代表六年六班的小男孩說：「老師，我在這！」

　　「來，給你兩百元獎金！」黃老師笑呵呵的說。

　　這時全六年級學生的眼光，不約而同的投在逃到一旁的賴奕軒身上，黃老師說：「這位勇士，請入列吧！」

　　賴奕軒這時把附在衣服上的帽子套到頭上，以蝸牛般的速度，回到班級隊伍中。

　　黃老師搖搖頭說：「真是受不了他！不要理他啦！現在開始票選畢業歌。在投票之前，我們會把這六首歌，播放一遍。聽完之後呢！你會拿到一張投票單，你要在上面，寫下你要票選的歌名，如果你要投『真實』，卻誤投到『再見小時候』的票選箱裡，那就算是廢票哦！而且，妳不一定要投自己班上的歌，同學們也不要怕投給別班選出來的曲目，就會成為班級叛軍。懂了嗎？好，現在開始傾聽這六首畢業

歌！」

大家聽著這六首畢業歌，各個都陶醉在這六首歌的旋律裡，有的閉上眼睛，聽著歌中想要表達的意義與背景；有的則是跟著哼唱，享受自己當歌手的快感。

「好了，聽完了。現在可以開始寫下自己愛聽的歌曲，給各位同學五分鐘的時間。」黃老師的聲音，劃破了寧靜的時刻。

大家想著、想著，心中不禁冒出了一個聲音：「這可真是一項很難抉擇的題目啊！」

黃老師溫柔的說：「時間到囉！現在從六年一班的男生開始投票！」

各班整齊的一班接著一班投票，花不到二十分鐘，大家已經把手中這神聖的一票投完了。

黃老師說：「現在請各班派兩位同學出來當監票員。」

監票員紛紛開始數票，最後六年美班的歌曲，以一百三十八票取得勝利。這時，六年美班整隊高聲歡呼。

黃老師依然帶著微笑的臉，但臉頰上卻一直在冒汗珠，說：「我們把『最後這一課』的投票箱封起來，禮拜一週會時間，我們邀請會長從這個投票箱中，抽出特獎『腳踏車』的幸運得主！好了，現在各班可以帶隊離開了。非常謝謝各位老師及同學們，謝謝！」

以前，我們只知道黃老師的文學底子好，沒想到剛才大家又見識到老師的主持功力。黃老師把原本枯燥乏味的票選活動，炒得整場氣氛火熱，讓大家在他的帶動下，不僅熱熱鬧鬧投票，也更進一步思考票選活動的意義，可見主持的好，可又是一門絕技啊！

　　下週一的全校週會時間，學務處游主任把麥克風交給黃老師，主持「畢業歌票選──最後這一課」的抽獎活動。

　　他說著活動意義：「六年級老師們，相信孩子們長大了，會為自己『做決定』。我們大人的世界來支持、來信任，即將畢業的『小大人』都已學會為自己做選擇、做決定。人生就是一個『做決定』的歷程。」他說著，「家長會為我們此次活動準備了特獎──腳踏車一部，四十份獎品。」他的手牽著腳踏車，腳踩著踏板，轉動把手，繼續述說，「腳踏車的把手是控制人生方向感；輪子從起頭到結尾，都是一樣轉著這人生試卷遊戲；老師們也和你們一樣轉著過來的。最重要的是，你是一步一步實實在在的『踏察』出你的人生的。別忘了你可以中途休息、休閒，你更可以轉彎別處，你有著自己的方向感，你一直在前進人生。」黃老師停了一下，「腳踏車是一個意象，你在這裡主動建構出自己的意義，所以人生中有許多首歌來唱，你選擇一首適合自己的歌來唱。」

　　他想著：「任何教育活動本身，就是一個賦予『教育意義』的歷程。從現象中領悟自己的人生真諦。」

24.　寫作自我

　　儀式本身即是一項象徵式的人生意義。

　　中國人的儀禮中無不含孕著思想文化而行，先人的智慧在諭示人在天地之間的思維。名稱即是指謂的意含，附小的畢業成長營已是一項校園文化，孩子們在這儀式中領悟自己的成長。

　　黃老師事前和孩子們說了：「活動當天的小站成長闖關活動，老師不會在你們的旁邊，由救國團的活動帶領人，陪著你們走過每一站。留著老師的手機號碼，有意外事件再連絡老師。我就在體育中學的校園內走動。我評量你們的小組合作是否長大了，會不會是一個可以接受被領導的團體成員？小組長是不是已具備領袖氣質

的領導風格，像一個牧羊人帶領你的羊群走向下一個目標？小組長具備溝通、協調、理性思考、理性表達、強調團隊合作中的情緒性領導、強調團隊合作中的工作目標導向領導？回到學校，我在文稿中看著你們的 E-mail 成長紀錄稿件，做出總結性評量。從出發的那個時刻開始，形成性評量就已開始。老師和你們『學會放手』，讓你們獨立表現出『獨處』、『共處』的能力，我這個大人只是『看』、只是『欣賞』、只是『擔心』、只是『有信心』，用你們的實際行動和行為表現，告訴我：『老師！我長大了。』」

「你要去混喔？」郭丞宏探尋著。

「唉！真是智力和身高成正比。」有同學冒出這一句話，惹得班上同學同意，惹得郭丞宏不滿意。

「請跟我說對不起！」郭丞宏對著同組同學要求著。

「郭丞宏，對不起！」許多聲音讓他滿意了。

星期一黃老師收著孩子們的 E-mail 文稿。他看著郭嘉柔的「畢業成長營」，隨即列印三十份給全班同學每人一份。

〈畢業成長營〉1

　　早晨異常的晴朗，遊覽車搖晃的霎那，滿懷的喜悅從笑容中溢出，潑灑整部車；今早異常的晴朗，同學也異常的興奮。

　　就當迅速的風景如電影播放完畢，大家從快樂的遊覽車來到成長的這一站。

　　第一站是射箭，活動中希望能使我們的穩定度及臂力有所成長。第二站是飛盤，活動中，我和朋友們之間的默契、溝通，及自己的反應能力，也有所成長。第三站是定向運動，下午的漆彈、平衡遊戲及球類運動，都使我們的身心成長。

　　當天空淡黑的色彩逐漸暈開，成長營的高潮也悄悄接近。

　　往會場方向走去，不斷的歡呼聲和音樂節奏炒熱現場氣氛，不管是鬱悶的心情，還是不悅的情緒，全都隨著喊叫聲一甩而去，留下的只是難以壓抑的興奮。在校長致詞後，燈光緩慢轉暗，朦朧中一支火把燃起，在眼中烙下扭動狂舞的影子，場面靜了下來。火把靠上營火的燃料，就在橘紅色火光漸漸清晰，天空傳出一聲巨響，美麗的煙火在天空綻放，繽紛的色彩在天空射開、分散、破碎，然後緩緩落下，化為燦爛且星塵般煙霧。抬起頭，抑望滿天的喜悅，彩色的滾動在眼沸騰，感動如熱淚擠滿眼眶。在一陣驚嘆聲後，氣氛馬上 high 起來，第一場表演就是我們班，帶動氣氛是很重要的。圍繞在營火前，隊都還沒排好，就賣力的跳起舞來，不免有些感動。夜裡，微冷的風使得我們披上外套，但現在營火前的我們，外套裡是灼燙的熱情，背上是營火的溫暖，在每一個動作中，我們的汗水隨著身體灑落，皮膚上的汗是溼潤的，心中溼潤的是滿滿的感動與喜悅。音樂結束了，不情怨的停下動作，平時練得最累、最討厭的一舉一動，已經是最後一次演出了。接連不斷的表演都在我們瘋狂吶喊、快樂嬉笑中度過，如營火中呸啵響的燃燒木頭。最後，會場氣氛靜下來，大家都緊閉雙眼，豎耳聆聽一首歌曲──「朋友」。空氣中飄散一股不捨，一陣鼻酸不聽話的湧上來，平時開朗的同學們為了壓抑不捨的情緒，還開玩笑的說著：「搞什麼嘛！為什麼突然冷場哩？」大家都含著不捨，努力說著玩笑話，這回氣氛不知是說逗趣還是悲傷了。

　　坐上遊覽車的同時，不停回頭看著待了一天，使我們有所成長的體中，時光流逝的太快，我們回家了。

　　當我熄掉最後一盞燈，眼前一片黑暗時，心前卻是個溫暖的營火、個繽紛的煙火。

　　黃老師根據這文稿，對全班教學。上著「人生領悟、人生新舊經驗的認知、同化與調適」，他希望的文稿不是簡述成：「**第一站是射箭，活動中希望能使我們的穩定度及臂力有所成長。**」而是每一站活動都有摹寫紀錄、自己的成長衝擊、自己的領悟。

　　黃老師要求孩子們再度修稿。

　　第二天，郭嘉柔的文稿不一樣了。加了昨天老師要求的教學概念，寫著：「**第一站是射箭，活動中希望能使我們的穩定度及臂力有所成長；當我一拿起弓，有一種興奮又害怕的感覺，所以就嘗試輕輕射一箭，箭輕巧的落在前方，我不甘心，便將弓試著拉滿，對準後放箭，箭快速的飛了出去，但沒有射到目標，反而射到目標後的草地裡，而且距離滿遠的；接下來的箭，都是同樣的結果，我不管怎麼穩定自己，還是讓箭從上頭飛過，射進遠遠的草地。當我射完箭，準備去拔，發現自己的缺點：我不管在做什麼事，一開始總是很害怕，但在漸漸熟悉它後，就有著要射重它的紅心的欲望，我總是希望自己能夠得到滿分，什麼都平均發展，所以用力過猛，使我老是從它的上頭飛過。我只有滿心的欲望，不會抓技巧，要有技巧，才能到達紅心，只用蠻力和欲望，只會白廢力氣，和它擦身而過。**」

　　郭嘉柔從 28 個字修稿成 315 字。班上同學見她被老師說著，靜謐無聲。

　　我要的稿子是這樣的作品。

〈畢業成長營〉2

　　早晨異常的晴朗，遊覽車搖晃的霎那，滿懷的喜悅從笑容中溢出，潑灑整部車；今早異常的晴朗，同學也異常的興奮。

　　就當迅速的風景如電影播放完畢，大家從快樂的遊覽車來到成長的這一站。

　　第一站是射箭，活動中希望能使我們的穩定度及臂力有所成長；當我一拿起弓，有一種興奮又害怕的感覺，所以就嘗試輕輕射一箭，箭輕巧的落在前方，我不甘心，便將弓試著拉滿，對準後放箭，箭快速的飛了出去，但沒有射到目標，反而射到目標後的草地裡，而且距離滿遠的；接下來的箭，都是同樣的結果，我不管怎麼穩定自己，還是讓箭從上頭飛過，射進遠遠的草地。當我射完箭，準備去拔，發現自己的缺點：我不管在做什麼事，一開始總是很害怕，但在漸漸熟悉它後，就有著要射重它的紅心的欲望，我總是希望自己能夠得到滿分，什麼都平均發展，所以用力過猛，使我老是從它的上頭飛過。我只有滿心的欲望，不會抓技巧，要有技巧，才能到達紅心，只用蠻力和欲望，只會白廢力氣，和它擦身而過。第二站是飛盤，活動中，我和朋友們之間的默契、溝通，及自己的反應能力，也有所成長。一開始拿起飛盤，我告訴自己別怕，朝著隊友輕鬆的丟過去就可以了，雖然一開始動作還是有點僵硬，不過飛盤可以說是平穩的到達隊友手上，從射箭和飛盤兩個運動中我學到三點，那就是做任何事需要的，觀察、思考、平常心；更讓我想到爺爺總是和我說：「聖賢的聖，是由一個耳靠近口，所以我們多聽、多想、少說」。第三站是定向運動，拿著地圖，找到標示的地點，然後蓋章；最重要的，就是知道自己在哪裡，知道周遭的事物和特徵。正如我們在自己的人生中，不是毫無頭緒的亂跑，不知道自己在哪裡，滾向黑暗；我總是記得，要滾向黑暗很容易，往下一滾就到了，但爬向光明很困難，必需努力的往上爬；所以往後在我的人生旅途中，我會看好自己的地圖，知道我在哪裡。下午的漆彈與射箭很像，在我吸了口氣，靜下心，握緊槍把，瞄準目標，打中的機率就愈來愈高，使我更知道觀察、思考和平常心的重要性了。平衡遊戲中，我知

道和人溝通，不是氣急敗壞的大吼大叫，而是靜下心和對方好好說話，在將來的旅程中，會需要很多人幫助，如果是態度不好溝通，不但使人討厭你，更會拖慢時間，一事無成。球類運動中，敏捷的眼睛和手腳的配合雖然很重要，但是在團體活動中，總歸一句，學會溝通更重要；因為我們在玩球類時，有的人總是抱怨自己拿不到球，總是那幾個人在搶，而那些老搶到球的人不服氣，兩邊就吵了起來，不但浪費時間，到最後都在鬧脾氣，喪失玩球的機會。這些運動，都使我們的身心成長。

　　當天空淡黑的色彩逐漸暈開，成長營的高潮也悄悄接近。

　　往會場方向走去，不斷的歡呼聲和音樂節奏炒熱現場氣氛，不管是鬱悶的心情，還是不悅的情緒，全都隨著喊叫聲一甩而去，留下的只是難以壓抑的興奮。在校長致詞後，燈光緩慢轉暗，朦朧中一支火把燃起，在眼中烙下扭動狂舞的影子，場面靜了下來。火把靠上營火的燃料，就在橘紅色火光漸漸清晰，天空傳出一聲巨響，美麗的煙火在天空綻放，繽紛的色彩在天空射開、分散、破碎，然後緩緩落下，化為燦爛且星塵般煙霧。抬起頭，仰望滿天的喜悅，彩色的滾動在眼前沸騰，感動如熱淚擠滿眼眶。在一陣驚嘆聲後，氣氛馬上 High 起來，第一場表演就是我們班，帶動氣氛是很重要的。圍繞在營火前，隊都還沒排好，就賣力的跳起舞來，不免有些感動。夜裡，微冷的風使得我們披上外套，但現在營火前的我們，外套裡是灼燙的熱情，背上是營火的溫暖，在每一個動作中，我們的汗水隨著身體灑落，皮膚上的汗是溼潤的，心中溼潤的是滿滿的感動與喜悅。音樂結束了，不情怨的停下動作，平時練得最累、最討厭的一舉一動，已經是最後一次演出了。接連不斷的表演都在我們瘋狂吶喊、快

樂嬉笑中度過，如營火中呦啵響的燃燒木頭。最後，會場氣氛靜下來，大家都緊閉雙眼，豎耳聆聽一首歌曲--「朋友」。空氣中飄散一股不捨，一陣鼻酸不聽話的湧上來，平時開朗的同學們為了壓抑不捨的情緒，還開玩笑的說著：「搞什麼嘛！為什麼突然冷場哩？」大家都含著不捨，努力說著玩笑話，這回氣氛不知是說逗趣還是悲傷了。

坐上遊覽車的同時，不停回頭看著待了一天，使我們有所成長的體育中學，時光流逝的太快，我們回家了。

當我熄掉最後一盞燈，眼前一片黑暗時，心前卻是個溫暖的營火、繽紛的煙火。

下課時段，黃老師找來郭嘉柔，一起看著第二篇修稿。

黃老師說：「剩下兩個小問題：『首尾呼應』、『畫龍點睛』。妳可以在每一段的結論句上，點出人生思想、點出人生情感。像一條龍，點出了眼睛，才能飛翔無邊際的幻化世界。『結論句』往往是每一段的眼睛。人生思想就是文章中的『靈性』，當有人說你的文章具有靈性，是最高度的評價。泰戈爾、陶淵明、李白、王維──」

「好，老師！我明天再傳一份修稿給你。」郭嘉柔笑著被黃老師私下指導作文的快樂。

她感受著成長營每一站的現場人生而微笑著，她也開始注意到，為什麼許多作家的作品，引不起她的興致，原來她一直在找尋的「人生感悟」就在這裡被點化了。

她思考著加上：「『這些運動的身心成長，碰撞出熠耀震驚的火花。』、『不斷摩擦碰撞，燃燒辛苦汗水，展現燦亮火花。』、『朋友一生一起走，那些日子不再有──我永不忘這一生情。』、「回家的每一步，直到握著門把，都灼熱著一股不尋常的悸動。」」

　　黃老師收到文稿後，對她說：「老師愛這樣的作品，謝謝你讓我看到生命的流動。這幾天辛苦了。」

　　「不會。謝謝老師告訴我怎麼修稿。」她謝過老師，回到座位，拿著文稿和蔣亞涓分享著，她們兩人笑得好開心。

〈畢業成長營〉3

　　早晨異常的晴朗，遊覽車搖晃的剎那，滿懷的喜悅從笑容中溢出，潑灑整部車；今早異常的晴朗，同學也異常的興奮。

　　就當迅速的風景如電影播放完畢，大家從快樂的遊覽車來到成長的這一站。

　　第一站是射箭，活動中希望能使我們的穩定度及臂力有所成長；當我一拿起弓，有一種興奮又害怕的感覺，所以就嘗試輕輕射一箭，箭輕巧的落在前方，我不甘心，便將弓試著拉滿，對準後放箭，箭快速的飛了出去，但沒有射到目標，反而射到目標後的草地裡，而且距離滿遠的；接下來的箭，都是同樣的結果，我不管怎麼穩定自己，還是讓箭從上頭飛過，射進遠遠的草地。當我射完箭，準備去拔，發現自己的缺點：我不管在做什麼事，一開始總是很害怕，但在漸漸熟悉它後，就有著要射重它的紅心的欲望，我總是希望自己能夠得到滿分，什麼都平均發展，所以用力過猛，使我老是從它的上頭飛過。我只有滿心的欲望，不會抓技巧，要有技巧，才能到達紅心，只用蠻力和欲望，只會白廢力氣，和它擦身而過。

　　第二站是飛盤，活動中，我和朋友們之間的默契、溝通，及自己的反應能力，也有所成長。一開始拿起飛盤，我告訴自己別怕，朝著隊友輕鬆的丟過去就可以了，雖然一開始動作還是有點僵硬，不過飛盤可以說是平穩的到達隊友手上，

從射箭和飛盤兩個運動中我學到三點，那就是做任何事需要的，觀察、思考、平常心；更讓我想到爺爺總是和我說：「聖賢的聖，是由一個耳靠近口，所以我們多聽、多想、少說」。

第三站是定向運動，拿著地圖，找到標示的地點，然後蓋章；最重要的，就是知道自己在哪裡，知道周遭的事物和特徵。正如我們在自己的人生中，不是毫無頭緒的亂跑，不知道自己在哪裡，滾向黑暗；我總是記得，要滾向黑暗很容易，往下一滾就到了，但爬向光明很困難，必需努力的往上爬；所以往後在我的人生旅途中，我會看好自己的地圖，知道我在哪裡。

下午的漆彈與射箭很像，在我吸了口氣，靜下心，握緊槍把，瞄準目標，打中的機率就愈來愈高，使我更知道觀察、思考和平常心的重要性了。平衡遊戲中，我知道和人溝通，不是氣急敗壞的大吼大叫，而是靜下心和對方好好說話，在將來的旅程中，會需要很多人幫助，如果是態度不好溝通不良，不但使人討厭你，更會拖慢時間，一事無成。球類運動中，敏捷的眼睛和手腳的配合雖然很重要，但是在團體活動中，總歸一句，學會溝通更重要；因為我們在玩球類時，有的人總是抱怨自己拿不到球，總是那幾個人在搶，而那些老搶到球的人不服氣，兩邊就吵了起來，不但浪費時間，到最後都在鬧脾氣，喪失玩球的機會。**這些運動的身心成長，碰撞出熠耀震驚的火花。**

當天空淡黑的色彩逐漸暈開，成長營的高潮也悄悄接近。

往會場方向走去，不斷的歡呼聲和音樂節奏炒熱現場氣氛，不管是鬱悶的心情，還是不悅的情緒，全都隨著喊叫聲一甩而去，留下的只是難以壓抑的興奮。在校長致詞後，燈光緩慢轉暗，朦朧中一支火把燃起，在眼中烙下扭動狂舞的影子，場面靜了下來。火把靠上營火的燃料，就在橘紅色火

　　光漸漸清晰，天空傳出一聲巨響，美麗的煙火在天空綻放，繽紛的色彩在天空射開、分散、破碎，然後緩緩落下，化為燦爛且星塵般煙霧。抬起頭，仰望滿天的喜悅，彩色的滾動在眼前沸騰，感動如熱淚擠滿眼眶。在一陣驚嘆聲後，氣氛馬上 High 起來，第一場表演就是我們班，帶動氣氛是很重要的。圍繞在營火前，隊都還沒排好，就賣力的跳起舞來，不免有些感動。夜裡，微冷的風使得我們披上外套，但現在營火前的我們，外套裡是灼燙的熱情，背上是營火的溫暖，在每一個動作中，我們的汗水隨著身體灑落，皮膚上的汗是溼潤的，心中溼潤的是滿滿的感動與喜悅。音樂結束了，不情怨的停下動作，平時練得最累、最討厭的一舉一動，已經是最後一次演出了。接連不斷的表演都在我們瘋狂吶喊、快樂嬉笑中度過，如營火中呦啵響的燃燒木頭，**不斷摩擦碰撞，燃燒辛苦汗水，展現燦亮火花。**最後，會場氣氛靜下來，大家都緊閉雙眼，豎耳聆聽一首歌曲──「朋友」──「**朋友一生一起走，那些日子不再有──**」我永不忘這一生情。

　　空氣中飄散一股不捨，一陣鼻酸不聽話的湧上來，平時開朗的同學們為了壓抑不捨的情緒，還開玩笑的說著：「搞什麼嘛！為什麼突然冷場哩？」大家都含著不捨，努力說著玩笑話，這回氣氛不知是說逗趣還是悲傷了。

　　坐上遊覽車的同時，不停回頭看著待了一天，使我們有所成長的體育中學，時光流逝的太快，我們回家了。**回家的每一步，直到握著門把，都灼熱著一股不尋常的悸動。**

　　當我熄掉最後一盞燈，眼前一片黑暗時，心前卻是個溫暖的營火、繽紛的煙火。

　　下班後，黃老師在導師室看著陳雲愷、吳冠志、陳諺元、蔣亞涓的文稿。

陳雲愷〈難忘的畢業成長營〉：

　　清晨，鳥兒的歌聲喚醒睡的大地，新的一天就在快樂的音符中開始。藍藍的天空飄著片片的雲朵，織出一個孩子們期望已久的日子──畢業成長營。

　　學校的中走廊，充滿著同學們的歡樂聲，大家興奮的表情全寫在臉上；校門口枝頭上麻雀發出的啾啾聲，化為大家臉上的喜悅，笑聲成為今天的開場白。

　　遊覽車沈沈的引擎聲從遠處馳騁而來，大家紛紛像白鵝一般，伸長脖子探望著遊覽車，大家雙腿流動的不再是平凡的血液，而是流動著愉快的熱血。踏上遊覽車階梯的那一刻，也正式踏上了人生另一個階段的開始。遊覽車上頓時充滿同學們對這次畢業成長營的期待，大家充份利用這二十分鐘的路程，相互聊天或嬉戲，濃厚的情誼徘徊在這條鄉間道路上。

　　時間似光速般溜走，沒一會兒工夫，遊覽車就在交叉口轉彎後停車，斗大的字體迎面而來，立刻吸引大家的目光---「優秀東大孩，就是要你紅」。小隊輔導員帶領著我們進入體中校園，並且展開了今天的重頭戲。

　　同學們在活動場上，認真的揮灑汗水，汗水化為一滴滴成長的水珠。每個人各學會了如何拉滿弓、正確的射飛盤、如何靠地圖完成定向測驗、怎樣透過溝通、合作完成平衡……。在一項項的闖關活動裏，我深深的感受到那滴滴珍貴的成長水珠，將會灌溉幼苗，在心中慢慢的扎根，來日我們都化成一株株堅強的大樹。

　　太陽慢慢西斜，紅橙橙的夕陽餘暉灑在路面上，同學們踩在落葉上，稀稀沙沙的聲音指引著大家朝著餐舘前進。香味紛紛撲鼻而來，肚子發出的聲音譜成一首「饑餓交響曲」。

　　同學們小心翼翼的端著餐盤打菜，臉上洋溢著幸福神采，一口一口的吃著。

　　夜幕漸漸低垂，狼吞虎嚥的聲音隨著太陽慢慢的消失，月光高照，映出營火晚會的開始。主持人逗趣的聲音劃破了寧靜的氣氛，身穿迷彩服的教官，帶領著我們進入了會場。校長以及汪處長紛紛上台致詞，為營火晚會做一個開頭。教官提著火把，把營火緩緩燃起……

　　啊！剎那營火照亮了全場，溫暖了人心；此時，煙火四起，閃耀了星空，六年來的小學歲月，隨著煙火，一點一滴的閃亮著而消逝……夜空顯得特別動人。

　　時間追隨著沙漏緩緩流逝，同學們選擇舞蹈，為活動做下了完美的結束。大家在「同一片天空」的伴奏下，回到了遊覽車上，大家紛紛入睡，夢著小學生涯；夢著那身高矮小的一年級生；夢著曾經歷的歲月、以及那群可愛的朋友們。

　　大家睡熟了，營火已默默的熄了……。

　　吳冠志的 A 作業方式，不是詳述的作業，卻是符合老師要的。看他的作業總是不滿足地被他弔胃口，有股被要的快感。他把時間撥給自己的課外閱讀、撥給自己的武俠小說創作世界，黃老師也由著他。

　　陽光普照，白雲紛紛。今天是我們畢業成長營的日子。

　　所謂成長營，就是要我們學會成為一個成熟、獨立的個體，而不是成天依賴著身邊的人，坐享其成。要我們現今的少年，脫離「草莓族的稱謂。」

　　最有意義的活動，首站到的是射箭場，我們要輪番上位射箭，等老師教完我們怎麼確實帶好護具，以及射箭時的站姿、手部的動作，當然就輪到我們上場了。

　　在射箭的過程中，我看見許多人的手腕不停顫抖，像隻

害怕的老鼠一樣。輪到我上場時，我以犀利的眼神，觀察著不遠處的黃色準心，想著箭射出的弧度，等一切準備就緒後，我異常乾脆的鬆手，果然正中紅心，我打從心裡為自己喝采。

其實，射箭就像人生，只要先觀察、做準備，就可以一氣呵成，達到自己想要的目標，讓自己為自己喝采。

第二個活動是一個定向測驗，這個活動主要是在讓我們自己有一定的方向感，而且讓我們累壞了，我和同學並肩合作尋遍了整個校區，好不容易才找完。

只要在人生中保持一定的方向感，就不會再疑難雜症中，迷失了自己，這是我在活動中學到的，對我這種迷迷糊糊的人最實用了。

總之，這次的畢業成長營真的讓我成長蠻多的，我變得比較不會依賴家人朋友，學會獨立，而成為老師口中所說的，成熟、獨立的個體。

陳諺元的〈小學生涯中的最後一次校外教學〉2：

回顧這漫長的六年中，我學到了什麼？我常這樣問自己。記得剛從幼稚的一年級到了有點叛逆期的六年級，總共去了好幾次的校外教學。不過這次的意義不一樣。因為這次是我小學生涯中的最後一次——

雖然我覺得這一屆的校外教學比上一屆和下一屆的差，不過各有好處吧！我常這樣安慰自己，可是還是隱藏不了我失落的心情。

這次的畢業成長營是去體中舉辦，活動內容十分簡略，但，裡面有個深深的道理告訴我們。雖然我不知道為甚麼老師要這樣安排內容，不過，他們絕對有他們自己的考量。

　　我在射箭時，我是班上少數射過的，我以為我射得會不錯，結果很多人都射得比我好，很多人都沒有拉滿弓，只拉一半，有的人連一半都不到，也許他們抓到要領了。說到這邊，黃老師一定說：「讀書也是一樣，只要用對方法，一定能讓人生有所改變。」這句話一直在我耳邊迴盪。

　　第二個活動是飛盤，當整班站在操場時，那種渺小的感覺，我覺得我們好孤獨，不過團結力量大，有很多好朋友作伴，整個心就熱了起來。飛盤有分兩種丟法：正手、反手。我覺得反手丟比較好丟，正手會卡卡的。不過人人有自己的特性、方法，就是有想法，才能創造出自己的王國──

　　定向運動是藉由地圖與現地的結合，來訓練人的判斷的能力與組織思維，讓我們在山中迷路時，只要拿出地圖就能增加活下去的機率。想到當時，我與陳雲愷都不想要找，都直接看郭嘉柔她們那組的動向，我們就去哪裡，被她看到時，她強力的指責我們，讓我有點不好意思，但是陳雲愷卻還是堅持跟在她們後頭。最後我們還是自己找出了一線生機──

　　吃飯時還是跟教室的狀況一模一樣，菜市場牌的。說吃飯也有人生哲思，我卻分析不出來。

　　平衡板是在測試我們的團隊合作，只要一出錯，整個板子就會開始傾斜，只要一碰到地上，就算挑戰失敗。輔導老師給我們最後一次機會時，老 K 還是自以為是的在那邊指導，其實沒有人聽他的，勝利就在眼前時，發臭男的手腳笨拙了一點，結果板子打到地上了，挑戰失敗，讓整班都在罵發臭男。那一罵讓原本的人生成長目標被摧毀──

　　拍球是要讓我們了解分工合作的精神，我們也沒做到，起了爭執、內鬨。頓時我發現，運動神經太好也不是一件好事，球在我頭上時，我要跳起來，小堯那群人也跟著跳起來，

我把球拍掉，他們卻說我在搶球。第二次時我們在拍球時都沒有拍到他們那邊，想也知道有人開始碎碎念，也有人跟著起鬨，使老 K 殺球殺到那邊，所以，他們決定要排斥他——

漆彈雖然沒有對戰，只是打靶，但是對女生卻是一大突破，我也為她高興。開始全班爭著要打第二遍，小隊輔開始選人，她一開始選不出來，因為我們班的秩序、表現讓小隊輔很生氣，只能憋著心情選人——

營火晚會是最高潮的時候，當時我們的舞排在第一個，剛開始聽到時，全班都在緊張的情緒中，所以隊伍排得二二六六；跳舞跳得也是二二六六，導師卻有點不好意思的稱讚我們，他難得做這種傷害他自己自尊心的事。四班帶動的悲傷氣息，也傳到我們班，當主持人正在說一大堆感傷的話，我們班開始崩潰。班導在裝猩猩逗我們開心，不過，還是有許多人正在哭，其實她也有哭，不是在外表，隱藏在心裡。

弦月的微光，照亮了天空——

愛無止盡
綠光息在日落
心形之吻

蔣亞涓的〈畢業成長營〉：

小鳥在枝頭上清脆的唱著歌。雲彩在湛藍的天空中變換姿態。春天暖暖的太陽在天空中綻放光芒。風一絲絲愉快的心情，已慢慢的侵入我的心……

早晨的溫暖陽光，已慢慢照亮還在被窩中，跌入夢鄉的我。我張開還一點睡意的雙眼，心裡想著：YA！今天要去「國立臺東大學附屬體育高級中學」參加校外教學。雖然這是小學生涯中最後一次的校外教學，但心裡還是有一股快樂和不捨摻雜在一起的興奮。

　　早上一到學校，看見大家正開開心心的分享快樂的心情。每個人的喜樂總是像陽光溫暖的光芒，流入大家的心中。每個人正抱著興奮又愉快的心情，等著上遊覽車。終於，大家最期待的時候到了。老師們叫各班的同學回到自己的班級集合，準備出發。我想「大家的心裡應該都開心的大喊著吧！」

　　每一位同學踏著興奮的步伐，走在斑馬線上。我走在我們班的中間。每當我走在我們班的隊伍中，我總是覺得「找到我們班最好的方法，就是看最亂的那一個隊伍。」走著走著，一下子就到了遊覽車上。我們班的每一位同學都快樂的和自己最喜歡的朋友坐一起。但坐遊覽車不是只要會坐就好，還要會逃生。大家依著逃生路線，迅速的完成逃生演練。

　　完成了逃生演練，大家依舊和剛剛一樣，快樂的談天著。老師走上來了，他以平常的口氣，問「我們有沒有帶免洗餐具？」

　　全班大聲的說：「有。」

　　沒想到老師的幽默感上身了，他笑著說：「ㄟ──我好像忘了帶。」我們班跟老師的感情已經很好了，有人就大聲快開玩笑的說：「我記得我有帶兩副餐具，但我絕對不會借你的。」老師只好笑一笑就回座了。

　　同學們快樂的在遊覽車上聊天著。時間就這樣被風帶走了。

　　一轉眼就到了──國立臺東大學附屬體育高級中學。同學們一邊走路，也一邊開心的聊著天。同學們在大廳前坐下，聽著體中老師的介紹。聽完老師一一的介紹，我們就要開始進行令我們期待已久的「闖關活動」。

　　我們的第一站是「射箭運動」。從來沒有射過箭的我，心裡有一點點的害怕。但看完示範老師的動作，心裡的害怕

已慢慢減少了。大家四個輪一次。就這樣四個一輪，一下子就輪完了。射完箭的同學總是炫耀著自己射到標靶中甚麼顏色，炫耀著自己剛剛射箭的英姿。

　　射完了很難得才能射到的箭，我們要到第二站「飛盤運動」。在從射箭場到飛盤運動的途中，我們班每一位同學總是嘻嘻哈哈的一邊走著，一邊快樂的說著剛剛射箭的趣事。因為我們班每天的興奮總是破錶，所以到這麼有趣的「畢業成長營」，我們班的興奮當然超過平常。我們到「飛盤運動」，老師叫我們蹲下，我們班就像小鳥兒一樣，蹲下去，又動來動去。老師看到我們班奇異的興奮，就問我們是哪一班的，我們班就和老師開開玩笑，說：「我們是六年美班的。」老師看到我們說完自己是哪一班的，就一直笑，就問：「你們是美班的，但我記得美班的都很乖啊！你們怎麼是這樣？」我們班只好不好意思的說：「我們六年五班的啦！」在跟老師有趣的開玩笑後，我們回到我們的正題——飛盤。大家三個一組，在寬大的草原上，大家把飛盤往外丟，讓另外一邊的同學接住。看著大家一下子丟飛盤，一下子跑去撿飛盤，時間突然變慢了。

　　和飛盤老師開心的開玩笑，到最後，我們帶著愉快的心情，走到第三站「定向運動」。定向運動是在考驗你看地圖，和自己試著找方向到目的地的能力。這種活動是兩人一組，互相合作，完成活動。剛開始在教室看著地圖，心裡想著「臺東體育中學這麼大，應該要找很久吧！」在經過老師詳細的介紹怎麼看地圖後，心裡突然湧入一股探險家的精神，好想趕快開始這個「大冒險」。這次要找到的九個地點。我們從教室出發，全班每個小組分散開來，開始找九個地點。活動進行到一半時，突然天空中飄起了一絲絲的雨滴。有的人進行這項活動到一半，因為距離太遠而放棄，但有的人還是在

綿綿細雨中，不放棄的繼續往前走，達到目標。「定向運動」除了教我們看地圖的方法外，也教我們不要輕易放棄。

　　完成了這三關有趣的活動後，中午休息的時間到了。大家手裡拿著餐盤，排隊，等待小隊輔幫我們打飯、打菜。在短短的一個小時內，大家快樂的吃著飯，把自己身體裡的力量充到最滿，正等著迎接下午各個有趣的挑戰。

　　下午的第一個挑戰是和跳繩有關的，但跳繩大家都跳過，大家不常跳的是，全班一起跳一個跳繩。本來要開始跳跳繩，但雨又慢慢的從天空中落了下，所以我們只能由戶外活動換到室內活動。雖然在室內不能跳跳繩，但活動也是和團結有關的。老師把全班分成兩組，每一組有一個小呼啦圈，每一個人要和旁邊的人手牽著手，圍成一個圈，在試著不放手的，讓每一個人都穿過呼啦圈。活動先由簡單的穿過呼啦圈為主，在慢慢增加困難度。知道怎麼穿過呼啦圈後，接下來也是一樣穿過呼啦圈，但是身體的任何一個部位都不能碰到呼啦圈，只要一碰到，就要重來。在進行困難的活動時，有時候會因為一個同學的不小心而要害大家重來，大家雖然心裡有一點不高興的感覺，但最後還是把不高興的心情收起來，用笑容告訴害全部重來的同學：「沒關係！」呼啦圈活動結束後，還有一項更令人想破腦筋的遊戲。這個遊戲也是一個有關團結的遊戲，只是不需要呼啦圈，但需要兩隻手都要和對面的同學牽，牽好後，就會變成一個結，大家在試著把這個結，解開。在解開很復雜的結的過程是很辛苦的，但解開了這個復雜的結後，心裡卻有一股很輕鬆的感覺。

　　完成了這項艱難的團結活動後，我們要去挑戰「低空活動」。「低空活動」是須要全班一起團結，把像大木板的蹺蹺板弄平衡。我們班總共挑戰了十幾次才把蹺蹺板弄平衡，並且讓所有同學都下來，蹺蹺板也能保持平衡。

完成了蹺蹺板上的挑戰，我們要去挑戰一關和球有關的活動。這次的打球活動，除了要動動腦筋想想要用甚麼方法才能讓速度變得更快，也要想辦法讓全班都能參與活動。在玩和團結有關的活動，當然不免有些小爭執。我們班在爭執後，氣氛雖然有點僵，但經過一番討論後，大家還是開開心心的一起打球。

學會了「團結就是力量」後，我們要去挑戰今天的最後一關「漆彈活動」。在體驗漆彈活動，我們是用假槍射打靶。在射打靶時，所有的煩惱都能從漆彈槍中發射出去。

挑戰完了「畢業成長營」的所有項目後，大家肚子也餓了。我們踏著輕快的步伐，走到了餐廳，準備享用今天的晚餐。大家一邊吃晚餐，一邊說著等一下準備表演的緊張和興奮。

夜幕已降臨，太陽已躲在雲彩身後，綻放微弱的光芒，為追逐童年的孩子們，獻上最柔軟的光芒。星星已開心的躲在天空中，散發出一閃一閃的光芒。

畢業成長營的重頭戲——「營火晚會」即將開始。大家在黑暗中以興奮點燃光芒。每位同學腳步因興奮而變得越來越快，走到了「營火晚會」的現場，所有人在晚會現場，不停歇的聊著天。因為成長營是要測驗我們是不是真的長大了，所以在我們隊伍的前面，請了很兇的教官來管我們，像在暗示著「都已經長大了，不應該再這麼被動需要別人來管你；應該要自己管好自己」。

「營火」是校長拿著火把，從隊伍的右邊以慢跑的方式，晃過所有同學渴望的雙眼。跑完了整場，校長用專注的眼神把火把輕輕的放入排列整齊的木堆中。「營火」就這樣，伴隨著所有人的尖叫聲、令人驚嘆不已的煙火中，熊熊生起。

　　「營火晚會」最主要的主角還是我們這些半成熟的小大人。我們要把我們這一個月努力練習的表演，現給大家看。第一個表演是有最熱血的一個班──六年五班，來為我們跳充滿快感的街舞。在場的同學把雙手舉高，隨著節奏搖擺。接下來的每個表演都是節奏非常快的快歌，站在舞臺上的每位舞者，都為這場永生難忘的晚會，揮灑汗水，秀出最完美的舞姿。「營火晚會」的最後一個表演是六年四班帶來的直笛演奏。現場的氣氛還是一樣是非常 High 的，但一聽到六年四班同學生動的演講，每一位同學的眼眶開始泛起淚水，嘴裡一直說著：「我不要畢業！」突然，四周一片漆黑，只剩下營火仍然持續的燒著。這時，老師們手上握著蠟燭，走到隊伍的前面，本來氣氛應該要非常悲傷的，我們老師的搞笑天份出現了，他把他的蠟燭放到下巴下面，用他最擅長的大猩猩臉，把自己變得很像「大猩猩鬼」一樣，一點也不可怕。

　　「畢業成長營」就這樣在歡笑和悲傷中的笑聲中落幕了。我們在遊覽車上快樂的暢談著「畢業成長營」我們到底成長了哪些。

　　這一次的「畢業成長營」已成為我心中最難忘的回憶。在每一個關卡中，我領悟到：射箭要拉滿弓是很難的，但只要不放棄，盡力的拉弓，能把弓拉滿，也能把箭射中目標。我也領悟到：在大家團結的活動中，雖然會有衝突，只要包容，就能解決。也學到了絕對不能輕易放棄。

　　光陰似箭。童年也一樣，隨著流水的流逝，正一點一滴的變成回憶。童年有如山一樣，擁有朦朧的美、有如畢業成長營的「營火」一樣，擁有永遠不滅的魔力……

　　黃老師想著：「這一些教學行動記實，足以讓他的生活多采多姿。」

　　他的下課十分鐘，常在校園外的人行步道旁，端詳、思索孩子們的稿件，該如何對孩子說明、對孩子例舉，讀出孩子傳達的象徵意義，討論這意象象徵的美感，讓孩子掌握文學美學。

　　他仰望著近百年的校園楓樹，在春季鋪張嫩綠的日子，葉與枝條，綠色之光穿梭搖動的視覺，他說著：「如此，美麗人生。」

25.　閱讀與寫作俳句教學

　　人們從詩人的字句裡，選取自己心愛的意義。

　　　　　　　　　　　　　　　　——印度詩人泰戈爾

　　那日他不知如何閒情，直往台東誠品書局。

　　想，逛出一份教育勞動者能突破的視野；做，理出一條教育專業者能走的路徑。

　　走上工字鐵搭建的樓梯，踏察聲讓他自己明白，接觸著城市文化該有的書香氣息。二樓書架上松尾芭蕉著作的「奧之細道」，紀錄日本德川時代「俳聖」大師的枯淡、閑寂、輕妙等美學概念，融匯人生即旅、諸行無常的存在哲學。

　　這書折頁的文字簡介，令人沉思良久，許多時刻未提筆文字短詩了，黃老師想著：

　　「該給六年級的畢業生來次俳句教學？」

　　隨手拿了介紹柏克萊大學的專書「不解之緣‧柏克萊」，隨手瀏覽閱讀其中的篇章，這令他想著：「究竟受過學校教育歷程之後，學校教育有什麼是讓學子深覺幸福的？」

　　這樣放開生命，勇於探索生命熱情的革命，是在柏克萊的校園、社區所表現出來的景觀、文化。課程學習所展開的是在自由、

自主、自決、自行其事的課堂上，告訴自己：「我自己就是一個生命責任。」

「探索生命藝術，反正最壞也就是柏克萊。」他隱約可以感受到這樣的內在語彙，是一種集體潛意識般的內在性支持者，這好像已經是一個生命信念：「柏克萊大學畢業的。」

這彼此扮演起社會性支持者的角色，這精神讓人勇於熱愛生命、熱愛生活，所以有著原創性、獨立性的街道、商城、詩道、個人式人文素養的自我生活詮釋與景觀設計，在每一天的生活信念下，堅持工作態度的「藝術製作工序」，為自己活出一點有感的內在革命。

他想此種固定下來的生活儀式，本身即是一種受洗，活出自性的基督之愛。

走出誠品的後山陽光，像卑南溪耳語的光譜。

這日，沉穩。

隔日在教室底摸索週三晨間閱讀時間，他想起上一年此時此刻的章勝傑校長真是幸福。校長要求學校的閱讀文化時間，師生靜默，看自己的書。那是黃老師唯一一次享受校園烏頭翁愛唱歌的光陰。

「靜寂了，這朝來水溶溶的大道──」徐志摩的散文經句，瞬間躍然在導師室。

想起上一年此時此刻的課務組長李綠梅老師，每週為全校孩子們擇選新詩朗誦，從播音器放送淡雅樂曲，朗誦的孩童會事先準備，把詩品的感覺、體會在心底揣摩數回，在這天配合著詩篇情意，吟誦有感的人生樣態，再由李老師為全校孩子們，賞析詩作的內在意境。

這些聲音、這些沉寂之境，彷若美麗人生來訪人間。

讓人不覺地，臆想日本作家大江健三郎的小詩：

晶瑩的雨滴
映射出了風景
雨滴當中
有另一個世界

　　這樣的藝術朗現，是一種教育文化設計。每週三校園行進著「晨間閱讀四十分鐘」，形同柏克萊每一年度四個週末的「工匠藝術假期」，令人沉浸、陶醉在藝術創作物面前，獨享、分享創作歷程中的造物者。

　　日本俳句：

1.
漁夫人家
門板鋪在地上
且納晚涼

2.
名稱可愛
秋風吹過小松
芒草萩花

3.
墓也顫動
聽我哭聲悲切
秋風瑟瑟

4.
而今而後
逝去同行誓詞
笠上凝露

5.
山中好湯
免折菊花延壽
泉白飄香

6.
石山濯濯
岩石白潔如洗
秋風更白

　　黃老師先請孩子，在每一首俳句中找出「名詞」以螢光比塗上顏色，讓孩子感受每一個「名詞」在心靈中所形成的意象、感受，說這是俳句在很短的字詞中，首要傳達的有感。

而讀者跟著「動詞」，產生意象圖片的行動，像動畫演出的影片。讀者也在「背景」氣氛中，停格在某個情境受感染。而句子的順敘、倒敘、插敘、留白，正是作者在俳句中傳達的人生扭力、人生思維。每一首都是新的創作結構，創作風格，當掌握一般形式架構後，作者的特殊性結構便容易被窺出端倪。

例如，第三首俳句：

3.
墓也顫動
聽我哭聲悲切
秋風瑟瑟

將俳句順序還原，即成：「秋風瑟瑟，聽我哭聲悲切，墓也顫動。」如此容易解讀的一個人生動畫圖片。作者卻倒敘成「墓也顫動。聽我哭聲悲切，秋風瑟瑟」。這樣的安排，秋風瑟瑟（名詞＋副詞成為場景氣氛），聽（動詞）我哭聲（名詞）悲切，墓（名詞）也顫動（動詞）的意象群，究竟會引發何種人生思維？

「墓也顫動」，先行的人無法言說的一切感慨。「聽我哭聲悲切」活者的人回應著不捨的悲切離去。這樣的「死、生」觀照、對應，同時存在現場情境的「秋風瑟瑟」中延續著大地悲秋。

「死、生、大地」同一心情的調子，感染著讀者，這便是俳句彰顯的立即性震撼、立即性瞬間美感。

又如，第二首的俳句：

2.
名稱可愛
秋風吹過小松
芒草萩花

　　將俳句順序還原，即成：「秋風吹過小松，芒草、萩花的名稱真可愛。」作者做了順序的調整，或去、或少了結果句的留白效果，留給讀者更多的想像世界。

　　自此，「名詞」除了表現意象之外，同時也是一種象徵意含。

　　這一些有賴讀者透過分析閱讀，解謎可解與不可解的詩感人生。

　　昨日班上郭靖婷的教學現場俳句書寫，讓黃老師驚奇這孩子的有感世界。

　　花兒微動
　　何時掉在地上
　　冬風就起

　　他靠近她的桌緣，說著：「秋季到冬季，就這樣瞬間走過，『微動、何時』的人生扣問，讓我沉浸許久，我太驚訝了。妳的俳句非常有感覺、非常有感受。」她淺笑一回，又思索著自己的世界。

　　今日，她聯絡簿上的俳句，令黃老師有感覺地，享受晨間的私人手沖咖啡時間，品嘗她是何以入句為詩？昨天教室現場的「何時掉在地上」，今日的「嫩葉不知去向」，這和她文靜寡言的世界有何相關？

　　春風微涼
　　嫩葉不知去向
　　落到河中

　　「這二首俳句是怎麼創作出來的？我很想知道──」黃老師喚她來到跟前，低聲地問起。

　　「昨天星期三中午放學後，我就拜託媽媽，帶我到中華路一段的太平溪出海口，我看著樹上掉下來的葉子，被風吹落到河裡，流走了，所以我就寫下這一首俳句『春風微涼／／嫩葉不知去向／／落到河中』。」她的蘋果紅了臉頰敘說著。

「那妳看見這情境的內在覺受是什麼？」黃老師探究著問她。

「孤單、寂寞。」她說。

「這孤單、寂寞，讓妳覺得如何呢？」他想澄清這孤單、寂寞的語意而澄清著，希望尋獲一些蛛絲馬跡。

「恐懼、害怕。」她說著。低下的眼神，讓人摸不清心情的世界。

「妳有這種經驗嗎？」黃老師坐在藤椅的身子向前，小心翼翼的說著，小心翼翼的觸摸這經驗世界，他知道此時必須讓人舒放、讓人安全、讓人彼此信任的情境，才能引導一顆小小的心靈。

她點點頭，微笑地說出這個經歷：「國小一、二年級時，爸爸、媽媽還在上班，很忙。她們就把我一個人放在家裡，我自己一個人在家，都沒有人陪我。那時候我常常感到『孤單、寂寞、恐懼。』」

「喔！這真是不容易的事。讓你一個人，獨自面對這麼多的心理過程，這麼多的心理苦難日。」黃老師以同理心的雙眼，面對著她的述說，問起：「那──現在還會有這種感覺嗎？」

「不會了。」她說得很開朗的笑。

「喔！那有什麼不同？」黃老師以比較閱讀的方式，延伸著她的經驗。

「我六年級了，就不會害怕了。」這時，好奇的女同學唐可歆，走過來湊熱鬧，一起旁聽這般世界，她也不排斥地，繼續說著。

「因為妳長大了。」黃老師挑動眉頭，故意逗她，開心地說著。

「嗯！」她點頭發出語末助詞。

「人生看法也不一樣了。」他想延伸郭靖婷的觀念，而問著話。

「嗯！」她還是那害羞的赧笑，看著黃老師。

「真恭喜妳成長了。老師還品嘗著妳一、二年級的內在經驗，這一些先前經驗，都在妳的俳句中表現出來了，真是六年級的藝術創作物。」他的眼珠子，盯著她的眼眸。

「謝謝妳讓我享受了這個早晨時光。」黃老師飲了一口黑咖啡，說著。

黃老師這肯定的指稱讓郭靖婷愉快。她回到座位時，泛紅的晨霞一般的雙頰，像晨曦微透的色彩，逐漸擴散成一片白光。

「我在為自己創作教室小說工房中的文化行旅。」一次次的內在暗示，讓他如時間一般繞著轉動。

「我是幸福的。」每一步彷彿都有他自己的意義。

春末，校門口那一棵老楓樹，春天的嫩芽紅紅的。綠色透明的綠葉交疊，陽光下可以清晰地見到，葉脈在光裡的線條美學。深紅的楓葉只有幾片，掉落的黃葉已然是日子的聲音。

之後的台灣雨季，躂躂作響。

他常在深夜聽雨，聽雨著落的外庭，有幾顆卑南溪帶回來的大石頭，舖成深夜淡黃燈光下的自然物影，金毛杜鵑花在雨季更顯生氣。

春天的雨花，一朵一朵的奔噠，雨珠簾在石頭上踢躂演出，這靜謐依然是靜謐的花花世界。

他會拿起孩子們的俳句創作，坐在木格子落地窗櫺旁，沏一壺千年野生普洱茶，想像六年五班孩子們的俳句世界，這一群孩子的生活意象、生活思維、生活感悟：

01 賴奕軒 桌上明燈 照亮我家書桌 顯得沉默	02 許維恩 睡在馬路 他睡在水中央 睡在天國	03 蔡紀韋 小鳥呼喊 拍動鼓翅的聲響 更美片刻	04 陳雲愷 破蛹而出 再一次的輪迴 翩翩起舞	05 謝楓其 彩色水彩 畫出人生美麗 栩栩如生
06 吳冠志 昏黃的晚霞 黑白觸動的瞬間 夜幕卻已落	07 劉傳藤 詮釋的美， 永遠比怒的惡 善的太多	08 陳諺元 楊柳樹梢 自在紅尾伯勞 歸巢攜伴	09 陳貴舜 蜘蛛結網 風又把他吹破 何時停止	10 陳中佑 落葉飄落 無邊境的輪迴 何時落地

31 黃連從 楓紅芽嫩 綠簾人行底透 鳥鳴草葉	12 蔡育泓 秋楓紅葉 流水照樣急促 以後誰知	13 陳明群 黑板綠蔭 粉筆刻畫著它 雕刻作品	14 洪皓銘 晴天白雲 山上帶滿花草 綠茵如山	15 蕭育台 清脆鳥聲 在我耳裡迴盪 心也顫動
16 郭嘉柔 柔柔吹撫 嘻笑旋轉著來 我的名字	17 蔣亞涓 湖上月光 反射人間倒影 飄飄閃耀	18 郭靖婷 蜜蜂搬蜜 一步一步走著 到達聖地	19 鄭慧珮 荒野中的狼 黎明荒涼的原野 消逝的弦月	20 徐敬敏 風扇旋轉 微風緩慢飄逸 清涼透徹
21 唐可歆 想念長翅 跟著我流浪 獨背行囊	22 黃韻恩 森林裡的霧 隱隱約約的出現 充滿著神秘	23 洪詠俞 窗戶開了 看見一片片山 引人注意	蔡君軒 湛藍海洋 抹去悲傷回憶 消失離去	25 林怡苓 照片回憶 人人皆有夢幻 記憶甦醒
26 邱柔珊 回憶還在 如果承諾沒了 怎麼找回	27 王玫蕾 花的一生 從含苞到凋謝 轉眼即逝	28 江雲嵐 快速的奔跑 生鏽老舊的迴路 轉頭已消散	29 鄭小晴 魔術方塊 上下左右翻轉 拼好色彩	30 王妍可 蝴蝶飛舞 今日下著大雨 何去何從

那日，他閱讀起郭靖婷的思考表白：〈寫這篇俳句當時的感受〉

放學之後，我叫媽媽帶我去東海國宅附近的河，在那我看到綠油油的草地上有一棵樹的嫩葉被春風吹到河中不知去向，那時我想嫩葉的心情很荒涼、寂寞、恐懼、害怕。讓我回想到一、二年級時，爸爸、媽媽因為工作不知去向讓我一個人在家，那時我的心情跟嫩葉一樣，我只好開電視看卡通，卡通讓我害怕、寂寞的心情消失了，到了長大以後我不會害怕一個人在家。

這首詩是跟我以前和嫩葉的心情連接起來完成的。

「教學，這會是一個什麼景況？令人著迷、令人陶醉。」雨彷若是思想的凝露，他有著自己的印證，他會這麼想、他會這麼探索教學之道，他會這麼做出來一種表現。

或許，在這文字場域，觀看世界的方式，開始有了另一個視點：「花開、花落，化作春泥更護花。」

陳諺元的一首俳句，像這雨夜之語。

滴滴答答
露珠灑在瞬間
消失默默

想想這一段時間，班上孩子們的聯絡簿上，每日書寫一首生活俳句。

黃老師一早到校就看著孩子的昨日夜歌，每一天都是美麗的，每一天都活在孩子的文稿堆裡，浸染風情萬種。

黃老師收著吳冠志的俳句作業：

1.	2.	3.	4.	5.
藍天白雲	蔚藍深邃	熟睡的香水	舞動的山嵐	情債又幾本
玫瑰上的風鈴	堆高破碎的白	換季凋零的無奈	慈悲潔白的傷害	斷了幾層誰的魂
叮叮噹噹	灑向大海	降臨了水畔	來自於極天	舊故草木深

6.	7.	8.	9.	10.
沉默的長笛	月下的夜會	天地的領域	夜幕的沙原	淡微花香
鋼琴舊舊的安靜	傾圮的黃金月輪	冰刻白銀的日輪	憤怒之燈的照亮	湖畔溫柔輕語
大提琴的憂鬱	是落於何處	青白的寒歌	顫慄的陰影	語嫣雨煙

11.	12.	13.	14.	15.
雙子之山	情愛之災	落葉使想起	你的巧語	愛之無常
白薔薇的葬禮	映襯冰層的冷漠	那時妳我的約定	充滿誘人的香	給了心愛的人
煙雨撩亂	絕對零度	冰霜卻覆蓋	招蜂引蝶	卻太早走

16.	17.	18.	19.	20.
當時死亡	遠處的葉	昏黃的晚霞	混濁的淚	時常想起
是誰又遞補了	便如妳的髮梢	黑白觸動的瞬間	卻比情更簡單	黑白鍵的約定
如何釋懷	隨季凋零	夜幕卻已落	黑色幽默	妳在哪裡

郭嘉柔的俳句世界：

1	2	3	4	5
花兒凋零	傾聽森林	心無彩繪	披星戴月	五色羽翼
聽那風聲輕輕拂	月光下的飛躍	在他倆親近時	在瑩瑩鏡般湖	巍峨都蘭山上
去淚海	滿弓射出	倏的破碎	連漪炸裂	鼓翅一拍
6	7	8	9	10
漲退浪花	柔柔吹撫	鳥雀低鳴	乾瘦花瓣	蔚藍天際
在殘破礁岩中	嘻笑旋轉著來	輪子轉出笑屬	巧遇難題哽喉	如童年戲耍中
湧出生命	我的名字	欖仁低語	左右兩難	嶹野離離

江雲嵐的俳句世界：

1	2	3	4	5
千言萬語	深邃閃爍	微光水鏡	瞬間閃過	你是否記得
百年生在此緣	臉上柔美輕笑	停佇瞬間破裂	塵土隨之飛揚	我們相遇的時候
一抹微笑	一眼穿心	銀珠碎片	落地無息	那時天很藍
6	7	8	9	10
秋夜微寒	停佇的瞬間	黃暈夕陽	刺穿過的心	空虛房間
明月倚在樹籬	此刻你將屬於我	輕撫角落薔薇	宛如有刺的薔薇	枕上隱約留著
倒影湖面	沉睡的琥珀	嫣然一笑	嫣紅的花瓣	輕柔髮香

這一些孩子的有感世界，讓黃老師想要求她們，改變句子的順序、造成留白。

孩子們說累了。他也放手。

※國語科最後一課是鄭明娳的「放你單飛」。

黃老師要孩子們注意文本中的母親心情和作者使用的修辭學。作者透過類疊、排比技巧，表現出身為人母的情緒節奏。從「我祈望」、「我希望」的排比，「我寧願」、「我更寧願」的類疊，在

反覆六組十二次的句型裡，像母親在產房生產的陣痛一般，寫著這一封信。

問候語「親愛的孩子：」，署名「愛你的媽媽」做為結束。充分表現出中國式教育的「黏」情文化，讓人留在「愛之適以害之」、「放你單飛」中間擺盪智慧。

黃老師說著「一篇作文題目：『放你單飛』。二個星期後交E-mail，我要看看，你們怎麼樣有智慧地，『放我單飛』？」

「妖壽喔！你飛去撞壁啦！」郭丞宏用熟練的閩南語鄉土語言，表達著他的壓力。

黃老師也知道他不會交這作業，看著這可愛的小孩，說著：

「你的羽毛剛長出來，不要亂飛。許多隻麻雀就這樣摔死了。唉！墓也顫動／聽我哭聲悲切／秋風瑟瑟」黃老師又碎語一番，「喔！這水果真『澀』，難吃──」

郭丞宏不喜歡黃老師老是說他是「可愛的小孩」，那是一種沒長大的感受。他噘起嘴高聲說著：「你才是裝可愛啦！老幼稚。」

「老師，放你單飛──讓那一隻小鴿子咕咕叫，趕快讓他飛、飛、飛。」劉傳藤插播著話語，逗起郭丞宏玩笑。

「海鷗，飛在，藍藍海上，不怕狂風，巨浪──」黃老師唱起天地一沙鷗主題曲。

「拜託不要再唱了。Ｓｔｏｐ！我投降，我認輸，拜託你！不要再唱了。」郭丞宏舉高雙手投降，哀求著。

26. 閱讀文本類化寫作

黃老師依是每日從聯絡簿上看著孩子們的俳句。

他在等待「放你單飛」信箱中，出現的第一封 E-mail。

郭嘉柔的〈**放你單飛**〉，讓黃老師滿意這孩子的智慧。

親愛的黃老師：

　　自小學五年級，你擔任我們級任導師後，就放我們單飛，讓我們獨自解決問題、挑戰人生。多采多姿的高年級，我們面對友情問題、情感問題、親情問題……你幾乎放手讓我們獨自解決；學習上，你給與我們自己的時間，讓我們自己操控，自己規劃學習，這不只是讓我們獨立學習，更代表你相信我們長大了，能自己解決問題、自己學習、自己調解心情、自己邁向人生旅程……

　　這對我們意義重大，因為，孩子總是不被相信，而我們卻又無法對大人發出聲音，所以，一個大人對我們的信任是多麼使我們欣慰。

　　要放一個老師單飛，學生必定要自己先學會單飛，才能讓一個老師，飛得安心、飛得快樂。

　　其實，我早已渴望單飛，也試著單飛，我尋找一個能讓自己安心的處所。要單飛，就要堅強，更要冷靜明理；在我國小三年級時，爸爸就已經先教導我，讓我有基本的裝備；現在我，才知道，這是一種愛。國小三年級前，我沉醉在父母的疼愛中，享受每一個噓寒問暖、每一個服侍疼愛，三年級之後，我感受到第一波強震。爸爸和我說，愛的教育會讓別人把你殺光，鐵的紀律才能讓你存活，所以從此，對待我的不是溫柔的警告，是鋼硬的衣架；爸爸所使用的是斯巴達教育，沒有選擇的餘地，一就是一，二就是二，並且要告訴自己：我的感覺並不重要，在大環境中，沒有人會在意你的感覺，不然你要夠強。

　　這些高壓環境下，才生的出鑽石。我還不是顆鑽石，因為在爸爸面前，我根本愚笨的無法想像；可是我渴望飛，爸爸也同意，他說要探險，翅膀才能更硬。

　　我要探險。我不停的問爺爺，可否自己騎腳踏車，在小巷亂竄，我想要認識每一個街道，克服迷失的不安；答案總是令我失望，爸爸同意，但爺爺不同意。一天下午，我拉著妹妹的手，拿了腳踏車鑰匙，偷偷溜了出去。我喜歡自由自在的感覺。妹妹當我的地圖，胡亂的指向每條路，我也照著騎過大街小巷。我感受著單飛的滋味，就這麼騎了兩個小時，也不覺得累。我聽著拂過耳朵的風，他低語，似乎也認為我長大了，能單飛。就當我往回家的路上，帶著滿面笑容踩著踏板，前面出現了爺爺的影子，他沒有帶著笑容。我知道，這才不是單飛，這是偷飛，而且被抓到了。回到家等我的是爺爺奶奶一起臭罵，我還沒長大，他們不相信我去了哪裡，以為我可能去學壞。

　　我現在仍然在探險，是我在冷靜明理的說明後，我不是偷飛，我是單飛。

　　我的單飛在探險已經深受肯定，可是探險之外的，卻被認為叛逆亂飛。我單飛，自己面對自己的心情和壓力，我要讓自己看看自己，所以什麼都表現在臉上，我不壓抑。但這總是被大人說：「她長大了，會耍脾氣了，會鬧彆扭了，會不聽話了。」我想說：我沒有。但小孩發出的聲音往往會被叱責。

　　在我飛翔，我不願傷害到其他的單飛的人，但我總是不小心，這也是我單飛時要檢討的，才能讓我飛得更美。

　　我說話都說得太快，一不注意就傷了人，爸爸常常和我說，我總是反應太快。在我說太快後，有些我可以彌補，但在我壓力太大，沉重的讓我的翅膀受不了時，我就不小心傷了好多人。傷太深太深，這不太能彌補。壓力會讓我變得很怪，會像獸類隨時爆發，然後留下傷口。我要飛得美，不要留下任何一個傷口，所以我試著調整自己的性格，不勉強自

己做事，壓力大時調整呼吸，要不出去走走，雖然我進步的很慢，常常覺得自己不好處，但是我還是會繼續努力，除了自己單飛，更會幫其他受傷的旅行者醫治，單飛不只是自己飛，更要幫助別人單飛。

我還要繼續單飛。但我飛翔時好累，我還是會回到我的祕密小巢休息。

在都蘭的家，往山上一直走，會有一個突出的空地。空地前是大片的海洋，也能看到整個都蘭灣，更能看到海的變化，有夕陽西下的金黃、嶄新一天的天藍、狂風暴雨的鉛灰。後面是蓊鬱蒼翠的都蘭山，我能讓芬多精圍著我舞蹈，我能讓風輕柔的吹乾臉上的淚水，我能讓鳥兒啣起我的憤怒，丟得遠遠的。在我頭上，有一棵大樹，隨時為我遮蔭。這是我飛累後的休息站，狗兒也會陪著我，凝視一切美景，牠總看著海洋遠遠的那端。

我在單飛，所以老師能夠安心的飛、快樂的飛。

當我想念事物，令我傷心時，我會把心中的籠子打開，把這些事物當作鳥兒，讓鳥兒一隻一隻的飛走，使牠們不會變成淚水，而變成永遠的快樂記憶。

而要畢業，我也要把鳥兒放走了，現在我單飛，所以老師也能飛了。老師能夠安心的單飛後，我知道，還有更多要學飛的鳥，更多要在人生中旅遊的雛鳥，等著老師呵護牠們，讓牠們的翅膀茁壯，盡情的揮灑人生的畫布。

我放老師單飛，就能看到那美麗的身姿，我也要飛出自己的身姿，並把老師的身姿當作榜樣；這就是為何要放他單飛，要他安心、要他快樂，要他信任我們；也要他看到我們飛、我們也要看到他飛。

一個人，他曾經迷惘，赤著腳在荒漠中行走，走不出這沙漠。或許，一句話，可以人讓有所領悟，走出這片徘徊以

久的沙漠，並飲到第一口甘泉。每一個人，都有自己的人生跑道，或彎或直。你不知道，只要改了觀點，綠洲不再是海市蜃樓。

老師，您讓我們從這雛鳥、這在沙漠徘徊的人，成為這成鳥、這在綠洲行走的人，您教導我們脫去雛羽，換上成羽，您帶領我們離開沙漠，走向綠洲。

請不要擔心，我會在人生跑道，呵護每一隻幼鳥，我回到沙漠，帶領迷失者回到綠洲；請您放心的飛，也放心的看我們飛。

學生　嘉柔敬上

陳雲愷的〈放你單飛〉

親愛的黃老師：

又是一季輪轉，也是萬物再一次從冬眠到甦醒間的輪迴，夏蟬的鳴叫聲，是我們在小學生涯尾聲聽到最後一次的蟬鳴。那蟬鳴訴說著小學光陰流逝，也訴說著您與我們之間說不完的故事……。

在我的心中，您外表看起似乎隨意而不拘小節，但心思卻帶著細膩與敏捷，您的想法總是那麼的與眾不同、前衛而獨樹一幟，這二年來我們才逐漸瞭解您的苦心，您帶領我們進入文學森林去探險，不厭其煩地一再為我們舖設學習的道路，讓我收穫良多。

記憶中，五上剛開學，大家都是新面孔，您派給我們的第一項作業竟然是——「玩」。

回家後，媽媽大聲地叫我去寫功課，我跟媽媽說今天的功課是——「玩」。

「玩？還是，你是為了不要寫功課而瞎掰的嗎？」媽媽

邊用嚴厲的口吻一邊質問一邊翻開我的聯絡簿。

「真的嘛！就是我那新的怪咖老師出的怪作業，不信你可以去檢查啊！」媽媽仔仔細細的檢查完後，才心不甘情不願的讓我去玩。

隔天，您問了一位同學，說：「你昨天有完成我派的作業嗎？」

那位男同學說：「當然囉！我昨天還玩了超好玩的跑跑卡丁車呢！」

這時，黃老師以裝傻的說：「什麼？阿嬤的列車」。同學們一陣哄堂大笑。

寫到這裡，我必須要承認：您總是讓我們去笑，其實，以往在別的老師面前，我早已經忘了「笑」的感覺是什麼了，嚴肅更是家常便飯；但在您面前，我忘記的感覺不再是笑了，而是嚴肅，您讓我能開懷大笑，讓我找回失去很久的笑容，那種突然令人感覺有點不太真實！

也許到了最後一刻，才會知道要如何珍惜對方；也許，到了最後一刻，才能真正體會到對方說的每句話，都是一顆顆的甜果。其實，老實說，在剛升上五年級時，看見您的教學模樣，我暗自打量著：我到底能在他身上獲得多少知識？我到底能在他身上學會多少的飛翔技巧呢？當時仍是一隻「雛鳥」的我，分析出來的結果是連我自己都擔心起來，最慘搞不好還會是個「零」！但是您的教學手法是帶有「轉化」的技巧，那種新鮮感，在我的心底慢慢融化，融至心房裡的每一角，也是因為有您，改變了我的價值觀。因此，我才發現，當年分析出來的結果是錯誤的，不，應該是大錯特錯，白耽心一場！

您一定還記得吧！您派我去參加現場抽題的演講比賽。

回到家後，我跟媽媽訴苦，說：「怎麼辦！我一點即席

演講的經驗都沒有，萬一上了台就結結巴巴，豈不是讓別人看笑話嗎？我才不想參加呢！」

媽媽說：「沒關係，這也可以讓你當一次經驗啊！而且我相信你有這個能力啦！」

我這時語氣帶點憤怒的說：「我不願拿著我的面子開玩笑！」

隔天中午，媽媽幫我找您說明了一下演講的事情，看看這件事是否還有解決的方法。

那一刻就是吃中飯的時候，您大聲地說：「謝阿伯，找我！」

我大概猜測得出來，一定是老媽跑去跟您講演講的事情了，我暗自堅決的說：「不論黃老師怎麼說，我也一定百分之百的不同意！」

進到導師休息室時，黃老師笑嘻嘻的說：「伯偉，媽媽剛才已經完整的把演講的事情經過，完整的告訴我了。參加這種事，不僅能擁有可貴的練習經驗，也能重新審視自己的能力。媽媽有跟我提到說你怕丟面子，黃老師不是每次都會丟面子嗎？但我透過自我解嘲的方式來抒解自己的心情。所以每個人都要學會「自我解嘲」法，如此一來，不是才有信心面對任何問題嗎？但老師還是很尊重你的決定、你的價值觀！」

吃飯時，我一直在想，是不是我處理壓力或問題的觀念不太正確呢？或許真如黃老師所言，做事要嘗試任何的第一次，在下一次才能做得更好、更完美。因此，我決定要參與這次的比賽，練練自己膽量的極限，也嘗嘗自我解嘲的滋味吧！

因為有了這件事，重新建立我面對問題的積極、正面及樂觀的態度，頓時感覺自己長大了，也更有勇氣迎接新事物，也藉著此事的磨鍊，我才有資格能獨立離開黃老師的身旁，親自體驗翔翔滋味的機會，也才有資格放老師單飛啊！

　　您的行事風格，或許不是每位同學都能接受，但是我直到現在，我一直深信著一個觀點：您對我們這一班的出發點都是「為我們好」。還記得，您派了一大堆的作文，讓同學對您產生排斥甚至厭惡，但我相信您是為了加強我們的寫作能力，而用心良苦。您一定很納悶：「為什麼同學們就是無法了解您的苦心，無法與您當『知心朋友』呢？」我只能對您說：「沒關係，只是他們還沒體會到寫作的甜果，還暫時無法了解您的辛苦。」

　　回憶如飛翔的影像，一件一件的被勾了出來。您總是犧牲自己，在我們的知識、做人、處事的道路上，為我們點亮一盞一盞的明燈，指引我走上正確的路途；讓我們能在求知的道路上，無憂無慮順利的走完小學階段。

　　國語課，您會費心的引導我們天馬行空的去想像，讓我們的心自由自在的去飛翔。這時您會巧妙地設計，把我們拉回來，化成文字展現出一篇篇文章。經過這二年的不斷磨練，連爸爸、媽媽都為我的寫作進步神速，感到驚訝不已，我也養成喜愛閱讀。種種的改變，種種的變化，都要感謝您，所以要用這封簡短的信紙，寫下「謝謝您！」

　　或許，這是一封感謝信，也是六年來的最後一封信了。天下無不散的筵席，很快地，我們就要畢業了，要進入另一個新的求學階段，我現在正試著離開您的身旁，自己體驗著這段翱翔帶來的種種問題、困難，所以不得不放您單飛。不過我相信好老師是不會寂寞的，祝福您能永遠帶著一批新的雛鳥，訓練他們未來也能飛翔於天際！

敬祝您

永遠平安健康！

學生　雲愷敬上

陳諺元的〈放你單飛〉

要贏要贏在起跑點上；不要只為自己而活，也要為別人而活。

如何讓更年期老頭子單飛？我想了很久。雖然題目是聽起來是很困難，而且字數又很多，其實只要抓住更年期老頭子的心，就可以好好的把他一一的描寫出來。

不過前提還是要讓更年期老頭子一看到文章能無思、放心、沒有眷戀的讓自己單飛，翱翔於天際——

可是，我和我爸媽的感情不好，確實沒有什麼事可以談的，所以我以鄰居對我的所作所為來代替好了。這就是我不能自己單飛的原因吧？別說我不夠成熟，其實親子關係已改變一睜睜了。

我的鄰居跟更年期老頭子一樣很愛種花草，不過我鄰居的技術比較屌。

鄰居家有兩個三角形空地，他把後院的地板打掉來種韓國草。他還特地的跑去高山上去摘雪蓮、刺蔥，根本完全不顧生命的安全。

桂花、一串紅、沙漠玫瑰、玫瑰、薔薇、仙人掌、雪蓮、刺蔥，等二十幾種的植物，都是他分支而成的，使得後園變得栩栩如生。

我把我的心都放在了那個花園——

大概我一年級時，他曾經給我一株花苗，我把它安置的好好的，放在花園的最裡面，每天澆水，細心的照顧，經過了一個禮拜，它就死掉了，我哭著去找鄰居。

他用安慰的語氣說：「植物需要陽光，不過不能直接曝曬；而且不能澆太多的水，大概三天澆一次。知道了嗎？——」

「嗯！」我用細膩、幼稚的聲音加一點嗆到的感覺勉強的說。

鄰居再給我一棵花苗，我按照他教我的秘訣來照顧，接過一個月，花果然開了，我開心的拿著花跑去鄰居家中訴說著──

他說：「顏色有點不鮮艷，還需要一些化肥──」

「化肥？甚麼叫化肥啊？」我的童音述說著。

「化肥就是讓植物能長得更碩大，花瓣更鮮艷的一種東西。」鄰居解釋著。

「喔！」我裝懂的說。

鄰居再次給我一棵花苗和一小袋肥料。

我拿到第三株花苗時，我馬上澆水、化肥，經過兩個禮拜我再化一次肥，再經過兩個禮拜，枝幹更大了、花更鮮艷了。我擁有了一大堆的成就感──

之前的兩個花我都還給了鄰居，再跟他要一個花苗，持續了好幾個月，一轉眼到了二年級還在種，三年級以為自己長大了，沒有再種了──

他也以這樣的方法教我養過孔雀魚。第一次我把魚飼料加的滿滿的，放在家門口，三天後變成了浮屍，我一樣去找鄰居。

「你的魚飼料加太多了啦！魚飼料用手抖一下就好了。而且水不可以照到太多太陽，不然會太熱。我想你的魚是被撐死和熱死的──」他說。

第二次我還是照著他教我的方法做，果然活了很久，從此以後，我就有了自己的小魚缸，裡面有蓮花、孔雀魚、大肚魚、大萍。使得家園變得好美麗──

都是因為鄰居，讓我曾經有了自己的夢想世界，一個大花園、大魚池，裡面的植物是全世界的花草樹木都一種。

　　鄰居也有養牛，他曾經帶我去看過，從本來的兩隻牛，慢慢的到了三十幾隻，我還看過他牽牛、幫牛扣鼻環，經歷過許多驚險的一刻——

　　第一次帶我去時，他找一隻那裡最溫柔的牛，把我抱到牛背上面，牛背上因為視野很好、風很涼，使我的手慢慢的抱住牛，準備要站起來，不過當時我的膽子很小，不敢站起來。我大概坐了三分鐘，鄰居就把我給抱下來。他應該準備要幹活了——

　　我看過六次的牽牛，牽牛時鄰居都固定抓一隻牛，那隻牛一走，牛群就開使移動了，我想那隻被牽的牛應該是那邊的女長老吧？

　　看了六次牽牛之後，第七次他要讓我牽看看，我使勁拉著那隻女長老，她終於走了，我把牠牽到鄰居指定的地點，到達時，我撫摸牠的背。也許他已經接受了我——

　　鄰居每次要召喚牛時，只要叫一聲，全部都會過來，但是我叫了十次，只有四次會過來，功力果然沒有那麼屬害，不過我知道我的功力越來越強了，但是還是跟鄰居差了十萬八千里——

　　「扣鼻環我看了四次了，我想他應該不會給我用吧？」我猜測。

　　「諺元，下次給你用用看好不好？——」他相信我說的。

　　我準備要扣的時候，鄰居指導著我，我成功後，我高舉雙手，自得其樂，他再把鼻環調一下——

　　趁鄰居不注意時，我走到牛身後，被踢了一下，被踢到當時，手整個沒力，經過三個小時還是有點麻麻的，都沒有一絲絲的感覺，兩個月整個左手都沒辦法做什麼工作——

　　我記得還有一次，我和鄰居去挖水時，發現水桶裡有一隻原生的土青蛙，我把牠給放生了。

　　鄰居還跟我講：「這種青蛙只有台東有，現在台東很稀少，可以算是保育類了——」

　　有我的鄰居陪伴，讓我有個不一樣的童年，有用生命換來的、親身體驗換來的，他以大自然為基礎來教導我。回想起來，我變成一個小牧牛人，與牧夢小說中的米久一樣同等級；我開始覺得我是另外一種的小樹兒，比較會耍大牌的小樹兒——

　　「管他的，我能想像——」我在雪蓮旁定下這句話，這句話伴隨了我整個小學生涯——

　　老鷹的羽毛，輕盈的漂到我頭上，我能聽得見——

　　人生哲理、讀書方法，這兩個大話題不知道在我耳邊沉浮了多久？

　畢業前的這一週，孩子們做著自己的事。

　補交作業、整理教學補充資料準備膠裝成冊、忙著請大家簽名的在校園中尋索、聊天的、畫漫畫的、閱讀小說的、瘋起韓國合唱團的哈韓粉絲團隊——教室生活活絡成自然生態景象一般，各有群落消長。

　黃老師，進進出出導師室，他在構思一種好的感覺。

27.　我愛你——六年五班　閱讀音樂人生

你的最後一眼看什麼都可愛。——那種說出「停止，你真美？」唉，到我這年紀，生命怎麼都美好。我是說，除了生命本身沒什麼我該追隨的。而山丘的另一邊將無粉紅藍紅的雪（1/9）。

〈海浪——春天的第一天〉

維吉妮亞‧吳爾芙 1940-1941 年日記節錄

畢業典禮的前一天，蟬聲從晴朗的陽光中穿過。

畢業的跡痕節奏，半拍子、半拍子行進著，如蟬鳴喜樂。畢業系列活動近了尾音，低聲地、低聲地漸次消失。

如一首曲子的尾音，令人的耳朵想要追求聲音的來源處；令人的思想急欲追求，那即將瞬間的消逝感；這樣如黃昏的海平面，這樣如盡頭——這樣綠光般的美麗，來去總也是一個聲音與光源。

黃老師在班上和孩子說著許多話別之語，他說：「畢業典禮當天，班級導師的祝福詞，每位級任導師準備一百字以內的說話稿，送給自己班上的孩子。我只有準備七個字。」

孩子們要求他先說一說，他不肯。

他說：「這是內心深處的七個字，我還在修改內容，直到手上握著麥克風，說出話來了，才是定稿。敬請期待、敬請猜一猜！」孩子們覺得他不有趣，拌小丑臉、吐舌頭、挑動眉毛的，聚成欺負老師的抗議表情。

這一天的兩節課，他發下空白紙、準備音樂 CD 片「卡農的深琴密碼——月光下的鋼琴聲」。

黃老師在黑板上寫著：「閱讀音樂——這一首曲子在表達什麼？」

他沒有公佈曲目名稱，只寫著「第七首、第十六首、第十一首、第十首、第五首」。

每聽完一首曲子，孩子們即快速書寫，文字敘述、文字素描內心的覺受。

黃老師先播放第七首「Romance」羅曼蒂克，這是韓劇「藍色生死戀」、「禁忌的遊戲」主題曲。

陳雲愷寫著，第七首：

1. 表達單獨的愛情，我想像到他的愛人已漸漸的離開，他獨自坐在鋼琴前，談訴他對愛人那份濃濃的愛意。

2. 表達回憶的親情：我想像到他的家人可能已經死去，他坐在鋼琴前，談訴小時候和家人的美好時光。

吳冠志寫下第七首：

> 這首歌叫綠袖子，是一個流浪音樂家對女生朝思暮想的故事，一開始聽到的低音，是在說明綠袖子對女生的思念，後來的高音是在說那個女生對他的思念，中間插曲(一)是在說他們之間的阻礙，中間插曲(二)是在說他們終於相見了，但最後卻又只能抱著思念而終。

賴奕軒捕捉的第七首：

> 表達音樂家追求別人起起伏伏的心情，以及他的情感。中間有一段高音段，是我覺得最棒的一段，因為劇情最好聽的時刻，因為明明追到了，卻又被拆散。
>
> 黃老師播放第十六首「Somewhere In Time」似曾相識。這是電影「似曾相識」的主題曲。

蔡紀韋的第十六首：

> 像是朋友或者是別人離去，帶著一點悲傷，但也賦予了一些祝福開心的送他走了。

劉傳藤則是寫下簡潔的第十六首：

> 失去、冷清。

郭嘉柔的第十六首，有感的述說：

> 鋼琴的高音演奏，感覺有如在聆聽一個靜謐的聲音，而且來自某種東西深沉的底部，管弦的合奏有如共鳴，柔中帶勁，所以是在訴說傾聽一個生命的心中聲音。

而蔣亞涓的第十六首，不一樣的感覺歷程，說著：

> 表達要離開的不捨。這首曲子聽起來很沉重，但又在沉重的節奏中，加一些聽起來比較輕快的音符。整首曲子聽起來有要離開的不捨，但也有期待下一個旅程的快樂。

他按下第十一首的曲目「Inside Of My Guitar」伴我吉他。這是偶像劇「狂愛龍捲風」常用的背景音樂。

蔣亞涓的第十一首：

> 這首曲子要表達「雖然要分離了，但我們永遠還是好朋友。」

鄭慧珮的第十一首，有著敘述性：

> 我覺得這首曲子在表達有點農村味道，好像是耕完田，然後踏著輕快的小碎步一路上跳躍著，哼著自己的小曲調，最後回到家。音樂開始慢了下來，愈來愈慢，直到結尾。

郭嘉柔的第十一首：

> 一種充滿愛的言語，能感受到一種不捨。

黃老師在教室中瞄著孩子們的文字表達。

他隨著播放第十首「Be Thou My Vision」，成為我的異象。

黃老師說著：「這一首曲子，有三個子題要回答。」

「第十首：聽完第十首後，寫下你的音樂閱讀。」

「第十首（a）：加了西元第八世紀，愛爾蘭著名民謠、愛爾蘭在地球上的地理位置資料後，再聽一次，寫下你的音樂閱讀。」

「第十首（b）：加上英文曲目，請聽完後，查英文字典，翻譯定題出中文曲目。」

陳雲愷寫起第十首：

> 表達成長後的自己，我想像到這位音樂家，對小時候的自己，以及長大後的自己，感受深刻。一路成長上，一路的

艱苦，用鋼琴來表達自己的經歷。

第十首（b）：〈你成為我的遠見〉

吳冠志的第十首：

這首是帶有民謠風的曲子，曲中的笛聲，讓我們可以清楚的聽出他要表達的悠閒自在，幾個重複的音，讓聽者有看到大海的感覺。

第十首（a）：西元第八世紀，愛爾蘭著名民謠。

第十首（b）：〈成為我美麗的幻影〉

鄭慧珮的第十首：

我覺得這首曲子再表達像是童話一般，有種夢幻的感覺像是在夢境中遊盪一樣，讓人非常想進入夢鄉。

第十首（a）：第二次聽的時候，讓我感覺更像童話中的歌曲。

第十首（b）：第三次聽的時候，讓我感覺更像童話中的歌曲。

林怡苓的第十首：

從第一次不去是到最後的低音漸漸到高音，像翱翔的小鳥，從低飛到高。中間的笛聲，就像在呼喚小鳥一樣，讓他加緊腳步，飛往不知名的世界。

第十首（a）：加了西元第八世紀，愛爾蘭著名民謠、愛爾蘭在地球上的地理位置資料後，再聽一次，聽起來像大家在海邊，快樂的慶祝豐收的漁獲，盡情的唱歌、跳舞，一旁有人在伴奏笛子，表達人民快樂的模樣。

第十首（b）：加上英文曲目，「Be Thou My Vision」。我的中文曲目翻譯成〈汝成為我的美人〉

最末的第五首「The Sally Gardens」莎莉花園。這是電影「英雄本色」主題曲。

林怡苓的第五首：

> 表達心中的不捨，要離別了，面對未來不知該麼去過，所以才會用愈來愈低的聲音去演奏，來達到心中的不捨。
>
> 曲子愈來愈低沉，帶給聽者心中的感受愈來愈沉悶的調子。

唐可歆的第五首：

> 表達我們已經長大了，可以自由了，也可以放我們飛翔。這首歌也很適合在結婚典禮播放。

徐敬敏的第五首：

> 我覺得這首曲子是在表達很愉快的，他從頭到尾都是很愉快的，然後有點像要離開的心情。

鄭慧珮的第五首：

> 我覺得這首曲子在表達分離，讓人有種雖然要離開內心像在滴血，但是表面上卻非常開心，好像在說：「再見了！」

蔣亞涓的第五首：

> 表達要分離的不捨。這首曲子的節奏聽起來很傷心，但又有幾段的節奏聽起來愉快。整首曲子要表達「就算要分離了，但我會永遠記得你們。」

整個書寫結束後，黃老師收回卷子。許維恩第十首（b）的中文曲目翻譯為「成為你我的幻影」讓黃老師欣喜著。

最後黃老師把所有曲目，影印給每個孩子。他說：「今天老師為什麼要進行音樂閱讀教學？為什麼在第十首要加上（a）、（b）兩個子題？」他停頓了一會兒，閉上雙眼說出第一個層次。

「因為閱讀的第一個層次為『有感閱讀』：老師要你們純粹與音樂發生關係、發生純感受，是你自己與曲子、旋律、節奏的關係，與他人無關，這是你自己的享受。」他腦中似乎是根據一首，正在腦內演奏的戀情故事曲子而說著，像個指揮家的神情與純粹的個人式詮釋。

「第二個層次會因為一些資料、一些分析的理解，讓你修正自己的覺受。如果你參閱每一首曲目的音樂作品曲子分析，你參閱音樂創作作品裡的創作年代、背景、那時作家感受著的人生故事；你會讓故事透過音符的高、低，情緒的起伏、轉折、跌宕、迂迴，再度『活』起來；你會更加細膩的品賞一首曲子，進入一個屬於你自己的全世界，這是你的感受與知識的結合。」他對全班孩子說出自己的看法。

黃老師喜愛純粹地有感閱讀，純感受地去覺察在我的身上發生什麼內涵？再則喜愛知識的內容分析後，更深刻地重新進入作品有感、重新詮釋、重新修正；最後他會以一個句子、一個譬喻、一個象徵，來為自己的閱讀定格。他喜愛嚐嚐每一個工藝的細膩表現，讓知識成為支持浪漫行旅的力量，讓美為自己打扮內在生活點滴。他對任何追求均是如此，也如此以這樣的對話程序和朋友往來陳述生活樣子。

賴奕軒、吳冠志、林怡苓專注地聆聽老師畢業前想說的話。

「第三的英文曲目，老師希望你自己查出英文單字，自己為曲目定題，這是你愛的歌，你要自己詮釋發生在你自己生活中的曲子。」他繼續說著。「每一年聽同樣的曲子，每一次都會有新的美感。老師期盼你們的生活美美的、期盼你們的生活幸福的！」他看著每個孩子。

「去定義你自己的生活幸福！去操作你自己的生活美學！去詮釋你自己的生命成就！我愛你──」黃老師在放學鐘聲響起時，說完這一段話。

孩子們放了學，教室只留下許維恩和陳諺元幫忙整理教室。

黃老師想著：事隔多年以後，每次閱讀朱自清的散文「背影」，每一次都會有新的美感經驗。

今年，他和喜歡閱讀、寫作的一些孩子分享「背影」。黃老師把場景意象，拉到台東舊火車站的月台。這裡有台東孩子們可感知、可意象、可模擬的先前經驗、先前知識；他上這文本前，獨自坐在月台上，讓雙腳下垂晃著，看著月光下的軌道延伸出遠方不可知的遠方。

他曾想著：「語文教育的閱讀與寫作，是當扣準文學教育這一重要任務：『成為一個對生活有感、對生活有覺的素樸之人』。」

他問著孩子：「題目：『背影』兩個字，會讓你聯想到那一些語詞？」

「如影隨形」、「形影不離」、「杯弓蛇影」、「影子」、「陽光」、「不會注意到自己的影子」──孩子的世界是有意思的。

「『鐵軌』，會讓你聯想到那一些？」

「平行線」、「不相交」、「軌道」、「鐵心腸」、「長鏡頭」、「遙遠」、「消失」

「『月台』，會讓你聯想到那一些？」

「送行」、「接人」、「離別」、「相聚」、「來來去去」

「『南京謀事』、『北京念書』，我們便『同行』。這會讓老師聯想著『南少林、北少林』、『南轅北轍』、『南來北往』──」這一些感受也因著年歲，讓過了中年危機的他，特別有感。

「等他的背影混入來來往往的人叢裡，再找不著了。」他指著文章唸出聲來。

「人叢裡」為什麼不寫「人群裡」？作者朱自清到底怎麼了？

「『叢林』比較神秘、比較恐怖嘛。」一個五年級的孩子給了黃老師提示。

那一次兩個小時的教學時段，他們分享著「作者的掌鏡技術」、「作者的意象」、「作者的用字遣詞、象徵意涵」、「作者的人生『背』包，背了一個『影』子。其實，因為沐浴在教學中，一群孩子讓他不斷地翻新自己的閱讀視角，教學相戀。

黃老師也想著：三十歲時，為父親寫的一首短詩。

「我、阿爸」

> 阿爸坐在睡出棗紅的
> 竹編涼蓆床上。
> 我幫阿爸扣釦子，
>
> 扣好一個又一個，
> 扣好一個又一個，
>
> 扣著扣著；
>
> 我把臉頰也扣入
> 阿爸的脖子裡。

每次，他都會回到溫馨的心靈小空間，父親與他的所有行動，他愛這個心中的偉人，無可取代。

這站在父親的背後，伸手穿過父親的腋窩，幫他扣好每一個釦子的影像，讓他愛上年代的感覺。

28.　畢業班導師祝福詞

戴斯蒙有次對我說「你真正的生命，就像我的，是活在意念當中。」（1/26）

〈海浪──春天的第一天〉

維吉妮亞・吳爾芙 1940-1941 年日記節錄

畢業典禮當天早上，黃老師還在修稿今晚的「導師祝福詞。」

這天教室窗外飄灑雨絲，整座中央山脈煙雨迷濛，白紗籠罩，濛濛的氛圍乾乾淨淨的像這天。

孩子們在教室放送自己喜愛的樂曲，教室中一片自得其樂。

玩棋的、看武俠小說的、聊天的、忙著在衣服上簽名留念的、找科任老師說說話的、幾個人在教室一個小角落玩她們的朋黨歡呼、開導師玩笑的、數落老師缺點的今天少了。

黃老師看著典禮會場佈置的主題文字：「懂得再見，綠色茄苳思念，日記附小──」

他思想著：五年級帶這個班級的孩子，在茄苳樹下進行主題教學「現場寫作」。

這樹下蔭涼的影像，成了他們師生之間的第一次「閱讀、寫作」見面禮。

修辭學中的摹寫技巧訓練，如繪畫者的素描訓練過程。

繪畫者在現場中，感受光影的所有一切；繪畫者在現場中，親自見到瞬間的變化，所有景物因為風、因為光、因為心境，展現出「活生生」的動人之容，所以繪畫中有生命成長的感覺、繪畫中有專注在美的片刻，令人生命悸動。

我們都是追求夢想的人。

我們都是文字素描者的本來樣子。

這晚，黃老師慢調子說著：「我愛你──六年五班。」

全班同學在會場中的驚聲尖叫，讓整個畢業典禮出現波瀾，聲波如漣漪來回撞擊、回眸。

孩子們的波波心田，如音樂曲子中的餘音，繞起相處過的每一個記憶。

昨夜滂沱大雨，第二天的茄苳樹下，水泥地面上積聚雨水，成了一平面的小水池。這鏡子一般的平面，呼應起過去的年華；葉綠尖頭上，掛不牢的雨珠滴落。思念是漣漪，一圈一圈滑行的美麗人生圖騰。

校園靜謐在潔淨的雨後。午休的六年級教室長廊，如五線譜上的休止符。

空白，也因為是這樣，尋找這樣的幸福，了不可得。

29.　教師教學省思

七月，夏日。

看著太平洋的藍色打字。

夏季的涼風從不曾消逝在長廊迴轉，校園演繹著暑假的靜生活。

心靈的每個章節、每個篇章，都能回到自己的身上。

聽鄧麗君乾乾淨淨地用聲音書寫音符，

我想我們不用等待太多的話題來學習。

在這樣的教室獨自一人，

我想我們不需要太多的人生稱呼語。

手沖一杯乾河黑咖啡，啜吸南風的視覺，

偷抽一根大衛細條香煙的盜墓情節是老者的最愛，

有時不知不覺地，幸福就來找上你聊天。

天南地北的自言自語、橫座標縱座標的自我行走，

看黑板上留下的白色粉筆字形，

看小學高年級學生的課桌椅都是空的，

我想起那一天在眼前，和許多小孩子童言無記，

原來幸福本來就不孤單。

——白佛言 2011.08.03.

　　黃老師看著自己完成的教育資料儲備表，看著列問類別的「文章之內（細節、綱要、大意）／文章之外（主旨）」、「生活應用／閱讀自我」、「寫作技巧」、「修辭學／寫作思考」。看著手機上留下來的教學片段。他的日子總是在愛上工作。

　　因為黑板是綠色的大自然，所以他灑下許多種子。他看著地球儀上的海洋、陸地、城市、鄉村、山林、河流——他對每一個陌生的地方感到好奇，是一個大孩子。

文章列問層次與列問類別															
布魯姆教學目標	文章之內（細節、綱要、大意）／文章之外（主旨）					生活應用／閱讀自我					寫作技巧				
	形式內容	篇	段落	句子	字詞	形式內容	篇	段落	句子	字詞	形式內容	篇	段落	句子	字詞
文本綱要		首段		中段								尾段			
認知類											修辭學／寫作思考				
七　創作															

六	評鑑																
五	綜合																
四	分析／比較																
三	應用																
二	理解																
一	知識																
技能類																	
六	自我表現技能																
五	獨立式練習																
四	半指導式練習																
三	完全指導式練習																
二	示範技能與說明																
一	講解																
情意類																	
六	實踐價值體系																
五	公開表達價值觀念																
四	選擇一項價值觀念																
三	反應																
二	接受																
一	因應																

（與學弟張清斗討論『黃連從教學案例之研究碩士論文』）

（與孩子上『跑道』人生思想）

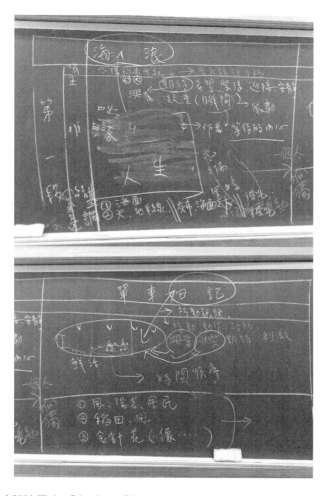

（與孩子上『海浪』、『單車日記』寫作風格、寫作思考）

（與孩子上『如何審題』以『時光隧道』文本為例子）

第二十章　想創作　如果

　　五年級下學期課程結束前，黃老師看著五年級上學期的作文簿：1.廣角鏡頭、特寫鏡頭摹寫『雨』。2.現在是秋天。3.我是一個怎樣的老師。4.友情與愛情主題作文（散文）。5.情感情詩作文（新詩）。6.鹿野校外教學。7.無題比較閱讀寫作。五年級下學期的作文簿：1.春天（論說文 1200 字）。2.談數學學習（論說文 2000 字 ）。3.談國語科學習（論說文 2000 字）。4.友情與愛情主題作文。5.情感情詩作文。6.新詩（30 行）。

　　這樣的作文簿類型，除了配合文體、配合寫作教學計畫、配合學校生活活動之外，他還想著從寫作中看見孩子們各科學習的文字敘述綜合能力。讓孩子在學校的知識學習生涯，是這個年齡層的學習主要樣貌。而寫作的主要目的是紀實自我的一切——

　　他想跨越小學高年級生閱讀與寫作的諸多可能，他規劃著六年級上學期的作文簿：1.小說寫作（6000 字），一個學期好好的寫完一篇練習性的教室小說。六年級下學期的作文簿：1.配合第二課沈芯菱市場觀察寫作（3000 字）。2.體悟春天（2000 字）。3.體悟春天長詩（50 行）。4.第五課廖鴻基的文本（1200 字）。5.畢業成長營（2000 字）。6.俳句書寫（30 首）。

　　寒假前，他突發奇想地，想和全班同學共同完成一本教室小說寫作，從五年級的學校生活書寫開始。他向全班孩子提出書名：「如果」。說明「如果」這假設關聯詞有諸多意涵，充滿各種挑戰、合作、想像、未知。把此二字猜解成「如，果。」則是我們班上證實著一件事：不可能的任務。人類的許多努力成果都是由於「如果」的提問而開端的。

　　孩子們興高采烈地想參與，他則說：「雷聲大，雨點小。這樣也美麗。」

　　「我們做給你看。我的武俠小說已經四萬多字了——」吳冠志以自己的創作實力發言，神氣地壓過黃老師。

　　「喔！那就看看是花和尚魯智深，還是八十萬禁軍教頭林沖？」黃老師語出水滸傳小說人物，吳冠志有點摸不清那是褒抑或貶，暫時靜觀下回分曉。

　　他先傳上第一章「溫度，十一歲」檔案在班級信箱中，請孩子下載。班上同學接寫的內容，他會一併傳上檔案，共同創作。

〈如果〉

第一章　溫度，十一歲

作者：白佛言

　　十二月二十四日的早晨。寒流拜訪這個島嶼的凍冽，在回暖的光芒中融入了溫情。東邊的太平洋和西邊的澎湖水道、台灣海峽，有新的黑潮蠢動。東部漁民靠海的日子斬獲了大批銀白膚色的旗魚、鬼頭刀魚，富崗漁港是笑容與勞動的船舶聲混雜的交響樂，不規則的生命集合。

　　海藍無限擴展的神秘海域，是他敬畏的虔敬與沉默所無法言喻的。後山日先照的清晨也是靜謐得令人無法捉摸，淺紫色、粉紅色、深桔色、藍色、白色的光芒之前，黑暗剛甦活的迷迷濛濛裡頭，有溪岸鳥雀的聲音回響在陡峭的峽谷，有海潮的節拍器，固定地拍打東部海岸線。沿著台 11 號縣道正巧可以走完東部海岸山脈。

　　如果，他們的家鄉在中央山脈與海岸山脈沖刷的縱谷平原裡。這中央山脈瀉下來的自然水源孕育這處高山、台地、平原。卑南溪的歌聲日日夜夜，緩慢的步調生活著，阿美族、布農族、排灣族、卑南族、魯凱族原住民之歌，席居這裡的客家、閩南也合在這塊土

地七、八十年，變化是一首慢拍子，南嶼小島的達悟族因為沒有人多加關切那兒，那兒也少了一分物質薰染的氣息，南嶼小島的獨木舟、飛魚祭成了獨居世外桃源的神秘家鄉。

可愛的人的樣子樸實這空氣，或許再找到這樣的笑容，或許是在某些人的深刻記憶當中存活。

從台 9 號縣道關山、海端、初來上行台 20 號縣道進入中央山脈、霧鹿、利稻接著 3221 公尺的海諾南山，這新武呂溪的源頭，也是櫻花鉤吻鮭魚的故鄉。

從台 20 號縣道利稻，向陽、啞口，3602 公尺的向陽山繼續西行的檜谷、天池，這一條南橫公路，連接著玉山山脈下的荖濃、六龜，又是另一條先民的溪流故事。

他們是個小學五年級的孩子，十一歲。從學校三樓走廊俯視的茄苳樹上，烏頭翁進行著記憶性的巡禮，孩子們看牠們昨日的早晨也是這般歡樂，歡樂長成了記憶。如果你曾在意牠的存在的價值或是你曾回想牠的愉快，這一切又會重新回到我們無法再擁有的時刻，再度朗現。

下自己的世界。有時他會思想起：「萬事萬物都是為著記憶而活？」

他們十一歲。一個步入中年，四十八歲的班級導師，在雨季剛過完的季節來到他們班上。雨，會令人想像許多美麗的世界，令人想起卑南溪的山嵐瀰漫，令人想要歌唱。這天下午許下了微雨，好似許下的諾言一般，諾言在可見的中央山脈化成靛藍色的染布，雲絲在山稜線上方悄靜地呼吸，呼吸成了雲絲編織起來的薄紗，隱約可見的隱隱約約，從這雨來的時間和卑南溪出海口，傘形一面。

「小矮人！不要笑成這個樣子啦！很恐怖呢！那個白雪公主會嚇呆了，幼小的心靈會受到傷害！」黃老師輕撫郭丞宏的背脊。他們在教室的第一天，是這樣碰著這個老師的印象。

第二章　愛之苦

小五　郭嘉柔

　　冬神，悄悄的降在每個小角落；一股涼涼的氣氛，從四面八方緩緩的撲襲湧溢而來。

　　我獨自一人，靜靜的坐在昏暗的小牆角，若有所思的眺望遠方。一陣舒爽的涼風吹進了暖暖的心房，偶像的倩影浮上心頭。

　　踏著輕歌，邁向那充滿歡笑的學校，淡淡的微笑還黏在嘴角旁。每每剛上課時那震耳欲聾、分貝超過 70 的談話聲在教室中迴盪，使我忍無可忍的想開罵時，他溫柔的笑靨、快樂的談笑，總是一個勁兒的把我的怒火澆息，意識我放鬆、快樂些。

　　削瘦的黃老師，站在講台上手舞足蹈的逗我們開心，「誘拐」我們學習；此起彼落的笑聲漂浮在空氣中，他的笑聲穿梭划行在我的雙耳中，我開心的發麻。閃爍的清澈眼眸，清晰細緻的五官，炯炯有神的眼睛，高挺的鼻樑，緊緊揪住了我的視線。只會呆呆傻笑的我，眼睛若和他對上了，可怎麼辦哪？

　　偶爾，我拉起小甜甜的手，看著他打球；呆呆的看著他在球場上的英姿，看著他瀟灑的揮灑著汗水，看著他抄球時的輕淡微笑，看著他灌籃時的認真表情。只要他投了個空心球，我在心中，便會大聲幫他加油！連棋子也會拿出來揮一揮！

　　每天我都可以看見他，但感覺起來就覺得我們好像一個在南極，一個在北極，永不得的擦身而過。我感到無比的空虛，前面無比的渺茫，有著與世隔離的孤獨。

　　有的時候，心口被人用力劃上深深的幾刀，或者插上幾隻利劍，我都獨自一人靜靜的舔舐傷口；我還是用那可憐、渴望的眼神凝視著他，希望他能安慰我、幫我加油。但每一次，也只能看著他的背影逐漸變小，變得朦朧，希望也跟著和小鳥們飛了，走了，去另一個地方了。

　　我總是和自己說：「你雖然不能彩繪他的心，但你一定要默默為他放著光，赴湯蹈火、在所不辭！」現在想起來，還覺得有點神經病呢！

　　欣賞了別人那麼久，好感也會慢慢的增加的，不知道為什麼，我居然喜歡上他了！忌妒心也變得的好強！結果，等我一知道他很喜歡我們班一個女生，心就像撕白紙一般被撕個粉碎，肝腸寸斷，撕心裂肺。

　　那時想到這兒，一串淒淒的淚珠便會淌在心底，自心湖便會泛起一絲冷冷的淒悵。

　　現在，快樂已在我臉上住了下來，我讓「隨遇而安」這四字印在心；我一樣欣賞著他的籃球，但把他當成了朋友而不是深愛的人。雖然在我心裡他已褪色成了白色印在心上，但最甜美的粉紅色回憶仍繼續彩繪著他。

第三章　懂事

小五　郭嘉柔

1.

　　這張不知如何形容的面具，是傷心，是生氣，還是絕望？

　　老師皺著眉，坐在木椅上沉思，他嘆了一口氣，問：「你們知道老師的心情嗎？」

　　「生氣？難過？討厭我們？」台下傳來嘁嘁的猜測。

　　他搖搖頭，輕聲說：「老師只是想，要怎麼教你們？」他又說：「這一次我們和五年二班比了籃球賽……」，他看了看小朋友們，「友誼賽。二比二十，很差。我們班和他們班差太多了，這是事實。」

　　他嚥了口口水：「所以他們說我們很爛。」他看了看幾位小朋友，問：「那，你們的感覺是什麼？」

　　他意識著一位女同學站起來。她拍了拍裙子，說：「我覺得我們被侮辱了！我超生氣的，而且他們還在網路公開，我覺得很丟臉。」她看了老師一眼，坐下。

　　「喔——」老師把她的感受寫在黑板上，問：「所以你們寫紙條互罵囉？」他們抿著唇，兩眼發直。

　　老師繼續說：「發生了這種事件，你們以不雅語言解決，所以，校長定了兩條方案。」

　　他拍拍黑板，叫醒不專心的同學：「第一，你們的『春運』被取消了！」台下一聲長嘆。

　　「這是你們得付出的代價！因為你們缺乏運動家精神、沒有那種運動品質，也沒有那種風度。」他揉了揉額頭，說：「代價。『價』，價值的價。」

　　「第二，老師教育你們的時段，列入觀察。」台下同學低下頭，摳著桌子抱怨。

　　「同理心。」老師發紫的嘴脣擠出三個字。「不好了解的話可以說『同情心』，」他寫在黑板上。「同情心就是『心情相同』。」他看看台下的小朋友，拉長音複誦：「心－情－相－同－你們的心情有和老師相同？」

　　一個同學低聲抗議，是自言自語還是怯怯抱怨，說起：「誰知道你的心情？又沒說，我怎麼和你相同啊？」老師似乎沒聽到，鬆了一口氣。

　　接著下來，老師什麼話也沒說，只是拿著粉筆寫下「智慧」兩個字；在「智」的右下角寫上「『力』，智力」。在「慧」的右下角寫上「『細』，慧細」。

　　看到了慧細二字，同學們不免露出疑惑的神色，什麼是慧細啊？「慧細，『細』是超細心，懂嗎？」老師察覺到了，試著做解釋。

　　「你們有智慧？」接下來的是一片沉寂，同學們在思考。

　　嗯，答案不揭，靜靜思考吧！

2.

一天早上在與校長會談後，全班，也包括老師，帶著一張臭臉回教室。

老師的臉皺成一團，眉毛緊促，拿著教學棒撐著地。

他開口了：「你們有沒有發現，老師平常在校長說完後都會說：『謝謝校長！』，但今天沒有？」不等回答，老師氣得繼續說下去，音量慢慢放大：「你們不覺得，罰單開太多了？一次事件一張罰單，不可多罰！一張罰單怎麼開都行，判死刑也可以，就是不能一罰再罰！你們要承受的只有一張罰單，可是你們看看！」老師開始在黑板上記錄，等到記完了，才說：「開會、朝會、會談、面談！重覆的，又開了七張罰單！這不是你們必須背負的！你們反省過了，檢討過了！我們守護我們的自尊心！」

老師寫在黑板上：「自己尊重自己的心情」。

「你們很委曲吧！」他輕聲的說。

他又寫了一句話在黑板上，算是安慰吧！

「挑戰生命是一回事，反叛生命又是另一回事。」黃老師說，這是夏山學校尼爾校長的一句話。

我們是在挑戰生命呢？還是在反叛生命？

沉寂兩個多月後，班級的「海浪」課程書寫作業、作文簿上的小說寫作六千字，讓許多孩子忙不下來。幾經邀稿，孩子們躲著黃老師：「我很忙。要去補習班上英文、數學、上小提琴課、上畫畫課。快累死了──」

黃老師每聽一門課都點一下頭，他連續點頭後說著：「拿綠卡啦！」

「你有病喔？」賴奕軒說著。

　　「我生在這裡，長在這裡，這裡是我的國家──中華民國，中華民國──」蔡紀韋從第一組輕聲唱出歌詞，陳明群幫他和音。

　　「喔！在這個班會瘋掉。」吳冠志抗議著。

　　「每年你帶的班級，大隊接力都是最後一名。一聽到班級導師名字是黃連從，你以前教過的學生都會肯定地預言：『你們五年五班，六年五班，大隊接力一定是最後第一名。』很靈也。」王蕾玫在黃老師面前的第三組發話。

　　「你是說：『校慶運動會？』、『每年的』校慶運動會？」黃老師問著。

　　「對啊！對啊！我上一次碰到新生國中的學姊，她們也都這麼說。」蔡育泓接腔著。

　　「啊！『綏』──遠路啦。」吳冠志整理書包準備離開教室。

　　「拜託啦！再給個機會啦！求求你啦！」黃老師打起圓場，「啊！不說了，下課。」

　　「沒品！他溜了──」郭丞宏可沒忘了要補上一句。

　　「郭丞宏！你作業交了嗎？」洪詠俞的一句日常用語，制止了他。

第二十一章　尋找這樣的幸福

我想把爬上山頂——那個持續出現的景象——做為一個起始點（11/23）。

〈海浪——春天的第一天〉

——維吉妮亞・吳爾芙　1940－1941年日記節錄

1.

想到每一個孩子，黃老師有他自己的獨處面貌。

那一個孩子徐潔玲今年已是高中二年級的學生。那一年國中畢業時，徐爸爸希望黃老師為這孩子寫一封推薦書，協助這孩子就讀推薦的學校。

黃老師找出這孩子國小時期的評語和存檔的作文簿，他寫著：

徐潔玲是一位主動閱讀課外書籍，能深入作者的情感表達與思想世界，來體會自我與他人人生課題的孩子。

當上她五、六年級的小學級任導師，每每於課程中的討論活動，發現其與人合作愉快，在分享中尊重友伴的學習成長經驗，並樂於了解自己的成長歷程，保有自己的獨特性。她在活動中完成自己的生活故事，保有赤子之心。

這一直保持著主動性的學習樂趣，具有了解友伴關係的同情心，並表現出對友伴之間的社會性支持情感，著實令一位老師感動。

這一些特質，在她文靜、沉思的外表上是不易察覺的，往往是在班級生活中，慢慢顯露出她對人的關懷。

　　想起這個孩子時，我會想起她小五寫下的這一首詩篇「無題」：

無題

　　我的夢中，有一個人正在等待我，不知何時能再看到你……
　　我的夢中，有一個人正在看著我，不知何時能見到你……
　　為什麼你都躲著我，不讓我看見你，請你不要再躲藏了！
　　　並且說，我愛你直到永遠，我守護你直到永遠！

　　我的心中，有個人不停呼喚我，不知道你到底是哪個人……
　　我的心中，有個人不停對我笑，不知為何你要這麼做……
　　我根本不認識你，你為什麼要對我那麼好，一定有原因！

　　　　　但是這只是個幻影
　　　　你一下就不見了……

　　我想：在她今年國三畢業時，會進入一個優質的高級中學，繼續探索、繼續學習，我也期盼把這樣有感的大孩子，推薦給教育實驗專班，讓這個孩子完成屬於她的夢想！

2.

　　「教師的思考表白步驟」是提供一個範例性的「鷹架」作用。
　　孩子可以清楚地知道，老師要的學習目標是什麼？

　　　　　　　　　　　　　　　──白佛言

　六月及時雨。
　中央山脈、海岸山脈，進入古城一般的清晨霧靄。一片迷濛的雨絲敲落，令人在雨季邊陲，擁有工作上的另一片視野。
　雨聲、雨的廣角鏡頭、雨的所有想像，怎麼說都是愉悅的。

這教室有玩過雨天回來的孩子；這教室有安靜觀雨的孩子；這教室有畢業之前的騷動，如雨。

黃老師在最後一節課，提供兩款簡餐似的選擇：一是自行複習畢業考科目；一是四十分鐘內，完成二百字以上和「雨」相關主題的現場書寫稿。

幾個孩子拿了影印紙，一邊觀雨，一邊書寫。

靜謐的放學前，只聽雨聲。

黃老師聽文本，聽這 2011 年 6 月 6 日，聽這六年五班下學期的教室現場書寫。

郭嘉柔寫著：〈雨〉

> 聽了一夜雨的樂曲，柔和安穩的歌聲縈繞耳畔，搓揉著心，響一陣滾動的呢喃。
>
> 現在接近中午，窗外從一片乳白轉灰，豆大的雨珠不斷發出撞擊的爆裂聲，一切依然靜謐。手中緊握著筆，在紙上畫出自己的方向，同樣發出柔軟綿密的沙沙聲，雨聲和筆聲合而為一，它們製造安靜的世界。
>
> 每一分、每一秒，空氣隨著時間加重，現在空氣中的每一點，都將水氣吸得飽滿；溫熱、溼黏、沉重，想起那湧出的淚；那種浪漫情懷在腦中衝撞。
>
> 心中的雨，並不像淚；它們不沉重，不溼黏；它們永無止境的落下，交織在一起；雨中能織憶織夢，填彩夢幻遐思。心中的雨，溼涼。沁入心中，沁入每個細胞，解開僵硬、緊繃。心中的雨，我看到溫暖。想起雨中看見兩隻白色的鳥，相互依偎，並肩飛向窗邊，擁抱在一起。
>
> 雨中，我看見我的世界，而且夢裡有我。

蔣亞涓寫了：〈雨的回憶〉

　　濛濛的細雨從天空上落下。天空灰灰暗暗的，彷彿快塌下來似的。風宛如生氣一般，把大地吹得搖搖晃晃。雲彩換上灰色的服裝，沉重的在天上飄呀飄地。綠油油的草地被雨水沖濕。那充滿回憶的茄苳樹也被雨水沖濕。茄苳樹的底下，有一座由雨水所集聚而成的小游泳池。那一座游泳池反射所有的事物；那一座游泳池，配上風雨所交織的旋律，圈圈的連漪組成了畫面。我已從那圈圈連漪中看見過去的自己——

　　那是五年級的早晨。那天也像今天一樣，外頭正下著令人感到煩悶的雨。我們的老師特地叫我們到茄苳樹下，踩一踩茄苳樹旁的小游泳池，叫我們觀察圈圈連漪。

　　細細的雨絲，總是令人煩悶，但細細的雨絲對我來說是一場回憶——

陳中佑沉思在〈故鄉的雨〉筆下：

　　那朵雨雲，在我的故鄉上頭。等了一個早晨，原本就有要下雨的覺悟，但是想和朋友玩，又不想被責罵，還是帶了傘來上學。從第一節老師的課開始，雨摧毀了我要和同學玩的心情，但在我們快要面對畢業考前的複習，身心都受到強大的壓力。

　　雖然很累，但是我隨時都會往窗外一看，看到巨大的雨水落地。往學校另一頭看，雨水變得更加清楚；面向大海的一端，有著靠海城鎮的感覺。我看著眼前的山脈，正前方有高大的樹，遠望是座山林，這城鎮的雨，真是奇特！

　　有時候，這雲朵會經過這個城鎮；有時候，也會製造一些不錯的氣氛。細微的小雨，成了一種舒適的節奏；大豪雨，讓我享受到急速的節奏，十分爽快！

故鄉的雨，從我身邊分開，在一個城鎮中，造成兩種享受。這個世界，給了我一場精采的演奏！

江雲嵐的〈雨〉節奏上有點特殊地寫下：

落地聲、震動；滑過路面的聲音。沖刷聲、稀疏；雨滴墜落的聲音。

打開窗，滴滴答答。不斷落下的水珠，落地便破碎。停駐的瞬間，滿面的雨水。下雨，雨沖刷大地的聲音，震撼世界。

路面的積水，輾過四飛。水珠打在屋頂上、打在葉片上、打在路面上、打在大地上。雨水拼湊出的歌，柔聲、狂聲、祝福聲、祈禱聲。

雨中的祈禱。飛翔，向著天空飛；無聲，限制的聲音；希望，望著雨珠落地。

在大雨中向著天空飛翔的鳥兒，承受著大雨的重量，飛向彼端。下雨的聲音，「滴滴答答」、「淅瀝淅瀝」，受到限制的聲音。雨灌注著大地的無限希望，雨珠就是希望。

在雨中的祈禱，雨中的聲音，那個祈禱，希望的聲音。

郭靖婷〈雨天的秘密〉有點平舖直述地寫著：

烏雲密布，外面下著傾盆大雨，我坐在教室，慢慢觀察雲和雨，我發現了雲有時靜止不動，有時慢慢的向前走。雨呢？雨則是沒風時，直直的，讓我想到像窗簾一樣；有風時，則是斜斜的，讓我想到像跳水的水花往四周散去；再加上陽光，閃閃發亮，一直在我腦海裡不停的出現，讓人永遠忘不了。

我看到外面的樹，一邊被吹著、一邊哭著。樹的哭泣被雨的窗簾給遮住，還有許多植物陪他一起哭泣，讓他感覺不到寂寞、孤獨。我看到積水那裡，小水滴掉進積水內，產生

了漣漪，慢慢的擴大，很美麗。下雨有一種好處，可以幫忙清洗大街和清洗人們的心情，壞處是做生意的人沒生意，因為下雨天沒什麼人想出來買東西。

我在下雨天的心情很納悶，都不能出去透透風。

陳雲愷〈雨〉的尾段，下得不夠工夫，他寫著：

天色朦朧，灰暗的顏料揮灑橫空；那熟悉的椰子樹，伴隨著雨兒舞動在這世界上。點點漣漪，在瞬間緩慢朝四周，以順時鐘的方式移動著。我站在漣漪前，模模糊糊的影像，轉化成媽媽拿著雨傘的身影！這時，一顆顆的雨珠從滑順的葉子滑了下來，回憶從那顆顆雨珠開始——。

「雲愷，今天要帶傘喔！今天可是會下大雨的！」媽媽的聲音從廚房中傳來。

「好！」我隨口答答。沒錯，不出所料，我出門後，果然還是忘了！

昨日玩過雨的賴奕軒，他的〈接近夏天的雨〉，有他具體的經驗述說：

窗外的雨，正迅速的落入大地；一滴滴的雨，紛紛落在頭上。

「下雨了！」遠處轟轟的陰雲，正朝著我們來；天上的燕子，正樂在其中的飛翔。我知道「梅雨季來了！」

夏天，是許多人期待已久的季節，大家都想要到海邊拋開煩惱、盡情玩耍；但是，夏天卻有一個令人討厭的事，就是「下雨！」

很多人都會望著天空，看著雨落下來。而我呢？卻思考著雨如何接近大自然？

蔡育泓急書的〈雨〉：

　　一滴滴像劍的雨落在大街、小巷，每一滴都是可口、清甜的。有的可以來灌溉農田；有的可以當作人類、動物的飲用水；有的可以用來當人的自來水——

　　微微的雨，聲音有如抒情的音樂；強烈的雨有如搖滾樂團在演奏。雨打屋頂聲，像打鼓；打到馬路，像直笛；掉入水裡有如「音樂之母——鋼琴」，各種樂器交雜在一起，有的主音，有的配音，雨就像無數的手，在彈奏不一樣曲風的歌。

　　下雨，人們撐起不同顏色的傘，高處往下看，會看到五顏六色繽紛的花朵；躲在水裡，往天空看會看到雨滴一滴滴水掉入水中的美景。

　　我們要感謝雨，感謝雨灌溉，讓我們有水用，我們也要珍惜水。

隔了一天，蔣亞涓給了黃老師「雨的回憶」二修稿。黃老師沉溺在這兩篇稿件的異同處。他在楓樹下閱讀著：

　　「滴！滴！滴！」那是雨水還是淚水？

　　濛濛的細雨從天空上落下。天空灰灰暗暗的，彷彿快塌下來似的。風宛如生氣一般，把大地吹得搖搖晃晃，**真是恐怖極了！**雲彩換上灰色的服裝，沉重的在天上飄來飄去。**綠油油的草地被雨水沖濕。**那充滿回憶的茄苳樹也被雨水沖濕，茄苳樹的底下，有一座由雨水所集聚而成的小游泳池。**那一座游泳池宛如校園的腦海，圈圈連漪都是一篇篇故事，裡頭充滿了「笑聲、哭聲、尖叫聲——」。**那一座遊泳池反射所有的事物。那一座游泳池配上風雨所交織的旋律、圈圈的連漪所組成的畫面，我已從那圈圈連漪中看見過去的自己——

　　那是五年級的早晨。那天也像今天一樣，外頭正下著令人感到煩悶的雨。我們的老師特地叫我們到茄苳樹下，踩一踩茄苳樹旁的小游泳池，叫我們仔細的觀察圈圈漣漪，踩著那一圈圈的漣漪，就像踩在一面鏡子中，映出了樹、映出了自己──。那是一場與漣漪的邂逅，也是一場令人難忘的「回憶之旅」。

　　細細的雨絲，總是令人煩悶，但細細的雨絲對我來說是一場回憶──

3.

「只有那些瘋狂到以為自己可以改變世界的人，才能改變這個世界。」

──1997 年，蘋果「不同凡想」廣告

酷暑的夏季，有它表現自我的陽光。

校門口那兩棵高大的楓樹，像母子樹站在人行步道上。除了綠葉和陽光穿透外，交疊的層次散落出另一種生態。大毛毛蟲倒立的柔軟身軀，扭動觸鬚探索的節奏，翠綠的身子底色，彩繪著黑色對稱的圖騰，像臉譜立在黃老師的特寫鏡頭底下。

幾隻綠繡眼鳥叫了幾個低音節，躍跳孩童般不聽話的腳步在枝條耍戲。一隻公鳥面對眼前的母鳥，保持距離地盯著她、用眼神勾搭她，叫喚夏天。牠不停歇地鼓動急速的羽扇，隨後就靠近母鳥身旁，挨著。

黃老師笑著：「真是的──人群的縮影。」

他翻閱附小的青苗刊物，看著這裡留下的孩子影像。許多日子都是這樣過來的。

　　六年五班上學期的學校寫作測驗，主題與〈那一刻，真美〉相關的文字文本，孩子們書寫兩個小時後，黃老師要求傳回 E-mail 文稿。

　　他看著陳雲愷的文稿：

〈常常，我想起那雙手〉

　　記憶中，那雙手是一雙粗糙的雙手——

　　那雙手曾經抱過我，摸過我的頭，撫慰我心靈，也歷經許多歲月，牽引著我的手，走遍天涯海角。

　　那雙手是一雙神秘、溫暖的大手。

　　在我心情低落時，他伸出那雙手，為我的心靈充電；在我傷心落淚時，他會伸出那雙手，為我擦拭眼淚；在我需要幫助時，他也會伸出那雙手，輕輕的拉我一把。那雙手無時無刻的出現在我的人生中，也是我生命中最重要的一雙大手。

　　還記得，兩年前，我和姐姐爆發一場爭吵，明明是姐姐橫蠻霸道，但媽媽罵的人卻是我，怪我太愛計較。我生氣的跑回書桌前，假裝在看書，但其實眼淚早已如細雨般，悄悄的浸濕我的臉頰、我的衣領。就在我傷心難過時，一雙熟悉的大手搭在我的肩上，輕輕地為我擦拭眼淚，在我耳邊小聲的說：「不要哭了啦！不然同學會笑你的！乖，不要再哭了！我帶你去逛逛街好不好？」我並沒有多說什麼，只是點了點頭。他馬上帶著我騎上摩托車，以小蝸牛的速度騎著。沿路上，我不斷地向他訴苦，他也不斷地安慰我。逛啊逛，沙漏隨著時間緩緩流逝，不知不覺已過了一小時。

　　他微笑著問我說：「怎麼樣，心情有沒有好一點啊？該回家囉！」

　　我淡淡的笑著說：「有！」那晚，是我人生中最溫暖美好的一晚。

　　直至今日，這件事仍如電影般徘徊在我的腦海中，久久不能忘懷。

　　那雙大手雖然不是很細膩，摸起來粗粗糙糙的。但他的手中流動的不是平凡的細胞，更是流竄著對我的愛意和關懷的熱血。假如沒有時間的限制，我希望他能永遠用他那溫暖的大手，牽著我的手度過各式各樣的人生；走遍世界的每一個角落；共同製造生命的心靈樂章，直到永遠。

　　他──就是我生命中最敬愛的父親。

陳諺元的〈那一刻，真美〉：

　　冬天，雖然讓很多動、植物變得冷淡，但是，玫瑰花卻像我們熱情的招手。它那白色的花瓣，像「哈達」般的「潔淨」，有如楊麗清的笑容，多麼的甜美。

　　黃連從老師正在忙著阻止小胖的行為，使我深深覺得：「如果我給楊麗清那麼多壓力的話，會不會影響到楊麗清的學習呢？現在我只能默默的守護楊麗清，真希望楊麗清不要把這件事放在心上。」

　　原來，喜歡一個人是那麼的辛苦，像今天上英文課時，我排隊排在楊麗清的身後，堯堯就說：「陳指月你很故意耶！」堯堯叫我排到後面時，我剛開始動作，全班就開始拍手大叫，這應該會使楊麗清一整天的心情變壞吧！我真的很想對他說：「對不起，讓妳有壓力了，我以後會離你三尺，不再讓妳快樂的心情變壞。」黃連從老師說：「要對楊麗清大方點。」但是這種情形來看，我只能這樣守護楊麗清了。

　　其實，我的背以前就被楊麗清的弟弟踢傷過，傷還沒好時，又被竿子打到，使我的行動受限制了，但是，我不希望讓楊麗清知道這一回事，希望楊麗清不要擔心我而害楊麗清的成績往下掉。你們應該會嚇一跳吧！

　　現在我不會對楊麗清做任何舉動，像送花……，不要再讓他受到打擊了，也許這就是真正的保護吧。就算我受到委屈，但，我就算有生命危險，我也一直願意當楊麗清的盾牌，為楊麗清付出，為楊麗清抵擋攻擊，這是我對楊麗清的用心，「情之苦」啊！

郭嘉柔書寫著〈那一刻，真美〉：

　　陽光沿著落地窗流進全身，就在睜眼那刻，都蘭灣的浪花沖涮心頭。坐起身那刻，深幽的山林在耳邊低語。

　　那一刻，真美。

　　清晨，獨自一人坐在石階上。抬起灰冷的瞳孔向下眺望，太陽升起了。雪白的浪花拍撫著巨岩，靜靜的唱出安撫嬰兒的溫柔呢喃。太陽慢慢升高，金橙色的玻璃碎片在浪花上漂浮，輕鬆的隨著柔軟的水波舞出自己閃耀的生命。天亮了，冰涼的彩虹上，藍紫一直漸層為草綠，傀儡還未沉入其中，涼爽已經沁入心靈。合上眼，感覺血液和水波一同脈動，心跳跟著低語的沙石滾動。有著一股衝動央求媽媽帶著自己來到海邊，撿拾起貝殼傾聽它嘯鳴，然後就這樣縱入海中，泅泳於那無邊無際。

　　喜悅在眼中跳著，那一刻，真美。

　　一聲嬌羞的呼喚，仔細一看，暗草綠的美妙花紋纏繞在晶亮的黑色眼球上，緊緊盯著我手中揉碎的綠葉。橘與白交錯著上彩的柔軟毛皮，慢慢的從金露花叢中呈現。是小貓葉之秋。牠是不是從都蘭山帶了什麼回來？我抱起牠，感覺到山上的葉蔭佈滿心中，就如上次和爸爸到溪谷中的清涼感。髮稍挽住了貓毛上的芬多精，綠意沁入，聞到了濕漉漉的苔鮮味。摟摟牠，和知秋溫暖的情感交流，我深深的感到，那一刻，真美。

　　山巒和大海，生命和情感，只在那一刻擁有最美的姿態，文字和色彩所無法描繪的，溫暖的美、撫慰的美。

　　那一刻，真美。

蔣亞涓的〈那一刻，真美〉：

　　「美，並不是我們眼睛看到什麼，而是我們感受到什麼。」心中的感受永遠超過我們眼睛所看到的。

　　海浪一波一波的拍打到岸邊，發出「沙──沙──沙的音樂。海浪沖刷著海灘上的沙子，把沙子沾濕。海風大力的吹撫，發出「咻──咻──咻──」，沙子被風吹散了開來，沙城堡也在這時被吹散了。海洋的遼闊總是讓人輕鬆、愉快。海浪的無邊無際總是讓我覺得煩惱可以丟進這個無底洞，讓我無憂無慮的玩沙子，看海洋，讓海風輕輕的吹呀！吹！輕輕的帶走壓力。

　　小鳥啾啾啾的在樹上唱起快樂之歌。隨著音樂的伴奏，大地活蹦亂跳的起來。風舞動的熱情使大自然活潑。大樹總是隨著風吹動，搖啊！搖啊！一刻也不想停止。樹上每一片葉子，伴隨著風的吹拂，每一片像溜滑梯一樣，溜了下來。大草坪在風熱情的舞動下像綠油油的海洋，彼此追逐。花朵搖動她美麗的臉頰，為綠油油的大地添上了色彩。大地美麗的景象，是畫家調配不出來的顏色。大自然是一個遼闊、大方的世界。綠油油的草坪、藍藍的天空，是我們想像的畫布。大自然的遼闊使人放心。

　　父母親的愛永遠是最美的、最棒的。他們總是默默的幫我們做事，默默的支持我們，帶給我們無比的力量，推動我們向上。

　　有一次媽媽看到我褲裙的邊邊裂縫比一般的還大，她就問我需不需要縫？我跟她說：「那沒關係，每一件褲裙都有。」

　　她就說：「真的不需要縫？內褲會不會露出來？」我說：
「內褲不會露出來，裡面有褲子。」

　　原本我以為她不會縫，沒想到過了很久，我利用下課時間去上廁所，在脫褲裙時，看到了媽媽用白色的線縫了一點點，看到那一針一針縫下去的線裡面，充滿媽媽的愛，心裡真暖和。時間突然間停住了，我感受到媽媽愛的擔心，永遠流不出去……

　　美有很多種，有看不見的，有看得見的。有時候擔心也是一種美，嘮叨也是一種美，在於那一刻我們心裡的感受。

江雲嵐的〈那一刻，真美〉：

　　美的展現，在不同的世界。美，是沒有定義的。

　　在夢境的世界，所有都是虛無的。每次暫停的時刻，都是不同的美。

　　每次踏入的夢境，都訴說著不同的事物。每次走進的夢境，都是不同的世界。當你看見的夢，有可能是陌生的、有可能是熟悉的；有可能是冷漠的，有可能是溫暖的。但帶給你的各種感覺，都隱藏著不同的美。

　　那一刻，真美。

　　在現實的世界，所有都是真實的。每次看見的時刻，都是不同的美。

　　每次看見的世界，都代表著不同的事物。每次看見的周圍，都是不同的事物。當你走到的地方，有可能是陰暗的，有可能是明亮的；有可能是恐怖的，有可能是美好的。但帶給你的各種感覺，都隱藏著不同的美。

　　這一刻，真美。

　　在幻想的世界，所有都是虛假的。每次幻想的時刻，都是不同的美。

　　　　每次幻想的色彩，都飄隱著不同的事物。每次幻想的事物，都是不同的色彩。當你幻想的事，有可能真實的、有可能是虛假的；有可能是寬廣的，有可能是狹小的。但帶給你的各種感覺，都隱藏著不同的美。

　　　　所有的一刻，真美。

　　　　在每一個地方都有不同的美，像──真實的手牽手、夢中的手牽手或幻想的手牽手。

　　　　美不一定要刻意去找，在自己的身邊處處都是美。

　　　　在身邊的每一刻都是美，要珍惜每一刻。

　　　　世界上的每一刻，真美。

　　　　那一刻，真美。

　　這一些閱讀孩子文稿的時刻，讓他看著教學記憶的片刻，他流轉在卑南溪的沙洲想像。

　　源頭的新武呂溪、不斷孵育的櫻花鉤吻鮭，他想探探溪流的原始生命，溪流的生態，溪流走過的村落。

　　那一天，他看著江雲嵐的〈自然科筆記心得──摩擦力〉：

　　　　這學期的自然課程相當有趣，我們學了有關槓桿、輪軸、滑輪、簡單機械的組合、熱的傳導、力的作用和摩擦力等等。我最感興趣的是摩擦力這個單元。

　　　　摩擦力是指存在於兩接觸面間一種阻止物體運動的作用力。通常是有利於日常生活進行的正面角色。例如：車子的輪胎上，都有一些紋路，是為了增加摩擦力，使車子能前進，同時也可以避免在雨天或溼滑的路面打滑。我們手上的指紋也如同車子輪胎的花紋一樣，可以用來增加摩擦力，方便手指拿起較細小的東西。同理可推，用來夾起東西的筷子或鑷子前端，也是有一些紋路來增加摩擦力，讓我們更容易夾起東西。

這讓我想到，是不是人的一生，也要有一些摩擦力，才能增加生活的樂趣與走下去的力量？

是摩擦力，不是摩擦喔！不管是誤會或是故意，有了摩擦，就會吵架不愉快。但是，**如果我們心中都有一些過去愉快的經驗當作刻痕紋路的話，就會產生相當的摩擦力，避免心情不好時更沮喪與失意喔！**

快要畢業了，大家要多製造快樂的事件，以增加畢業分離難捨時的摩擦力啊！大家加油！

那一天，他看著吳冠志的生活小札詩作：

〈生活小札〉

坐在不起眼的，

小角落，

我看著人來人往的，

慢動作。

妳就背對，

坐在我這方向的，

三點鐘。

我點了一杯飲料給你，

它的名字叫做，

煩惱 Bubble。

我猜想你可能是在，

等待妳的，

那個誰，

男朋友？女朋友？

還是剛認識的朋友？

突然間，

　　妳甩甩頭，

　　露出半個側臉瞬間，

　　讓我好難過。

　　咱們還是

　　保持原樣吧！

　　妳等妳那個誰，

　　我還是乖乖看

　　我的報紙吧！

　　或許多年不見，各自努力的季節，我們會有些共同的記憶文化想說話。

　　那一天正巧，教務處提供的一篇徵文，「好久不見，我想告訴你……」提早了這個心情小窗。黃老師邀請幾位孩子書寫文字稿，這是加派的回家功課，有幾個孩子欣然答應了。

　　陳雲愷的〈好久不見，我想告訴你……〉

　　　　「朋友　一生一起走　那些日子不再有……」收音機大聲地播唱著。

　　　　我停下手邊的工作，傾聽著那首耳熟能詳的曲子「朋友」。剎那間，眼前的景象倒回了二年級的情景。我順著記憶的漩渦，流入了無底深淵的回憶裡。

　　　　「123！」老師對著全班大吼著。

　　　　「注意聽！」全班簡潔有力的回答。

　　　　就在此時，全班的目光全不約而同的投向站在老師一旁的小男孩，大家也開始當起了小柯南，胡亂的瞎猜著：「可能是轉學生吧！」、「唉！一定是忘記自己的班級在哪裡啦！要我們帶他回教室的啦！」

　　　　「閉嘴！」老師突然大發雷庭。

或許可能是要顧及形象吧，老師馬上轉換「溫和」的語調說：「我旁邊的這位學生叫『徐志生』，是從嘉義轉來的同學，從現在開始就是我們這一班的一份子，大家以後要多多照顧他，知道嗎？有沒有問題？」

「好！」全班心不甘情不願的回答。

「要安排他坐哪裡才好呢？」老師正傷透腦筋。

全班又逮到機會，開始胡亂瞎扯：「坐講桌啦！」、「坐窗外啦！」一陣哄堂大笑。

老師不理會同學們吱吱喳喳的吵雜聲，說：「那……就暫時先坐雲愷旁邊吧！」

這時，那位男同學低著頭，拖著沉重的腳步，拉開我座位旁的椅子，靜靜的坐了下來。

下課的鐘聲響了，大家便一窩蜂的衝出教室，只有徐志生單獨坐在位子上發呆。

我不忍心看他一個人孤孤單單的，於是上前問他：「你要玩鬼抓人嗎？」

他點了點頭，我們一群人便一起出去玩了。漸漸的，大家混熟了。徐志生也不再害羞，放開胸懷與我們打成一片。其實徐志生是個陽光男孩，雖然因為他父親工作關係，讓他時常轉學，不過也因為這樣，他的見識比我們多，會講各地的趣事給我們聽，尤其他與我的感情最要好，我們倆在學校一起讀書、一起打掃環境，在學校幾乎都混在一起。

就這樣，徐志生與我們一起玩了兩年，大家培養出很好的友情。

放了一個月的寒假，開學第一天，我一如往常，到學校便想找徐志生聊天，講一些暑假發生的趣事。但奇怪的是，徐志生這傢伙一直遲遲未出現。

　　我心想：「這小子可能是睡過頭了吧！」可是都已經超過八點了，他以前不曾遲到過的啊！我仍暗自盤算著：「等一下一定要好好罵罵他！實在有夠混！」

　　老師走進教室，宣布一下班級的作息等規定之後，便說：「徐志生不會再來了，他又轉學回嘉義了！」

　　我震驚了一下，心想：「怎麼可能？他上學期還跟我說，要跟我講他發現的好玩意兒呢！但現在又到底是怎麼回事啊？好玩意兒不見了，連人也走了！」心裡彷彿有一塊東西哽住胸懷，現在我們又少了一個好伙伴。

　　在往後的日子，我仍和以前的玩伴一起玩鬼抓人、槍戰。但是心中最懷念的老朋友還是徐志生。他的一舉一動，以及當時那位害羞的徐志生，至今仍如電影般，一次又一次、一遍又一遍的出現在我腦海裡，久久不能忘懷，他現在也該是六年級了，不知道這位老朋友現在過得好不好。

　　「陳雲愷，趕快把功課完成哦！」媽媽在廚房裡喊著。

　　媽媽的聲音，把我從回憶的漩渦中拉了回來。

　　「哦！我知道了！」我回答著。

　　此時，我在一旁的空白紙上寫了七個大字──「好久不見，徐志生！」

蔣亞涓的〈好久不見，我想對你說……〉

　　望著細雨濛濛的窗外，突然間想起了好久不見的你……

　　那天是寒風入骨的冬天。我穿著如要到冰山雪地裡行走的大衣，走在充滿歡笑聲的走廊上，突然間，一張熟悉的臉龐和我擦身而過，一股害羞的情誼湧入我心房，我全身因害羞而慢慢變溫暖了。我轉身想看清楚你那俊俏的臉龐，但卻忘著你一步步離去的背影，心裡流下了一滴滴好久不見你的淚水。

　　浪漫燈塔的燈照到我的心上。秋天涼涼的風，吹在我的心上，吹紅的落葉飄呀飄，飄滿了大地，那些落葉代表著愛情的思念，愛情的幻想。讓我對愛情的想像，更充滿了童話故事的幻想。

　　你是我下課常偷偷看的對象，我們兩人的距離是如此的近，你和我只在一個轉角，就能夠看見彼此。我這樣偷偷的暗戀你，偷偷的在下課時間跑到你的教室看你，跑到你最喜歡在下課時去玩的地方，假裝在和同學聊天，但眼睛卻不停的往你看去。我偷偷摸摸得看著你已經好幾年了。本來偷偷摸摸看著你是我的樂趣，但卻在我最高興能天天看著你時，你突然轉學了。當我一聽到這個消息，心中有如大地震一樣，把我震得天旋地轉。知道再也沒辦法下課偷看你的我，心裡的淚水早已流到快淹沒我的心。

　　好幾年後，我走在充滿鳥兒清脆的歌唱聲、白雲在天空中自由自在變化、花朵紛紛對著我微笑的步道中，又看見了和幾年前一樣的臉孔，正朝我方向走來。我的心還是和以前一樣，只要看見那張俊俏的臉孔，心裡總是湧入一股緊張和害羞摻雜在一起的興奮。

　　玫瑰花的花瓣隨著風的吹撫，輕輕的、慢慢的、無聲無息的飄落在河水的水面。我獨自走在那青綠的草皮上，走著走著，看見河面上一片淡粉紅，形狀宛如愛心的花瓣。我停下腳步，彎下身軀，雙手伸到清澈的河面上，捧起了那片花瓣。看著那片花瓣，心裡沉默了許久。看著這片花瓣，心裡浮現出你那俊俏的臉龐。微風輕輕的吹過我的髮梢，花瓣輕輕的被風吹動了一下。我把那對我意義非凡的花瓣，如實一樣緊握在手中。我把那片花瓣帶回家，把花瓣放到我的秘密寶盒中。每當我看著那片顏色淡淡的愛心花瓣，你那俊俏的臉龐總是浮現在我眼前。

　　好久不見，「你好嗎……」

江雲嵐的〈好久不見，我想對你說……〉

好久不見，我想對你說……。這裡，填上了空白。

「我忘了我是誰，連名字都忘了。」

「……」回過神來，還是在這裡。不曾改變的地方，永遠屬於我們的……樂園。太陽已經照到我身上了，我還是在有你的夢中，繼續探索，不願回到現實：沒有你的世界。我們不可能再相見，早就決定好的命運。死神將帶走你，永遠……

睜眼。坐起。「哼……又是個……爛日子。」沒有你的每一天，沒有用。「明明就說好的……」又躺下。眼前，出現，以前你跟我說好的，情景……

「鈴鈴鈴……鈴鈴鈴……」響起。我接起電話。「說好了喔，明天一起幫我慶生喔！」電話那頭傳來的聲音。「嗯！約好了喔，在『那個地方』見面喔！」興奮。但命運，它是無情的。它不會等。我們還不知道，那天會是最無情的──忌日。

我們擁有一座「樂園」，屬於我們自己的樂園。我們的喜怒哀樂都在那裡度過。奔跑。為了給鍾炫過一個最開心的生日，儘管下著大雨，我還是從家中跑了出來。到了門口，沒有人。「嗯，還好我早來，快準備吧！」抱了個大紙袋，鑽進了房子裡。

鍾炫在家門口，他踏出了家門。……來了……死神的腳步慢慢逼近。「──碰！」尖銳的煞車聲，劃破寧靜的天空，隨而出現的碰撞聲。「喂……撞到人了啦…快叫救護車啊……看一下看一下，有沒有傷的很重……」圍觀的人們越來越多。「啊……啊……」鍾炫倒在地上，淌著血，虛弱的呻吟沒有人聽到。

「嗯……怎麼還沒有來啊？」我看著手腕上的錶，「明明已經超過約好時間了啊？他沒有遲到過的……」心中閃過一絲不詳的預感，出現了恐懼。「不……不會的，他再一下子就會來了。」努力的安撫自己。「滴答滴答……」一分一秒過去了。「一定是出了什麼事。」緊張。我撥了電話。「喂？」一個陌生的聲音接起了電話。「不……不好意思，我要找金鐘炫，請問你是……？」「我是醫院的醫生，你朋友他……剛剛出了車禍。」震驚。現在，不管什麼聲音都進不了我的腦袋裡。

沒有目的地今天就這樣落幕了，如果睡著的話會做什麼夢呢？下次醒來的時候將留下什麼樣的東西呢？回頭看只有我自己而已？在前方等待的，是你嗎？不敢面對，但卻一定會到的未來。還沒染上色彩的道路，已經被你的血染紅了。後悔！我感受不到不會再發生的，你生命結束的瞬間。

你那充滿餘溫的聲音，在我耳邊迴盪……。我想見你，但似乎沒有想像中，來的那麼簡單。你的死，成了我一生都無法抹滅的傷口，那麼我就努力築起比這更深的羈絆。就只因為想見到你的笑容。

「……」回過神來，依然在這裡，在開始的地方，不曾改變的地方，永遠屬於我們的……樂園。我再次睜眼。坐起。微笑。我懂了。你，是金鐘炫；而我，我始終想不起來的名字，在我心的最深處，我打開它了。我是泰民，李泰民。我的名字是，李泰民。

如果可以再次見到你，我會對你說什麼呢？

好久不見，我想對你說──謝謝你。

陳諺元的〈好久不見，我想告訴妳──〉

　　春天的早晨，在班級的小花圃裡，白薔薇和白六角茶花綻放出亮麗的花朵。

　　我們一分開，就是兩、三年。其實我都無法面對妳，不知道為甚麼看到妳我都會不自主的緊張起來，我感覺我已經不喜歡妳了，不過自然湧泉將被挖掘──

　　我知道妳有一個很不一樣的童年，收到很多的禮物，很多的花朵，這樣到表示妳人緣很好、內涵很豐富。我沒白白犧牲；有一大群男生正在喜歡妳，可是，真正守護妳、默默關心的人只有一、二個，妳心中也許只有一個。但是，我知道不是我──

　　我五上時只是默默喜歡妳，直到五下時我開始採去行動，我開始送花、開始幫妳整理抽屜，都是為了讓妳快樂。我知道剛開始有效果，不過久而久之，我反而造成了反效果。妳開始有了壓力、妳必須開始聽那些沒營養的閒言閒語。所以，我做了選擇──

　　我把我自己的一半能力給隱藏起來，把這次風波結束後我再也不會做任何舉動。我雖然痛苦，不過我願意為妳而留下這一片淚水──

　　有一個人曾經想要喚醒我，不過我還是忍耐下來，當時的場面佈滿了火藥味，隨時可能引發戰爭，都是妳的眼神讓我喘了口氣。現在誰也不欠誰，可是我一直依靠妳，我不知道為甚麼──

　　我寫到這裡再跟妳道歉一次，因為妳一定還能繼續為我打氣，因為妳的氣勢慢慢的消失，妳也許太疲累？我的一時疏忽而受到很多的波折，妳的疲累也許是我而引發的。

　　妳就是那麼美。

　　我這兩年的愛情多麼的繽紛、燦爛、純真，因為我見過我的天使。不過有一個男生一直在她身旁，這令真的我不知所措。我和妳永遠無法相依？這是事實。我們一起共享永恆的影片？我想，我將在也見不到她。她可以看出我們擦身而過時我欣喜若狂的飛上雲霄，我的視線完全被她佔據，如同妳的背影，我的愛將不會老化——

　　夕陽是妳的笑容化身的恆星，絲上的露水是我為妳留下的歡喜之淚，希望妳能接受我的祝福，我畢業時會送妳花，妳一定不會介意？是一朵充滿心意的永遠不凋謝的花朵，每個人都無法看到——

　　一隻畫眉在桂花樹上啁啾著，好小！

　　撫摸臉頰，
　　撫摸事物。

　　大地之主，
　　純潔的無形萬物。

4.

　　班上的孩子們離開校園了。

　　黃老師手上拿著自己的散文寫作，一邊閱讀、一邊看看自己的生活腳步。他寫著：

　　這天微雨，濛濛的。

　　泥燕在空中御風而行，滑行的線條，看見穿過來穿過去的視覺暫留。

　　這一幕的樂趣，一群撒嬌般的呢喃所組成的交響意象。

　　幾隻烏頭翁鳥站在簷前旁的白杏樹上，滾落幾聲中低音符號，符號訴說著潮潤的梅雨季節，六月初的季節，六月初的思念。

　　我喜愛六月濛雨絮飛的感覺，濛雨絮飛的天空顏色，像牽著散步的手，走在每一種日子。濛雨絮飛的時間，獨處茶語工房，泡一壺海拔一千九百公尺的雲南大葉喬木綠普洱茶，悠悠的山林氣息，悠悠的高山茶香滲鼻的駐留，悠悠的心境，六月的美學基礎，都是視覺、語境、行動、許多輩子的因緣聚集，走到此地的見、聞、覺、知。

　　茶房的強化玻璃上綴點的針狀雨珠，像心思亮麗。傾聽外頭偶來劃開的空寂鳥鳴，驚醒的。綠色的小荷葉抬出泥面，小雨珠聚集成一顆玻璃珠，從這透明的珠裡世界，看看自己的心靜則明。梅雨讓幾個時刻持續性地漫步下來，心靈漸次地淨化了，紫藤從五月初的新芽到六月初的展顏，淡淡紫粉的紫色在花架上，垂下紫蘿雲裳含著雨絲的觸覺。泥地上潤潤的延伸，小草編起綠意綠樣的精靈之舞，落地花生蝴蝶樣式的小黃花，從那淺綠色的世界冒領風的形貌。日本柴犬蹲在簷下視覺一切生動的聲音，牠的冥想探究大自然的流動形體，一切的紗濛，一切的清晨想像都在，都在雨思中簡化成甦活。

　　尋找這樣的幸福——尋找漫步、慢活。阿勃勒樹並排的傳廣路街景，一條流瀉如剛剛出生的一群小鴨子，嫩黃絨毛的天真顏色走動色顏，移動的移動的黃花珠簾。

　　晨曦走向我的眼前，讓人不知所措的有感閱讀，早晨醒來像初戀的感覺。

　　走在垂下來的亮黃世界，世界是美麗的，人的心情是鵝黃的新鮮。從五月初開始，我守護自己尊重自己心情的自尊心。

晚風、花之交際舞，我的思念和戀愛的顏色。五月雪白的油桐花季、六月纖細亮活的躍動透明，阿勃勒樹的黃花季舞和穿插在我窗前的紫色琉璃世界，紫藤之舞與晨間的一切交耳敘舊。

那一夜，一樣的雨絲，在窗外飄灑著輕盈的線條；一樣的晚風，從窗外款款而來；一樣的我，躺在塌塌米上，享受晚涼以及可能的一切發生。這樣的夜濛簡淨、單純地躺在觸摸的微風之手，活像我都可以感受到孟宗竹林的綠色羽葉，風撫動的聲音和搖曳的沙沙作響。閉上眼睛無思一切的，讓感覺成為被動中的另一種主動，晚夜的涼風把六月說得極細微的明白。

尋找這樣的幸福——像約定。

約定在固定下來的時間，以被動的內在感覺等候濛潤的六月晚風。

尋找這樣的幸福——像山百合的種子已禾黃熟透。

尋找這樣的幸福——孩子們和我們的約定。

5.

八月的文稿大致已完成「尋找這樣的幸福——閱讀與寫作教室小說（上）、（下）冊」。黃老師打開陳雲愷的資料夾，裡頭裝滿著五、六年級的教學資料、書寫作業單、作文簿。

〈鐵軌上生命回憶的歌曲〉小六　陳雲愷

冷風，

狂吼著，

迅速的打在鐵軌上。

希望打碎了，火車不再行駛於這條鐵軌，

沙漏一滴一點的漏著，

它也隨著沙漏冰冷、生鏽了起來。

耳朵貼在這條老舊的鐵軌上，

在遠方，希望敲著鐵軌，

傳來的，

不是搖滾樂，

不是古典樂，

而是一首首生命歌曲。

　　這詩感讓黃老師翻出陳雲愷的一份班級作業，分析詩人「泰戈爾」、「楊喚」、「楊牧」的寫詩技巧與內容：

一、泰戈爾

①技巧：

　　第一篇　偷睡眠的人：

　　詩人借用兒童的觀點，用優美的文字，以天真、稚氣的技巧，創造一個充滿魔力的童話世界，雖然是用粗淺文字，卻讓讀的時候可以感覺好像有一幅天真的畫面。

　　第二篇　祝福：

　　詩人先描寫孩子的天真純潔，告訴父母要給予愛及教育，不可因忙碌而遺忘了孩子，要給孩子滿滿的祝福。

②內容：

　　第二篇　偷睡眠的人：

　　「誰從孩子的眼裏把睡眠偷去了呢？我必須知道……這是正午的時候，孩童們遊戲的時間已經過去了；池中的鴨子沉

默無聲。牧童在榕樹的樹陰下睡著了，白鶴莊重而安靜的立在檬果樹旁的泥澤裏。就在這個時候，偷睡眠的人跑來，從孩子的兩眼裏捉住睡眠，便飛去了。」這是充滿圖畫的優美文字。

第二篇　祝福：

詩人描寫慈祥的父母對他們孩子的愛，說明孩子是純真，父母要用愛來引導他走向正路，無論任何理由都不可以忘記對孩子關愛，要真誠的抱他。用「他沒有學會厭惡塵土而渴望黃金」比孩子的純真，在孩子還沒有被社會于好的風氣污染前，父母要給愛及教導。

二、楊喚──夏夜

①技巧：

第一篇：

透過兒童的世界及詞句，以擬人手法描寫農材夏夜的景致，夏天的夜晚像是充滿動態的布簾移動著，而且借用小動物或植物，讓整個夏夜非常熱鬧。

②內容：

「蝴蝶和蜜蜂們帶著花朵的蜜糖回來了，羊隊和牛群告別了田野回家了，火紅的太陽也滾著火輪子回家了，……」是用擬人的手法，充滿童趣。「來了！來了！從山坡上輕輕地爬下來了。來了！來了！從椰子樹梢上輕輕地爬下來了。」則是讓人讀來有一種急迫的速度感覺。

三、楊牧──瓶中稿

①技巧：

詩人在詩中化身為片片波浪，是「都從花蓮開始」，經過各種撞擊，但「是同樣一片波浪來了」。

②內容：

詩人用「這時日落的方向是西」這句比喻人生；「但知每一片波浪／都從花蓮開始」則是把自己化作波浪。

陳雲愷的班級作業第一課「過故人莊」賞析單：

我在閱讀孟浩然過故人莊這首詩，認為這首詩的語譯應該是：老朋友準備了豐盛的酒菜，邀請朋友到他鄉下的家中做客。茂密的綠樹圍繞著村子，城外圍橫斜著翠綠的山嶺。主人擺好酒菜，面對著農家的晒穀場和菜園，兩人舉杯對飲，談著有關於農家的事。我們相約等到重陽日，還要聚在一起欣賞菊花。

我認為這首詩的主旨（作者要表達的人生思想）應該是：這位作者想要告訴世人，在國家、在戰場努力時，也不免要休息一下，放鬆心情。

過故人莊這首詩是一首田園詩。

「故人具雞黍，邀我至田家。」，充滿了朋友間之間最親近、熱絡的情懷，因為從這段詩中的語譯可以了解：那位曾經跟孟浩然成為朋友，並未忘記這段友誼，並邀請他到那位朋友的家中做客。

「開筵面場圃，把酒話桑麻。」充滿了溫馨的情懷，因為從詩句中的「把酒」可知他們兩有舉起酒杯，並聊一些農家事物，這些讓讀者產生的支援意識，是一張溫馨的話面。

　　在這裡，孟浩然和好友談的話題為什麼不是國家大事，而是農事。是因為兩人已看破人世間的無情，對國家大事以毫無感覺了，所以才談農家事。

　　如果要把「把酒話桑麻」硬要扯上政治關係的話，我認為可能當時的政治荒涼，農作物少，所以兩人才在談有關於農家事物。

　　「待到重陽日，還來就菊花」從詩中的語譯中可知：等到重陽日那天，還要在一起欣賞菊花，可知友誼之深厚。

　　整首詩給讀者呈現了鮮明的田園意境，讓人嚮往了友情、田園生活。

他翻閱五年級時，陳雲愷自我完成的法國十九世紀詩選「魏崙的詩的賞析」：

一、「我熟稔的夢」

（一）結構分析：

第一段是起頭，交代作者夢的源由；後面第 2、3、4 段則是描述作者夢境裏女人的感受，是屬「層遞式」描述。

（二）和散文寫作的不同：

以較濃縮的文字及用詞，利用散文寫作的平敘鋪陳法，好像是一篇精簡過的散文，但是以「層遞式」描述，藉由夢境以表達他對某人的強烈感受及思念。

（三）節奏分析：

不急不徐的描寫夢境中的人，是屬節奏較緩慢的詩，

二、「秋歌」

（一）結構分析：

以小提琴的聲音帶出秋天的序曲，再以鐘響勾起作者對往日的感傷與回憶，最後用狂風收拾殘局。

（二）和散文寫作的不同：

是用跨句（跨行）的寫作方式，並借用小提琴、鐘響及狂風為媒介，不同於散文的邏輯式寫法。

（三）節奏分析：

本詩節奏輕快，一段接續一段，捉緊讀者的思緒，隨著作者進入其所描述的意境。

三、「牧神」

（一）結構分析：

二段式寫法，第一段為是隱喻的描述，假借牧神為主角，再以牽引讀者進入其情境。

（二）和散文寫作的不同：

是用延伸式的寫法，與散文不同，保留部分應在散文中出現的文句，讓讀者自己去體會。

（三）節奏分析：

此詩節奏明快，不拖泥帶水，讓讀者自己延伸思緒，細細品味。

四、「月光」

（一）結構分析：

是用三段式的情境描述，用意象式的語法結構，將作者的心靈用「你」第二人稱法表達。

（二）和散文寫作的不同：

如畫般的意境，用比散文精簡的文字表可以讓人延伸、擴張的思考文字，這是和散文最大的不同點。

（三）節奏分析：

節奏輕緩舒暢，猶如一首協奏曲。

黃老師倒帶，翻閱五年級陳雲愷的「談國語科學習」：

　　每一個國家或種族，都有屬於自己的國家或種族的語言與文字，全世界有許許多多的國家與種族，所以就有許許多多不同的語言與文字，也形成不同的文化與風俗，所以電腦搜尋資料，可以發現有許多不同的文字，介紹著每一地方的文化與民俗風情，所以每一個家無不盡全力來教導他們的學生學好本國的國語文，這樣才能延續他們本國的文化，甚至更發揚光大。

　　當今社會日趨複雜多元，各專業領域分工日益詳密，當代社會之價值觀，更是講求功利、要求速效的，國語讓人覺得好像是一門「無用」課程。但是語文的學習是文化教育與薰陶，幾乎每一位學生都要經歷國小、國中、高中，甚至大學的訓練。不幸的是國語這一科不論在老師及學者專家的眼中，學生程度的日趨低落多令人憂心，或許有學生會說能識字，會說話，日常生活應用不成問題就好，至於他能不能運用更精確、優美的文字來表達（包括寫文章或演說），能不

能深入賞析文學作品，讀懂更精微、有深度的經典，從事更高層次的思辨活動，都覺得沒有這必要要性的，因此學習態度就會顯得不夠積極。

有時候即使老師想認真帶領學生進入更高境界的學習領域，但是其成效似乎有限，也無法立竿見影，更不是一蹴可幾。譬如，寫文章什麼時候會進步？是一篇、兩篇、或十篇習作之後？而「讀懂」更抽象，理解文句翻譯、分析章法架構、欣賞修辭技巧……就算懂了嗎？姑且這樣就算「讀懂」好了，但「讀懂」一篇文章，是否即能評量其閱讀、思辨能力之提昇？或者，其提昇是在精讀十遍之後，或是廣讀十篇類文之後？而更根本的問題是，究竟國語文的學習是要讓學生表達、閱讀或思考能力等，提昇到什麼程度才算學好呢？這都是難以量化、無法具體解答的問題，由此就可看出國語科的學習還真的很難。

因此如何在國語科學習的領域裏，增強學習興趣，確實獲得國語文的功力呢？我個人認為有幾點可以做為參考：

壹、蹲好馬步、穩固基礎

記得我還很小的時候，爸爸媽媽就開始教我講話，雖然還不會認字，但漸漸的一般生活上的基本用語，已經可以應用自如了。後來進入幼稚園就開始學注音符號，老師很有耐心的一個注音符號一個注音符號的教我們讀及寫。學好注音符號後就可以閱讀一些簡單的童話故事書，這才發現認字的好處，可以看好多有趣的童話故事，享受閱讀的樂趣。

到了小時一年級開始，老師開始教我們認識簡單的國字，一步一步來，急不得，要把筆劃順序學好，可不能亂寫，真得很辛苦，慢慢地才學著認識國字，並且透過閱讀較短的課文，國語就漸漸的有一點點程度了。

　　時間永不停息，一眨眼就到了五年級，我們很幸運給寫作功力高超的黃老師指導國語科這個課程，短短一個學期就讓我們的寫作進入另一個不樣的境界。國語科的課程內容不像以前較注重注音及生字的練習，老師帶領我們進入另一個較高深的階段，會分析課文的結構大意，加強培養作文的功夫，提升我們中文的能力，才過一個學期，大家都像蝴蝶一樣破繭蛻變，收穫良多。

　　雖然一出生父母與我們的溝通語言就是國語，照理說在生活上使用國語應該是沒有問題，可是國語的文字及其運用，直到我們進入小學才真正認識它的深奧，也才瞭解國語科的課程是很重要的，是一條漫長的學習之路。

　　從幼稚園開始老師就教導我們認識主意符號，進了小學一年級，老師就開始教我們讀課本裏的文章，學習寫生字，並且造簡單的句子，讓我們體會這些生字是應該如何去運用，一步一步的慢慢累積，所以前面階段學習國語是很漫長的過程，都是在打基礎。

　　以前在使用新學習的生字造句時，多是造得出來，自覺通順就好，也分辨不出句子的好壞優劣，甚至有時連句子都造不出來，可把我及爸媽急壞了，所以每天放學後家庭作業中的造句就是我痛苦又畏懼的時刻，度日如年，時間好像跟我作對般靜止不動，想想還真可怕。可是，自從五年級開始，黃老師細心教我們先瞭解如何去打好一個完整句子的基礎結構，原來句子就是「主角+怎麼樣+結果」的基礎構造而來，接著老師教我提升層次，就在這基本架構中添加生動優美的詞句，就像美麗的顏料般，那就是善用副詞令句子更生動，形容詞則讓句子更優美，再加強練習修辭、注入感情就能完成一篇篇動人的文章！

　　句子是文章架構的單位，有了生動優美的句子，就可以嚐試寫作文，起初聽到寫作文想必大家一定跟我一樣，嚇得

說不出話來了吧？因為一提到寫作文常常會感覺怎麼想就是寫不出來，寫了老半天就是擠不出半個句子，那種痛苦一定都刻骨銘心吧！老師瞭解我們畏懼的心理，所以先安定人心，一步一步帶領我們進入寫作的境界，告訴我們不用害怕，文章不過是句子的拉長，在老師細心的指導下，我們寫作的功力大增，讓我們體會到寫作的樂趣，不再怕寫作。

接著老師再訓練我們的閱讀能力，以前我看書尤其是課外書籍，都是走馬看花，不能完全吸收這本書的優點；但是經過老師指點後才明白，閱讀是一種享受，享受中要帶著疑問，要去想想為何作者要這描述、背後的含意是什麼？還有作者的思考模式及人生觀是什麼？這些都是我以前從來沒想過的問題。所以上了五年級之後，在老師的指導下，我閱讀課外讀物時，就在「享受」與「疑問」中吸收每一本書的菁華，也才有自己的思考及心得，而且每讀完一本書就可見識到作者高超的寫作技巧，這都是我學習及模仿的對象，閱讀不僅可以增廣見聞，更可以提升自己的寫作能力。

老師告訴我們，我們才進入三分之一的階段而已，換句話說還有三分之二的學習過程在等著我們，我想等我們學完全部的國語科課程，國語能力及寫作功夫一定嚇嚇叫，大家一定突飛猛進，我要好好把握每一個學習的機會，以後踫到任何寫作就再也不會害怕抗拒了。

6.

「我們的創新還有很深的人文淵源。我認為，偉大的工程師和偉大的藝術家很類似。他們都有表達自己的深切欲望。」

──賈伯斯傳。P. 771

就讀國立彰化師範大學，商業教育學系，行政管理碩士班的學弟張清斗打來電話。

他的碩士論文「黃連從老師教學案例之研究—以教室小說為例」已通過論文口試。

他們兩人聊了許多教學視點。

黃老師對學弟說：「『基本動作』這個詞已經是一個社會集體文化意識的語彙。那麼各個學科教學的『基本動作』是什麼模式？例如：『閱讀基本動作』是什麼模式？『寫作基本動作』是什麼模式？又如運動技能學習、音樂美術技藝技能學習，到實際運動競賽、演奏會演出、作品展覽，無非都是熟練『基本動作群』的組合。把一場籃球賽，做隊員須具備的基本動作群訓練，基本動作群內容分析為運球、傳接球、投籃，防守、進攻等等。球隊『運球基本動作』即成為一項限制性概念教學、反覆練習，它被固定下來，成為一項球隊練習的固定流程之一，每天都要做的訓練項目。」

「我聽懂學長所說的『閱讀基本動作』概念了。」張清斗學弟說著。

「所以，我特意發展『技能教學步驟基模』、『文本師徒制學習基模』」黃老師理清自己一直重視的國小教師專業經驗發展，他想讓國小教師的專家經驗系統化成為一個理論，成為合法性的知識而說著。

「教室小說的發展是你認為重要的。」他問著黃老師。

「『教室小說』呈現的教育問題類別、學科教學類別、教師專業發展的類別，都是小學老師取得自我尊嚴的方式。」黃老師說著。

他想起日劇「輔助醫師」的偶像劇，讓他更深切地說出這一段話。

他們兩人聊了許多人生視點。

黃老師對學弟說：「我們都是自我感覺良好的人。」

剛進茶房的另一位同學坐著，聽這笑聲如追逐的興奮劑一般。

黃老師站起來，從手上的無線電話機傳出一句：「來台東泡深夜十一時過後的冷泉生活；我還想帶你去大南溪的摩老那谷溯溪，那山泉水自山而下，更冰涼。」他們意猶未盡。

　　「我把班上的『新詩寫作分析修稿類目』、『散文寫作分析修稿類目』、『小說寫作分析修稿類目』教學類目單，傳一份 E-mail 給你。」他掛下電話還笑著。

新詩寫作分析　修稿類目

背景描寫（歷史時代，時、空背景）、場景描寫（現場氣氛）【情境】

主詞（人、事、時、地、物）＋意象、事件發展（主角：配角甲、乙──）（意象分鏡圖一、二、三、四──）

意象摹寫技巧	八感（具體化）看、聽、做、觸、嗅、味、感、想
	譬喻（具體化）；轉化（擬人、擬物、擬形象）
	重複性（產生節奏感）：類疊；押韻；重複段、句、字；重複結構；長、短句

意象分鏡技巧	導演拍攝鏡頭	廣角鏡頭	移動鏡頭　低鏡頭　俯視鏡頭　意識流鏡頭		
		特寫鏡頭			
	意象分鏡	畫面處理	全篇綱要意象（起、承、轉、合）；拼圖法；捲圖法；併貼圖法；連續圖法		
			西畫畫面；國畫畫面；抽象畫畫面		
			彩色畫面；黑白畫面		
		句子意象	譬喻句切割多組意象		
			完整句分割、並列、延伸、銜接（分行）、斷裂、留白		
		定題思考	思想（哲思、象徵）		
			意象（畫面；留白）		
			句子；詞；字		

散文寫作分析　修稿類目

背景描寫（歷史時代，時、空背景）、場景描寫（現場氣氛）
【情境】

主詞（人、事、時、地、物）＋意象、事件發展
（主角；配角甲、乙——）（意象分鏡圖一、二、三、四——）

具體摹寫技巧	八感（具體化）看、聽、做、觸、嗅、味、感、想
	譬喻（具體化）；轉化（擬人、擬物、擬形象）
	重複性（產生節奏感）：類疊；押韻；重複段、句、字；重複結構；長、短句

作者視點鏡頭：廣角鏡頭　移動鏡頭　低鏡頭　俯視鏡頭　意識流鏡頭
特寫鏡頭

段落分鏡技巧	段落分鏡	事件處理	全篇綱要事件段落（起、承、轉、合）；捲圖法；拼圖法	
			時間順序安排：順敘；倒敘；插敘	邏輯順序安排：
			空間順序安排：上下左右前後；遠、近；內、外；大、小；逐步擴展	
		句子表達	敘述句（完整、不完整）＋譬喻句（完整、不完整）	成語
			修辭學：摹寫；譬喻；轉化；類疊；層遞；映襯；引用；感嘆；設問；象徵	
		定題思考	思想（哲思、象徵）	
			意象（畫面；留白）	
			句子；詞；字	

小說寫作分析　評量類目

背景描寫（歷史時代，時、空背景）、場景描寫（人物現場氣氛）
【情境】

人物＋情節發展
（主角；配角甲、乙──）（事件發展一、二、三、四──）
【衝突＋解決】

人物刻劃技巧	八感（具體化）看、聽、做、觸、嗅、味、感、想
	譬喻（具體化）；轉化（擬人、擬物、擬形象）
	節奏感（人物鮮活具體）；類疊

人物刻劃	人物外在刻劃	成長環境
		人物對話
		人物身體外型特徵、穿著
		人物生活習慣
		人物語言使用
	人物內在刻劃	人物內心獨白（自言自語）
		人物價值觀念
		人物思想（思考過程、想法、注意的事物）

黃老師想起，閱讀句子、書寫句子的教學設計格式，是語文教育的基本工夫。因此，他也順即傳了「語文教育拼圖」E-mail 給學弟，讓他循著語文教育的全貌，逐步建立學童的語文教育基本動作。他想著：「教學評量標準，是扣緊教學概念而設計的。補救教學亦是回到檢視『教學概念』的學習歷程。」

他拿著前些日子剛寫的詩作，與前來的研究所同學分享「大南溪蝴蝶谷」。

〈**大南溪蝴蝶谷**〉2011.07.12.

在陽光下，
對著大南溪的摩老那谷溯溪。

召喚大自然的書頁，還未翻過古遺址的某次思想
跟著你聊天，略談楓樹林間的五色鳥勾鳴下的
先秦哲學，水瀑的紙張意識著未開發林道的美麗。

莊周與蝴蝶；冥想與大鵬鳥。

孟宗竹林搖曳的綠色墨跡還沒全乾，
進入林中潮潤的靜語：苔蘚、綠蔭、清晨的涼風、
露水，原始的腳印、黝黑的肌膚，
串連在一起的字母說著我的種族。
一台紅色野狼 125 機車，文本很快就會回來
充滿葉綠的芬多精母語，山鳥群鳴
中央山脈在東方生活事件的大地之母。

這一趟是夢裡面的夢，
這一趟是綠裡面的繽紛顏色，
這一趟是溪水和流動的歲月。

令人無法理解的蝴蝶谷，斑斕多彩的羽翅，
數不清的蝶身顏色，在森林的伸展台
隨蟬音、鳥鳴演出百家思想，
夏之印象的設計，飛起來了心境。

好似我曾經出走、迷失，再一次
任由都市長鏡裡的萬花筒，
用自己的規則編織一道謎題，輕輕一搖、五花八門，
期盼鏡面浮映，現出一隻黃粉蝶、一隻黑鳳蝶、
一群汲水的黃顏色和小腳印痕的黃粉蝶群落。

上主的聲音叩問我：
蔚藍的天，不著邊際，
為無止盡，盡出自身之外。

7.

「我們的任務是預知，就像看一本書，儘管書頁上還是一片空白，我們已可讀出上面寫的東西。」

──賈伯斯傳。P. 771

那一個靜靜的夜深時刻，郭嘉柔在畢業典禮那一天的致謝詞影像，翻閱起曾經的日子。當黃老師把「畢業生致謝詞」的工作完全交付她自行寫稿、自行決定該如何說完這一場致謝詞時，畢業典禮這一天，黃老師和大家一樣，聆聽這一場再見。

想起她的身旁一定是蔣亞涓。上課、下課兩人都會拴在一塊兒，談天說地。

晨間時刻便會看見她們這姊妹般的情感，兩人獨自閱讀最近出版的小說文本，清晰的容光讓人滿足這樣的教室生活。

〈畢業生致謝詞〉

　　校長、各位嘉賓、各位老師、各位學、弟妹們，大家好！
我是畢業生代表：郭嘉柔。代表畢業生們致謝詞：

　　首先謝謝大家！在百忙中，抽空參加我們畢業生的畢業
典禮（鞠躬）。

　　這代表夏天的蟬鳴，就在如此熱鬧的情況下，帶著我們
即將踏上國中旅程的──不捨；現在，我要代表畢業生，說
出我們心中無數的感恩：

　　各位老師，您們就像我們的父母，無論是對我們的鼓
勵、還是對我們錯誤的包容，這樣的諄諄教誨，我們都謹記
在心，那樣的無私之愛，我們都真心的感懷；在學習及教導
上，您為我們拓展了無限的視野，為我們提供豐富的知識，
提供做人、處事的經驗談。

　　這一些都是帶給我們最好的教育方式，如此才塑造了今
日的我們。

　　各位同學，因為有你們，才讓我學會珍惜友誼；因為有
你們，才讓我學會為人著想；是你們讓我有了學會與人合作
的學習。是你們處事的過程，告訴我重要的人生態度，那份
熱誠與堅持，是在你們身上學到的；你們是我人生課程中重
要的友伴老師。

　　各位在校生們！我相信，你們會比我們更為優秀，讓附
小的校譽遠揚，並教導學弟妹們，你所知道的一切，附小以
你們為榮。

　　最後，是我們一直以來，早已熟悉如家的學校。所有的
喜怒哀樂，所有的汗水揮灑，所有的笑容，都在學校停留過；
它是我們最優良的學習場所，是我們最安全的體育場所，是
我們童年回憶中最重要的一部分；所以在將要離開學校，前

往另一個新學習的同時，一草一木我們都不會忘記，此情此景常在心中留存。

在即將畢業的這一刻，一切陪伴著我們的：學校、師長、同學們！

我想對你們說：「謝謝你們！」

「謝謝你們！讓我們會想念你們。謝謝你們！讓我們在新的結束與開始，還是想起你們。」

再見了！再見，是為著再見——

第二十二章　　對話

> 伍爾夫認為，「他那冷酷、清的身影、他的堅決，以及對產品的宗教熱忱，凡此種種都點燃他的魔力。他因而擁有特權，可以決定什麼是重要的，什麼是無關緊要。」
>
> ——賈伯斯傳。P. 714

1.

　　和孩子們一起在教室中進行教學對話，是一種無限的幸福感受。

　　這一年，他接了五年級學群的年級主任。他將「讀書筆記方法」和學群分享，這是他在五年級教學中，想要逐步建立的「工具學科」。而「閱讀、寫作」也在「五、資料儲備表式語言」依照「工具學科」、「內容學科」兩條教學路徑，給孩子們一些新的訓練。

　　「有必要如此嗎？」他也自問著自己的資深教學經驗。

　　「必得如此！」這成為他自己的教學內在語言。

〈組織性的讀書筆記方法〉：

一、陳述性語言（摘取大意）：

二、程序性語言（列出綱要）：

三、圖像式語言（意象圖）：

四、概念階層圖語言（金字塔架構表）：

五、資料儲備表式語言（依知識類目表格化）：

文章＼＼ 閱讀作者 思考	形式探究	內容探究	閱讀 修辭學	閱讀 書寫技巧	發問技巧	寫作創作
全篇						
段落						
句子						
字詞						

六、閱讀品嚐行動有感式語言：（閱讀意象停格、閱讀行動、閱讀
　　表演）

　　　　名稱未正式命名，用意在強調閱讀者進行閱讀時，能「跟
　　著句子的主詞一起行動」，一起感受、一起思考，一起走過「主
　　詞所表現的人生」替代性經驗。如日本小說家三島由紀夫在「文
　　章讀本」一書中所強調的，精讀讀者所需要的態度是：「和小
　　說的主角一樣在小說世界中行走坐臥。」 p.142

2.

　　教學學群一開始的發展，大家成立著「教學聊天室」。
　　利用每週四的下午一、二節時段，進行教學經驗對話。
　　導師們提及兩性教育的「生理學、心理學、社會學」，並觀察
　高年級孩子的情竇初開現象，他提及：這是孩子們一輩子生涯教育
　的關鍵階段。因此他開始草擬「高年級情感教育架構表」，希望以
　事件基架的情感發展歷程做為思考主題教學的發端。

高年級情感教育架構表

2011.11.20.

人生事件基架	原因	經過情形	
情感事件發展		經過情形一	
主要概念：了解（同理心）、尊重、社會性支持、自我認知、獨處能力、東西方情感文化異同	喜歡、愛上了、愉快、不討厭——／／逃避、不面對	告白	不告白
情感教育類目＼＼發展歷程	觀察（外表、行為表現、解決問題能力、價值觀、心態、）	表白、書信、自處能力——	獨自欣賞、觀察、獨自思念——
人與其他	人與動物之情		
	人與植物之情		
	人與昆蟲之情		
	人與物品之情		
人與人	親情		
	友情		
	愛情		
	師徒之情		
	長輩之情		
替代性典範	文學典範人物之情		
情感語庫			
情感發展成熟度			
知識性成熟	情緒性成熟		
社會化成熟	道德性成熟		

高年級情感教育架構表

2011.11.20.

人生事件基架				
情感事件發展	經過情形二		經過情形三	
主要概念：了解（同理心）、尊重、社會性支持、自我認知、獨處能力、東西方情感文化異同	獨處	相處	果斷行為	心靈上重要他人
情感教育類目＼＼發展歷程	了解、體貼、細心、陪伴、相愛、發展對待方式、關懷、內心感受——／／忌妒、漠視、冷戰、找麻煩、拗脾氣、報復、怨憎、陷害——		接受／／拒絕	伴侶／／友伴／／長輩師徒之情
人與其他　人與動物之情				
人與植物之情				
人與昆蟲之情				
人與物品之情				
人與人　親情				
友情				
愛情				
師徒之情				
長輩之情				
替代性典範　文學典範人物之情				
情感語庫				
情感發展成熟度				
知識性成熟　情緒性成熟				
社會化成熟　道德性成熟				

高年級情感教育架構表

2011.11.20.

人生事件基架 情感事件發展		結果	影響	評估
主要概念：了解（同理心）、尊重、社會性支持、自我認知、獨處能力、東西方情感文化異同		伴我一生／／分手	自我肯定／／疏離感	再尋找／／單身美學
情感教育類目＼＼發展歷程		珍惜、慈祥／／祝福、敵意	認知、技能、情意	我要的是什麼？
人與其他	人與動物之情			
	人與植物之情			
	人與昆蟲之情			
	人與物品之情			
人與人	親情			
	友情			
	愛情			
	師徒之情			
	長輩之情			
替代性典範	文學典範人物之情			
情感語庫				
情感發展成熟度				
知識性成熟	情緒性成熟			
社會化成熟	道德性成熟			

　　他發現「詩經」風、雅、頌類別的「風、小雅」裡，記載許多有關男、女情感發展的詩歌選集，而且在創作技巧上的「賦、比、興」更是凝鍊著高能力者的寫作技藝。

　　配合課本上的王維、李白唐詩，他開始在小學教室中帶入詩經第一篇「關雎」，他分享著創作者可能的思考、創作者的寫作技藝表現。何以詩經在經營「意象、映襯、象徵、字詞段類疊、音韻」的閱讀效能特別地有感？他希望孩子去感受這樣的讀者反應。

　　黃老師說：「讀到什麼？」和「讀出些什麼？」是不同的。

　　「讀出些什麼？」往往需要進入閱讀作者的「創作思想、創作材料、創作工序、創作工法、創作工藝表現、看得見的與看不見的『主詞行動意象』」，進行閱讀私密性的對話。

　　如賴賢宗先生在「道家禪宗、海德格與當代藝術」一書所言及的「境界美學的藝術體驗論重視的是『質感』、『肌理』、『氣韻』。藝術品是精神的具體化，是存有（道）的跡化，創造一件藝術作品意味著存有思想的原初體驗的具體化，吾人必須從此一觀點來掌握藝術體驗的本質。（p.13）」

　　這在玩古董的行家被稱為「眼力」。黃老師說：「一個高他兩屆的許學長，手中一摸到一把紫砂壺，即可如數家珍、朗朗上口地說出紫砂工藝師的個人師承歷程，個人在風格上的突破點。材燒窯低溫燒、高溫燒、兩次燒。創作泥料沉土年限的取得。這是他玩紫砂壺的三十年經驗。他在『閱讀紫砂壺』，他讀出一些工藝師的作品創作歷程。」

　　有時黃老師自己會想：「教師專業發展的課堂『教室觀察』，教學者把一個教學主題當作是『教學藝術表現』，到底有幾位『教學輔導教師』能具有教學現場的直覺力，『一眼』望盡千江水。教學中的『直覺、直觀、直感』較少被提及，一個教學動作、一個教學語句、一個教學表徵，隱藏著多少『教學創作工序、教學創作工藝』？台灣小學教學現場還未被看成是一個『教學創作者』，去談教學創

作思想、去談教學創作思考、去談教學創作工序，去談教學工藝手感表現、去談教學創作美學，許多實地工作者就隱沒在行政霸權之下，做自己該做的教學興趣。教學『默會』者，只能自知。」

3.

> 然而一切於他已無足輕重
>
> 他任來者自來
>
> 他彈奏，他的手搖弦琴
>
> 從來不曾沉默
>
> 這是「冬之旅」第二十四首「手搖弦琴師」，德國抒情詩人繆勒的詩句。

——〈室內靜物窗外風景〉——尉任之 p.81

他最近看的書比較雜，隨手翻閱，隨手覆蓋。是一種教育退休前的美學，不帶著過多的，如吳晟詩作「甜蜜的負荷」，像陀螺繞起孩子們打轉地生活在這個小學教育生態現實。

黃老師喜愛賴賢宗先生對「癈名」詩作的評析。喜歡「保羅·安德魯」在北京奧運的誕生蛋形建築，寫下「記憶的群島」。

保羅·安德魯寫著：「他將夜晚的光線整理得井井有條。（p.162）」

那日黃老師和邱耀平老師在導師室，談到台東縣陶金銘先生的書法點、畫。

邱耀平老師說：「書法行筆，難在點、畫清晰、乾淨，這是許多書家難以做到的工夫。」

「站在他仿臨唐朝褚遂良的作品前，心靈如被湧上來的泉水施洗一番，洗滌得乾乾淨淨的，一塵不染的空寂靜謐。只能說睡覺無夢，何等幸福。」黃老師說完自己的生活體驗。

　　他臆想：「陶金銘先生在書藝上的堅持，早已定格在自己的美學思想上，活下來的線條都是清雅、乾淨、爽朗的山水之境。」黃老師把陶先生的書藝，放在床邊靜臥，每一回到臥室，立眼可見、可覺：「生命美學究竟是怎麼一回事？」

　　朋友們都知道，作品沒有一個水平點，黃老師的眼神是不停留在作品前端詳的。面對一個詩句，他會跳腳、他會衝動、他的口中嘖嘖有詞，他會跳上講桌，為孩子表達那了不可得的「一個字」，為孩子表達作者寫作現場的詮釋，為孩子表達作家的眼光之移動，為孩子表達作家精準捕捉的瞬間字詞，均是支援意識的造工。

　　附小新任的黃校長是由底層結構的校內教師自行參選的，這個場子由她口中的「感動」、「感恩」、「感謝」和新的行政團隊調整校內資源，這自有這個學校的歷史定評。

　　反觀台東大學的評選委員也在這個過程擔負著「小學教育道德決定權」的行使。

　　「我只是把小學教育當一回事，在教室行使學科本質知識的教育實踐，我希望教學是一門人生表演藝術，點、畫明了，清澈見底。」黃老師常和外面的朋友如此敘說：

　　「以喝茶來說吧！茶作師掌握摘下來的明前春尖嫩葉，進入萎凋過程的注意水分由葉脈細胞散發的『生』、『死』變化。茶湯之美由『生』、『死』已區隔高下，『生』為鮮活者，才有必要進入品評、鑑賞階段，談美。」

　　「反觀校內的教學輔導教師，輔導校內新進教師進行教師專業發展一年，我都還思考著：『有必要在教評會堅持考選教師嗎？』眼見嫩綠鮮活的茶葉，交在茶作師手上，怎地捏了一把冷汗？」

　　那日，馬偕李醫師在他那兒喝茶。護士小姐掛來電話，醫生與護士小姐之間的言談均是「醫學專業術語」的溝通。這是專業「行規」中的「行話」。他身為旁聽、旁觀者，想著：「一個專業水平是怎麼逐步在建立的？逐步形成的專業焦點、專業行為表現。」

李醫師說：「最近要趕一份案例報告，他們有責任對同事們報告：『醫師執業案例思考、判斷，執業施作細節歷程報告，面對、接受同僚們的醫學質問。』」

他開玩笑地說：「我們教育現場的老師，都不使用教育專業術語溝通了。如果做教學質問，那會有翻臉的脾氣。」

「像自然科的學科本質知識，我喜歡質問：『下操作型定義，要怎麼教？』。

像數學科的學科本質知識，我喜歡質問：『$1.5 \times 0.3 = 0.45$，為什麼答案的小數點要二位？這要怎麼教？』。

$1.35 \div 0.3 = 4.5$，這 4.5 是什麼意思？為什麼直式計算時，小數點要移動定位點？這要怎麼教？』。

『分數 ÷ 分數』，為何要顛倒相乘？『四則運算的先乘除後加減公式』是個什麼道理？這要怎麼教？」

『面對國際閱讀教育測驗，我們的語文教育教學，要教那一些類別？閱讀與寫作教學計畫為何？』

這一些由教學現場實踐的教學工藝，一直流動在黃老師的生活世界。他常想：「教學施工品質。教學藝術設計。朱銘先生的藝術創作，放在一個大型的自然場域，成為他一生的創造性轉化。教學現場的『教學創作物』，該如何展現成眾多集結的藝術品，放置在一個自然場域，既是生活亦是藝術，為了美麗一次。」

『張德銳先生等著的教師專業發展檔案實務與研究，主導著小學教師專業發展檔案，我質問的是：量化研究能突顯教育現場的質性專業發展？當教學尊嚴被量化時，小學教師的教學生涯，會在哪個人生位置發出聲音？』他嘀咕著。

「黃政傑先生編撰的『教學藝術』2010.12.由五南出版社出版。這一群對教學專業知識合法化的努力者，開始由教學現場的共同書寫，發出教學實踐知識的聲音。小學教師會有自己的教學故事文本

演化，教師個人知識從內隱行為的默會知識，走向外顯行為的公共理論知識。」黃老師開始想著：「劇本。」

4.

唯有書寫：
「如孢子著迷的形象邏輯。」

──白佛言

〈靜物低迴〉2011.12.15.

虛空：一無所有，一無所失。

窗外風景下的一朵蓓蕾，
植栽大地之深的花瓣，
屬於故事愛過規律的歸所。

年老靈魂的光芒與陰影，
逝去的一切沉思與嘆息，
低迴者，唯一靜物。

「送你一程！」萬物之母走回層層的扣問。
許多樂章是澄淨地緊臨鄉下人喃語著的虛擬，
神的眼神之於太陽的光線，寄居寫實的朦朧全集。

手中握著神祇的聲音，
有如一個莊園清晨之光的肌理。
當易經起始翻閱內心低迴的樂譜：
那是沒有界限的變奏曲，
有一首歌的歌詞召喚出眼神的翅翼。

「你了！」遙遠的過去，與沉浸在不存在的國家。
「你真的了我！」顯得單純的實際，回家的感覺。

簡單的心之鏡頭，
拍攝時間謄寫靜靜飄過的一片秋葉。
那書法交錯的另一種認識，彷彿畫家
孟克的「生命之序」，藝術之唯美。

〈東海岸記筆〉　　2011.12.10.

清晰可聞的東海岸晨曦。
四處漂泊的海浪弧成一處廣角鏡頭，遠遠的。
浪花聲回盪的岩岸、礫石、沙灘的中庭、山鳥的腳印。

聲音，散落的秋葉休息於如夢境的東河橋下之翠藍，
一隻溪鳥飛過，朝那個方向的邊陲小道、舊橋樸拙不語、
溪中純淨玫瑰白的石群低語。這些事物進行著
空間描繪下的儀式之完成。

造物者的戲劇性，以告別式的讚歌回歸天堂。
先行主義者的藝術觀看方式，在消逝中宣告自白。

披頭四的曲子安插在東海岸台 11 號縣道，
陽光癡迷的變奏曲只有列隊行駛的重型機車合唱，
年齡的酷炫模樣對這秋天作品的認識程度。
翻閱浪漫印象的段落，重訪神的跡象：
一段段的落差成就對自己的救贖，神啊！
漂流的年紀是唯美的一個符號。

四則運算出屏息的美感，走進這樣的隱約。
河谷、秋天的野蘆葦、孩子眼神中發現的溪邊野花，
遍佈沙洲的失樂園，沖積成東河溪、海口。

一個老人從太陽升起的地方簡潔畫面。

〈沒有一物是附屬品〉　2011.12.11.

清澈河流的生命與安靈曲，
生長著蜿蜒的野樹。輾轉萬物的水流聲
層次分明，頓時間沒有一物是附屬品。

雲南綠色大茶樹的枝椏間掩映著思想的生態。
這個園子由陽光喜愛聽蟲子的歌聲，
而純良、而甜美、而明亮、而歸入塵間。

這座徘徊在森林邊緣的聚居，
視覺和氣息穿梭的街巷一般可人，
隨處可見不知道是哪個時代的種子在這兒時間。
可聞的小花苞極其微弱地如同夢境，
把場景的生活習慣成社會主義路線。

接觸光線纖細的手指，人、神之間的命運：
如微風穿過樹林無秩序般的寧靜。
口袋裡摸索一張車票，那前往時空背景的特殊語法，
坐在火車窗邊遠望縱谷平原，凝視的是日子的情節美學。

仔細收藏稻田在秋末收割後的禾黃色，
一壟壟延伸的衝動中，誰能知道已逝者
是如此放肆地綻放，如此鮮明地素描它的世界。

金黃色的田野描述著瀰漫的金黃，
草葉回歸拂動的心靈視覺，這丰采如一皇朝。

〈一群野花白〉　　2011.12.12.

四季並陳而出的旅行。
沒有扎記的散亂章節質問沿途的風景。
任意放置大地的一群野花白，
打開了寂靜的綠色系列。
說話是一個輪廓，勾勒線條瞬息的表態。
意義是一個平淡，宗教的虔誠紀念著雨季。

垂掛室內天花板、淡青色石斛蘭、靜謐的木頭原色，
透明是一個字詞：室內、室外都有菩薩慈悲的臉龐。
深夜一盞燈光呈現出來的映影虛實著淡淡的自傳，
一只背包在鄉間自行書寫沒有修飾的月光，
推開木質落地窗，窗格子外的金絲杜鵑花
彷若沉思錄：夜色靜靜地呼吸，靜靜地生長對比。

〈清晨以光線的心境走路回家〉　　2011.12.22.

一片楓葉落下秋末時刻。
一壺茶湯如是我聞滴滴溜溜：
聽得、照得沉香嬝繞的影子蔓延。
睡了，菩薩的鞋床，
依附草堂之家也有自序。

指月錄的手，標指雙面鏡子的把手共行，
回家的感覺以安全落地的花瓣：

「源自內心深處夢囈地觀自在。」
河岸之洲空無一人，無法言銓
是何世新芽添思的載泉以釀？

鐵線厥從侏儸紀時代，苞子絮語：
「安息他方的，會從幾世紀覆滿的葉片中甦醒。」
上帝的伊甸園吃了辨認是非的我執。
靜夜落下來的月光是一組幻境。

晝夜提撕，禪宗：
「啞子得夢，只許自知。」

不存在現實之中的美景，
米開朗基羅的雕像：「聖殤」啊！
真理圖像旁觀純淨的墨迹，原無回音。

一人靜默森林低語，唯有書寫：
「如孢子著迷的形象邏輯。」漫長的型態，
把自我丟入最原始的空寂。

海上升起晨曦和薄霧，
散步草葉野放的詩經路徑，
清晨以光線的心境走路回家。

寒假期間，有時晴朗，有時微雨。
中央山脈落脈在東部的雨後雲嵐，讓他置身在自我的教學回
憶裡。

第二十三章　我的知識拼圖

小五上／姚傳群

這是黃老師幫我們班上一起整理的「知識拼圖」。

※主題句：這一段都是在說哪一個主詞，這個主詞所形成的句子，就是主題句。

　　夏末初秋，剛開學的三個月裡，我們對所有的新事物都非常陌生，也異樣忙碌。經過黃老師的指導，我和同學們已經快拼完，屬於每個人國語科的知識拼圖。像一群在下雨中還未歸巢的燕子，是否找到歸宿？還是對一切的不習慣？

　　我學到了文體類別，有記人、事、時、地、物的記敘文；有寫議論文和說明文的論說文；還有寫日記、書信、便條的的應用文；還有常見的寫唐詩和兒童詩的詩歌；更有罕見的小說，（武俠小說等——）。

　　寫作有一個重要的大絕招，就是『定題的方法』。例如：「有時散步」，我用了「副詞＋動詞」。題目如果定得很好，讀者就會想要繼續讀下去；如果定得不好，這篇文章就沒有可看性。因為題目是讓讀者對這篇文章的最初印象，讀者看到題目時，會想繼續讀下去，讀者不會先看文章內容。

　　八感也就是摹寫技巧，有「看、聽、做、感、想、觸、嗅、味」。什麼主詞都可以用八感寫出它的表情動作、寫出它的生命。八感摹寫技巧還可以配合作者的觀察鏡頭來描寫，可以利用的技巧包括「特寫、廣角、鳥瞰、移動、跳接和低鏡頭」。一個作者可以決定要不要讓主詞有生命。我自己用摹寫技巧，寫了一篇短文，題目

「雲」：『在一個晴空萬里的天空中，一朵白雲，孤獨的想找人陪它似的。這時樹兒聽到了，樹跟白雲說了一些話後，樹兒難過的低下頭。風姊姊看到了，趕緊去安慰樹兒，了解事情的經過後，風姐姐生氣的把白雲吹走了。』

我是利用老師所教的摹寫技巧寫出來的，當時我使用了廣角鏡頭來觀察寫作。

書寫句子要正確，除了要通順，還要有「主角＋怎麼樣，＋又怎麼樣，＋結果。」的基本結構。如果能使用不同的修辭，會讓主詞更具體、更生動。這個句子結構也可以運用在理答技巧上。但一般的簡答題，理答技巧如果只用「主角＋怎麼樣，＋又怎麼樣。」也算對。「例如：我在第一課國語習作的閱讀測驗文章，『一目了然』問答題：『說一說，猜想台下那提問的聽眾聽完後，會有甚麼反應？』我答著：『他只能繼續聽演講，忍受別人的譏嘲。』」

每篇文章都有一個文章基架，每一個段落的段落基架都有主題句、推展句和結論句。主題句會在段落的前面、中間或後面，另外推展句可能不只有一個，可能還會有好幾個。有的文章段落前會有背景句。

要寫綱要，就要先把作者分好的自然段落歸納成意義段落，意義段落也會有小文章基架：如「小原因、小經過情形、小結果。」把意義段落分成綱要，分好段落基架，這時候就可以開始寫綱要和段落大意了。綱要就是這一段都是在講甚麼事件，不需要補上結果。段落大意就是這一段都是在講甚麼內容，需要補上重點細節。例如：原本我自己寫著：一、齊景公喜愛馬（第 1 段）。二、馬死了，齊景公要殺養馬人（第 2 段）。三、朝廷覺得不妥，晏子要替齊景公處死他（第 3、4、5 段）。四、晏子的機智要救養馬人（第 6 段）。五、晏子的機智，讓景公成為有名的國君（第 7 段）。六、晏子的智慧，留下了許多故事（第 8 段）。

　　老師再幫我們全班示範，寫國語課本裡的第三課綱要：一、齊景公愛馬（第1段）。二、晏子智救養馬人（第2.3.4.5.6段）。三、晏子進諫，景公納言（第7段）。四、晏子留下智慧故事（第8段）。

　　老師是用全篇文章基架的記人文章基架「引言大段（第1段）、人物中心描寫大段（第2.3.4.5.6段）、感想（第7段）與評論（第8段）大段」來分類的。老師的人物中心描寫大段裡有小事件基架「小原因段落（第2段）、小經過情形段落（第3、4、5段）、小結果段落（第6段）」。他說這是「雙層結構」的文章，我還在慢慢的了解老師說的文章結構。

　　閱讀文章時要注意空間安排，有「上下、左右、遠近、更遠更近」。還可以利用瀏覽閱讀、分析閱讀、提問閱讀、重述閱讀、測驗閱讀，把讀的一切記在頭腦裡，變成長期記憶。讀完文章後心中的情景，就是心靈圖片，老師說這是意象圖。例如：在第二課老師的回家功課要我們畫出「閱讀意象圖」。我看著課文中的詩「一篙一櫓一漁舟，一丈長竿一寸鉤。一拍一呼復一笑，一人獨占一江秋」，畫著一艘漁舟，在金黃色的江上，舟上有一個老漁翁，手上拿著釣竿，一旁有一支划槳。這時釣起了一條金色的大鯉魚，老漁翁在高興著，夕陽依舊斜射著。

　　現在的字是倉頡造的，有象形、指事、形聲、會意、轉注、假借。字形的結構有「上下字、上大下小、上小下大、左右字、左窄右寬、左寬右窄、獨體字、半包字、內外字」。字詞則有名詞、動詞、副詞、形容詞，每個字詞都有不同的意義。

　　一開始我的作文能力沒這麼好，重新分班後遇到了黃老師，到現在我學到了許多以前兩位老師沒教的東西。現在我學會了以上的閱讀方法，我學會散文的寫作技巧，老師的教學是和其他老師不太一樣。例如：

　　「老師對作文和散文的教學比以前的老師還來得更注重，甚至在上課中為了幫助我們瞭解課文的表情、動作，而跳上講桌表演課

文裡的每一個表情、動作，讓我們加深記憶。又例如：有一天走進教室，發現多了幾盆筆筒樹。上了國語課時，才知道老師原來是要訓練我們八感摹寫技巧，用筆筒樹來練習描寫句。

平常上課時老師的態度很輕鬆，不會讓我們感到很緊張，說話時的表情動作很豐富，他常常在上課時化身為小丑或演員，喜歡搞笑，讓我們捧腹大笑，我和同學們都很喜歡上黃老師的課。」

我寫了一篇文章，用了摹寫技巧，和舉起特寫鏡頭來描寫，我在筆筒樹附近觀察，文章是：

〈筆筒樹〉

在城市中，有一棵孤單的筆筒樹，似乎想說些甚麼？它沉重的舉起那斑駁的雙手，擦拭著從臉上泣下的淚水。它辛苦的彎著腰，難過的呼喚它山中的朋友。倖存下來的它，曾經歷過失去朋友的經驗。在某天，城市的人，為了開發山坡地，把它的朋友們移植走了，倖存的它，被帶到城市裡。每當它想起朋友時，就會開始哭泣。

升上五年級，原本我以為教學會和三、四年級差不多，沒想到差了一大截，我的作文能力在半個學期內感覺提升許多，每篇文章能用的閱讀、寫作技巧都能夠靈活運用。第一次運用八感摹寫技巧來寫成小文章，幾次的運用讓我很熟練，接下來又學會了修辭學，用來寫句子，句子裡如果加上修辭會讓句子更生動具體。後來學會了用鏡頭來觀察物品，這會很清楚自己所注意的景物，這些都很熟練後老師就帶我們去戶外寫作。老師教我們寫綱要和段落大意，分析課文的空間安排和八感摹寫技巧。在上第六課時，我又學會分析作者的人生思想。例如：「老師問著：『藏在第六課溪谷間的野鳥一課的尾段：作者是在偶然的上山發現了這片天地，而註定了他一生的賞鳥活動？』」、「第五段『偶然的走進溪谷，慢慢的我喜歡上這隱密幽靜的王國。』這在暗示作者劉克襄，身在城市的獨處世界嗎？」

　　升上五年級後我學到的東西比以前還多，而且是平常學不到的東西，老師教了我們這麼多閱讀方法和技巧，是希望我們在未來能夠獨立學習，自己學會擷取文章重點。現在當我讀到一篇新的文章時，我會先使用瀏覽閱讀，再使用重述閱讀，最後再使用測驗閱讀，這就是我閱讀一篇文章的順序；老師教了我們這麼多的寫作技巧，是希望未來我們能夠運用在寫作上，寫出一篇好文章。

　　我寫了一篇文章，就是上面初見的「有時散步」：

〈有時散步〉

　　　一個溫暖的下午，吹來一陣陣涼爽的秋風。我，和一群寫作者在樹下一起寫作。

　　　放眼望去，葉子們不停的飛舞，快樂的不停活動。枯葉們那青脆的聲音，聽了真舒服。茄苳樹的樹梢，斑駁的手臂，彷彿告訴了我它的故事。秋風吹來，樹葉開始晃動，地上的影子，也一起晃動。茄苳樹上的蘭花，它的根攀在樹幹上。根，在和風兒玩耍，它的根，沿著樹皮的縫隙生長，從白到綠，從綠到白，這是根的漸層顏色。每當我舉起我的特寫鏡頭，馬上就吹來一陣風，彷彿它在跟我玩遊戲。

　　　校園花架上的三角梅，它的莖，直立在空中，它們彷彿在向我招手。從根到架上的莖，到處生長，在附近，三角梅隨處可得。標杆上的國旗，隨風飄揚，看著看著，莊嚴的國旗，不禁讓我想起我們國父的奮戰一生。在操場的另一端，那廣大的草皮，下課的時光，就在我腦海中放映，永遠不會忘記，那打鬧的情形，我也不會忘。單槓旁的欖仁樹，樹下的大欖仁葉，擁有那美麗的紋路，及顯而易見的葉脈，正好是一片好的葉子該有的條件。在我身後的紅褐色大樓，也就是海豚大樓。燕子們似乎在尋找位置，在大樓身上築巢。牠們不停的繞啊繞的，難道牠們不會頭暈嗎？司令台旁的椰子

樹，在向更遠更遠的地方眺望，它認為爬得愈高，就會看得愈遠。附近傳來的蟲鳴聲響，好像在讓我聽大自然的一場音樂會，不時傳來的鳥叫聲，這些聲響，讓我的心情放鬆很多，好似在一座無人的森林裡。充滿歡樂的遊戲器材，在下課時，是小朋友們最佳的玩伴，如果下課時沒有它，小朋友們一定會覺得無聊。另一旁的青翠草地，有些乾掉的青草，認為這是它的宿命，當我拾起它時，我就會想起那些曾經擁有生命的物品。

這個下午，我能聽見小朋友們的歡笑聲，我不會忘記這段成長的時光。

十一月十六日教室外頭下著大雨，老師利用綜合活動時間進行寫作評量，題目是和雨相關的主題。

我寫了一篇文章如下：

〈雨，已下了多久？〉

昨夜，上週，都不停的下雨。到底，要下到什麼時候？那天午後，下起傾盆大雨，風，也不停的吹。是冬季來臨了嗎？灰暗的世界秀是現在所看到的嗎？模糊的世界是這個樣子嗎？

溼冷的風，帶著水氣，往我的身上吹；我不時抖著冷顫，真的好冷；我的鼻子讓我感到快不能呼吸了。想歸巢的燕子，在外面盤旋，淋著無情的雨，只能想著溫暖的家。花草上，一滴一滴的雨水，加上風的吹動，使一切比平常蕭瑟多了；葉子也受夠了風雨的玩弄，厭煩地低下頭。剛才，交叉的雨，讓我感到新奇，這從未見過的雨真奇怪，一陣陣的沙沙聲，蓋住了一個小城市的聲音。這卻讓我感到很欣慰，吵雜的聲音終於被大自然的聲音蓋掉了。

　　我不時的凝望遠方，白茫茫的一片，這是一種預兆嗎？路人，穿著黃色的普通雨衣，正在緩緩移動；車子，也是，來匆匆去匆匆，快速的通過；騎士騎著機車，在雨中穿梭，快速移動。淋著雨中的遊樂器材，少了小朋友們的歡笑聲，下課的十分鐘，就變得無趣；沒了他們的歡笑聲，下課的十分鐘就只能冷淡的帶過而已，如果沒有他們的歡笑聲，下課的十分鐘，就變得空虛，也不再特別。偶爾吹來一陣強風，把樹兒吹得左右晃動，好像在在跟我招手，要我去救它似的，讓它不再淋雨。路上的狗用跑的，想找個遮蔽物來躲雨，牠不停的找，這時牠累得停下來，不想再找了，只能淋著雨稍微休息一下。曾有歡笑聲的操場，而在雨中聽不見歡笑聲，不再熱鬧，又被雨滴掉落聲蓋過，使小朋友們很無聊。

　　雨，把草地浸濕了，也濕潤了我的心。天氣，就是這樣反覆無常，一切的一切又在雨中出現。雨，下了好久，好久。

　　我的知識拼圖是老師帶著全班完成的。而我，是喜歡寫作而已；我會把這塊知識拼圖記在心中，永遠不會忘記。這一段踏上寫作的旅程，是我自己選擇的，我會持之以恆。

語文科基本技能學習教學主軸（語文基本動作）		
A-閱讀段落基本動作		

1	綱要	綱要（作者取材的主詞、主題、事件）		
2	段落基架	主題句	推展句	結論句
3	句子基架			

4	摹寫技巧
	外在描寫
	內在描寫

5	順序安排
	時間順序
	空間順序

6	鏡頭安排
	廣角鏡頭
	特寫鏡頭
	鳥瞰鏡頭
	低鏡頭
	移動鏡頭
	跳接鏡頭

（註：語文科學科知識拼圖，擬在下一本專書「Be-tween 教與學」，呈現分頁
　　資料儲備表格式。）

第二十四章　內在語言

飄過闇黑的宇宙

終於找到了光

淚把感激寫在天邊

　　〈銀色小調〉周慶華，2010。（流星雨 P.184）

凍結四個季節以後准你一次提領

　　〈銀色小調〉周慶華，2010。（冬 P.185）

1.

這一年，黃老師接了新的一個五年級班級。

校慶運動會剛落幕。學校準備著運動會刊物，訪談選手的過程逐步形成一種新的運動文化。他以校歌的歌詞定題，讓孩子們想起：我們一起唱了六、七年的歌詞，「我們是——。我們是——。像——，像——，我們是——」

〈像駿馬奔跑〉

　　從一個年代橫跨一個年代，我們都在為自己的生活影像，留下一些印記。

　　附小的運動會是我們集體性的回眸：等待序幕拉起的進場儀式，由最幼小的鼓音回盪出，這一條跑道上所有的可能性。這裡有童言童語、有連續性的預賽項目、有交頭接耳的成績欄位、有我們練習串場般的行動、有我們關心的運動社會地位、有競爭、有合作、有學習、有運動，更有藍白

對抗賽和我們高音的嘶喊、熱情的雙手，推動這個世界的小小角落。

　　穿遊過茄苳樹的烏頭翁躍跳枝頭、綠繡眼鳥鳴綠蔭、來到斑鳩鳥散步綠色蔓延的操場視覺，我們一起趣味雙龍搶珠、衝破難關、杯水車薪、兩人三腳、搖搖樂、獨輪運球、蜈蚣競走，像一群趕集的生活學習者，每天都樂活。

　　運動名聲被說出來，被注意著的感覺真是美啊！生命就是這樣在表現美學的。

　　閉幕，群唱：「我們是——新中國的小主人。」

　　孩子，「你了！」、「你真的了我！」你眼神傳達出銀鈴般的笑聲，是藏入我們心田裡的畫面。我們一起帶著這一些，會笑出來的童年，行住坐臥附小的彩虹橋上——一起聊聊天。

　　每年校慶運動會，進出附小，在校門口靠近彼此的感覺真好。那兩棵高大的楓樹展現冬季的丰采——思念一直存在葉片的自然顏料中幻變著。

期末時，他想著輔導紀錄書寫樣式，也會是一種師生之間的對話。因此，他做了書寫基本格式和範例：「時間，人物刻劃：『老師說話內容紀錄。』對我的影響（結果句。）」他希望孩子們，傳回五年級上學期的師生對話和對孩子們的影響。

　　「範例一」：95.4.老師對我說：「自己的事要自己做決定，所以我沒辦法幫你。」從那個時候開始，我的自信心增加了，也比較會做決定了。

　　「範例二」：95.6.老師，對著哭哭啼啼的我說：「把事情的原委說出來，才可以解決問題。」我便把事情，原原本本的說給老師聽。最後，老師對我說了

一句話：「人生，不一定是完美的。」這讓我放寬了心情。

冬至過後，寒流，真是令人寒氣。

五年六班的孩子，還是在玩一些孩子般的玩具。黃老師把三天的教學時間交給孩子，要他們自己安排複習期末評量的學科科目。

他說：「獨處，是一個人生的重大課題。靜默地完成自己的安排，是一種難得的經驗。我們常常把自我，交在別人的眼光中生活，而不是交託在自己的手裡，真是可惜。讓這個時間經驗，是交在你自己手上的，去延長這種和自己相處的時間。」

第二天，孩子傳回 E-mail。

孩子記下的每一段對話，都直直地敲了老師的心門。

他們師生彼此逐漸形成的一種「人生內在語言」。這「內在語彙」在內心深處，陪伴著自己的慢活。

人，生活在四季也變得多采多姿了。

〈五六輔導紀錄書寫〉

01　莊育舜：100.9.老師和我們說：「我們不要闖紅燈，如果加速又闖紅燈，那一定會很慘（象徵）。」這句話改變了我的工作態度，讓我功課好。

02　陳傳貴：100.12.老師帶我們到活動中心彩排節目，我擔任節目介紹人。一開始聽到這消息，我真是嚇呆了，竟然要在那麼多人面前說話。但是，就因為老師的一句話：「大家給他拍手，他一定花了很久的時間背。」於是我就鼓起勇氣了。

03　傅志藤：100.9.老師對大家說：「你一旦說謊，就會在你的心裡做出一座說謊山。你又怕被別人發

現，就會做出另一座說謊山，來把這個謊言包裝起來。精美的包裝到最後，只要一被別人發現，心中的壓力就更大了。」從那天開始，我變誠實了，不敢再說謊了。

04　陳冠元：100.9.老師的表情嚴肅的說：「句子的結構要有主角＋怎麼樣＋又怎麼樣＋結果。」從此以後，我造的句子更好了。

　　　　　100.9.老師說：「命運掌握在自己手中。」這讓我知道要用功，因為命運掌握在自己手中。

　　　　　100.11.老師非常認真的說自己的名言：「人生要活得完整。」這時我才知道要利用時間，每一學科都維持在 90 分左右就可以了，剩下的時間要閱讀課外書籍。

　　　　　100.10.老師說：「讀書要進行閱讀品嘗。」這讓我知道每一個字都有很深的含義。

05　游宏智：100.12.老師嚴肅的對著全班說：「自己的事要自己做決定，要以自己的判斷來做決定。」聽了老師的這一句話，讓我比較會學著自己做判斷，也比較會做決定了。

06　陳佑台：100.10.期中考結束時，老師對我說：「佑台的國語科成績有進步。下一次一定可以更好。」我聽了以後，回家就複習期中考考卷。

07　徐奕泓：100.11.今天早上我一直看黑板的時候，老師突然對我說：「奕泓今天很正常？」我心裡覺得老師在關心我，我上課變得更專心了。

08　陳皓明：　100.12. 老師對全班的同學說：「你們要學會繞道而行。」從那一刻開始，我便告訴自己：「人生沒有一條路是直達路的。」

09　林育諺：　100.10.有一次，老師在幫我們上人生思想，即人生過程。下課後，我和同學在玩玩具，老師說：「恭喜你們找到了人生思想。」聽了老師的玩笑，我開始注意學習了。

10　郭群銘：　100.11.有一次，我好多篇作文沒交。老師一直追問我：「作文到底有沒有寫？」我沒說話。心裡想著：「要趕快把作文補完。」之後，老師說我的作文能力很強。我覺得很高興，就喜歡上了作文。

11　林品堯：　100.09.選班級模範生時，老師對全班說：「自己的事自己做決定。」現在很多事情，我都學著自己做決定，我感覺自己成長了。

12　董國偉：　老師幫我們上完中國兒童訓練營的課後，對我說：「小董，你只要再加油一點，就可以變成寫作高手。」老師對我比一個「讚」的動作。這時，我心想：「我要更努力，成為閱讀、寫作的高手。」

13　劉凱揚：　100.12.老師問我們：「為什麼國語第十課，老師要排到最後才上的一課？」老師說：「答對的人，老師要送他一本書，書名叫少年小樹之歌。」我們猜了很久。有同學說：「老師要教我們繞道而行。」然後老師說：「只有對一點點。」讓我們白開心了。最後到底

答案是什麼我也不知道，可以請老師再告訴我一次嗎？

14　張冠峰：100.12.老師對全班說過：「你們做的決定，一定有你們的理由，我尊重你們的意見。」聽了之後，我要做決定之前，都會先想一想做出決定的理由。

15　賴裕達：100.11.老師對我說：「在你說謊時，心裡會有一座山。等那座山倒了，就代表你的說謊被發現了，這時彼此的信任感會漸漸消失，再也沒有人相信你了。」我聽了這段話，才讓我不說謊，因為說謊會讓我沒有朋友。

16　姚丞中：100.11.打完上課鐘，同學發生了爭執，老師正在忙。他對著遊手好閒的我說：「你去幫忙處理一下，好嗎？」這是很難得的機會，我驚訝得答：「好！」之後，這讓我知道如何處理爭執的事情，我以後也比較會處理事情。

　　　　100.11.一個早晨，老師叫我們把隨身碟拿回去，我去拿時，老師對我說：「這篇文章要當做全班的範例，寫得很好。如果再修改，我就打 100 分。」我把驚訝埋藏在心裡，但面無表情的說：「喔！」於是，我就每天認真的修改。但這次讓我知道，只要認真就能達成目標。

　　　　100.10.認真教學的老師，告訴我們這次的成績不好，接著說：「命運掌握在自己的手上。」這讓我知道，大家一起努力，就不會『換口味』。

　　100.12.在上繞道而行時，講到了作者，老師說：「一個人老了以後，要對自己的笑容負責。」當時，有點難懂，但深刻體會之後，就更應該尊重老人家的笑容。

　　100.12.作文比賽完後，我落榜了，我的心情很低落。一天，老師問：「這次比賽的題目是甚麼？」我道：「大家一起反霸凌。」老師想了一下，說：「這次題目不好。」我心想，老師都覺得不好了，我也放心了。我知道了結果不重要，重要的是過程。

17　陳可涓：100.11.老師慎重的對全班說：「要對自己做的事情負責。」聽完以後，我做每一件事都會再三考慮，以免最後不知如何是好，做了也一定要負責到底，不能又突然後悔！

18　萬珊蕾：100.11.老師對著我說：「要相信自己，才能完成大事。」從那個時候，我徹底領悟到，對事情不要害怕，而要勇敢的講出來，也打開了我心中的疑問。

　　100.12.老師對著全班說：「一個人的一生，都在不斷的改變，是好、是壞全由自己負責。因為每一次的改變，都掌握在自己的手中。」有了這句話，讓我堅定的心更加燃燒。

19　石慧靖：100.12.老師有一天說：「為什麼要把『繞道而行』放到最後一課再進行教學？」我就說：「老師要教我們『繞道而行』。」我心裡就想：「應該是。如果我們遇到挫折要『繞道而行』，換

個方向思考。」老師送我一本書，書名叫「黑鳥湖畔的女巫」的少年小說。

20　陳雲苓：100.11.老師對全班說：『命運掌握在自己的手中。』老師說完後，我都把事情功課全部都做得很好。

21　劉妍玫：100.12.老師對我們說：「要繞道而行，不要在同一個地方停留太久。」從那時候開始，我就開始試著，不要在同一個地方停留太久，也讓我深深了解到凡事要繞道而行。

22　邱韻君：100.12.老師對我們說：「要繞道而行，不要在同一個地方停留太久。」從那時候開始，我就開始試著，不要在同一個地方停留太久，也讓我深深了解到凡事要繞道而行。

23　洪亞婷：100.9. 老師笑笑的對我說：「妳昨天打的筆記，我把它印出來給全班每個人一份了。」從那之後，老師請我們打的功課，我都盡量完成。

100.10.老師對我們說：「追求自己的夢想，才會有美麗的果實。」我聽完以後，讓我覺得有夢想，就必須要去追求，不然後悔就來不及了。

100.10.老師對全班說：「我一共出了五、六本書，我沒跟你們說是因為不想讓你們說我很驕傲。」老師說完後，我覺得老師很厲害，竟然出這麼多本書。

100.11.老師嚴肅的對全班說:「幸福掌握在自己的手中。」老師說完的那天,之後老師派的作業我都一定有交。

100.12.老師對全班說:「不管你們的成績好不好,我都不會怪你們。」聽完後,我覺得我應該要努力讀書。

24　林怡柔：100.12.老師認真嚴肅的對我們說:「人生的幸福,永遠掌握在自己的手中。」說完之後,從那個開始,讓我想要好好過人生。

100.11.老師笑著對我們全班說:「現在開始追逐夢想,才會有美麗的果實。」讓我開始尋找自己,也變得有理想一些了。

100.10.老師面帶著微笑對我說:「作文現在好,但你可以把它變得更好。」這句話聽完之後,讓我想讓自己對寫作有興趣。有許多事,是可以影響我的,我可以從生活上改變自己,了解自己。

25　吳嵐俞：100.12.老師說過:「遇到挫折時要『繞道而行』,轉個彎、繞個遠路,也可以到達目的地。」所以我遇到挫折時要『繞道而行』,不要一直停留在一個地方。

26　詹晴軒：100.9.這天放學,我氣呼呼的跑去跟老師說:「老師!郭群銘故意把東西丟到我的鉛筆盒裡!」於是老師就把郭群銘叫過來問,問完後老師告訴我一句話:「做人要心胸寬廣,不要太計較。」我聽完這句話,覺得老師說的

　　　　　　很有道理，所以我以後也不跟郭群銘計較那
　　　　　　麼多了。自己處理事情也變好了。

27　許詠歆：100.12.老師在上課時說：「幸福掌握在自己的
　　　　　　手中！」讓我更加努力了。

28　巫敬恩：100.11.我把寫的詩拿給老師看，老師對我
　　　　　　說：「如果妳把『一起』兩個字拿掉的話，
　　　　　　會不會更好一點？」我回答了：「對！」我
　　　　　　覺得老師的這一句話，讓我知道寫詩不一定
　　　　　　要寫得多，只要能把讀者帶入場景中，就可
　　　　　　以讓詩更有感覺了。

29　廖嘉敏：100.11.我寫作業很慢，老師跟大家說一句
　　　　　　話：「嘉敏動作很慢，但她作業的工作態度
　　　　　　很好，成績也很好。」老師叫大家看我的國
　　　　　　語習作，我覺得很害羞。

30　陳世耀：100.10.老師對我說：「寫習作不要再抄自修
　　　　　　了。」聽了老師的話，我才知道，應該自己
　　　　　　努力學習。

黃老師喜愛這種內在語言，不斷地類疊著生活：
彷彿孩子們輔導著，他這個成人的世界。

2.

「經驗的文本，是極為豐富而神秘的；但文字的文本，卻太
過顯而易見。我內心裡有另一種文類，想要透過這個媒介來
表達自己。」

——〈與大師對話。班·歐克里。〉p.147

學校的學習生活也開始放寒假了。

這一屆的寒假作業是：一、琵琶湖自然寫作 2000---3000 字。
二、中學生文學大師短篇名作選，比較閱讀：「不同的作家書寫中，
你發現了什麼不一樣的『寫作技巧』？（請參考老師的語文領域閱
讀、寫作知識拼圖資料）。三、五上數學作業冊練習題。四、閱讀
完少年小說『牧夢』，開學時做語文評量。（建議：一邊閱讀，一邊
畫成『意象閱讀圖』對你的閱讀會有莫大的幫助。）」

他指派完寒假作業，又進入他的詩化世界。

黃老師閱讀著班上的第二篇作文。

陳可涓的〈國語科學習〉

剛升上五年級有些不習慣黃老師的教學方式，中年級的
老師會讓我們一直專心學習課本的生字、詞語等基本的東
西，但黃老師的教學讓我感到很特別、也很驚訝，但也有點
不是很習慣。

原來一篇文章要用一些方法，就可以讓它變得更生動，
訂題目也是有技巧的，如何訂定一個題目進而引起讀者的好
奇心，願意將它繼續閱讀下去。一連串的問題，讓我從此以
後的國語課，不再只是背字、寫字，透過一些不同的教學方
式，也讓我上課學習動腦筋，讓專注力更提升，學習不一樣
的事物，也讓自己有不同的思考方向。

　　一開始我學習到了八感摹寫技巧，老師透過每週的聯絡簿練習，也讓我漸漸的將此種方式，融入在日常生活事務的描寫上。

　　開始我寫得卡卡的，斷斷續續又經常無法下筆，到後來終於較為得心應手。其中我寫過一篇『電視』，內容是「當我一走到客廳時，經常聽到笑聲，偶而也會有啜泣的聲音，千變萬化的聲音，常吸引著大家的目光。這台長方型的電視，每天都站在這裡從不休息，無時無刻的為我們做表演。有時教導我常識，有時帶給我歡笑。它永遠陪伴我，讓我快樂每一天。」

　　我也寫過一篇有關於學校大榕樹，內容是「我看見一棵巨大的榕樹，正站在學校的遊樂器材區，它聽過夏天的蟬叫聲、小朋友的嬉戲聲，冬天的北風聲。當它開心時，會抖動著他的身軀、搖動它的手臂、讓樹葉翩翩的掉落，灑下一地的美好。它希望每天都可以跟活潑又可愛的小朋友一起玩耍，這樣每天心情才會超級無敵的快樂。」學了八感摹寫技巧，我發現寫起文章來會更具體，也會更進入人的心中，感動的程度將會更提升。所以老師要我們每週練習寫一次摹寫技巧，增加我們的寫作表達能力，我也就欣然的接受了。

　　這段時間學習的國語，還讓我了解到文章分為「形式探究」和「內容探究」。很難吧！聽起來文謅謅的，讓我來告訴你吧！所謂的「形式探究」就是結構，「內容探究」就是內容大意。結構中有篇的結構：分為時間順序、空間順序、邏輯順序。段落的結構：分為主題句、推展句、結論句。句子的結構有：主角＋怎麼樣＋又怎麼樣＋結果。字詞的結構：分為上下字、左右字、獨體字。別急，還沒有完呢！讓我來告訴你何謂「內容大意」吧！

內容大意的篇則有記敘文、說明文、論說文……等，段落的分為綱要、段落大意。句子中則分為敘述句、描寫句、說明句、議論句。敘述句則有順敘、倒敘、插敘、補敘。描寫句則是利用八感摹寫技巧，把句子描寫得更具體化。字詞的有名詞、動詞、形容詞、副詞和倉頡造字。而倉頡造字分為象形字、指事字——頭暈了吧！其實上面這些還不足以形容國學的複雜。寫作時我們還要用到敘述技巧、描寫技巧、修辭技巧。所謂的敘述描寫技巧，就是要詞句生動及詞句情感，利用八感摹寫技巧將現場描寫具體化，所謂的八感就是讓我們眼睛看的（視覺）、耳朵聽的（聽覺）、表情動作（動覺）、皮膚接觸（觸覺）、鼻子聞到的（嗅覺）、舌頭嚐到的（味覺）等外在描寫；還有心裡感覺（心覺）、心裡想像、意象經營（心靈圖像）等內在描寫，透過文字告訴讀者。

所謂的修辭技巧就是譬喻、類疊、排比、對偶、倒裝、轉化、象徵。終於要講到最重要的的，一個文章中如何訂定題目了。定題目要注意「主詞＋副詞＋動詞＋副詞＋形容詞＋受詞」，從任何地方切斷，都可以成為一個題目，才是所謂的好的文章題目。難吧！不過學了這些，讓我也覺得自己變得有學問起來了呢！

從開學到期中考的時間裡，我學到了如何訂定題目、如何把文章寫得生動、優美、具體化，利用空間安排出順序，讓讀者不會亂掉的方法，也學到將這些運用在生活事物的描述中，希望朝一個寫作有內涵的夢想前進。

我也希望未來的兩年，在老師的帶領下，可以學到更多的東西，讓我們所看到、聽到、感受到的可以透過文字傳達給別人。

透過書寫來整理自己的學習，是一種筆記的樣式，這樣的工作態度和書寫感性常能被激發出來。寒假作業的二、三千字是觀察訓練、是鏡頭視點訓練、是工作態度集訓。親自書寫過的孩子，情緒學習和智力學習，都會統攝在工作態度之中，形成正向思考的人生觀。

　　他想：「如果有教學詩性書寫，那教學生活豈不像李銳先生在聯合報副刊發表的：『雲岡大佛是死而復生的佛。對面那雙靜穆平和的眼睛不只閱盡了一千五百年人間苦難的眼睛，也是一雙死而復生的眼睛──』」。

　　「**為一個眼神**」這是李銳先生發表的文題。

　　這令黃老師無言地合掌禮敬。他打開心窗，面見自己寫下的詩作：

〈夢外之夢的〉

生活是調侃的戲碼，
書店一瞥出離的心思。
淚，像孩童握住糖果忍著，
如此種苗，轉著汲上來的旅途。

你的名字景象，流過千劫
是否成了小小角落的祝福？

因而想起你的眼神之鏡，無語。
從中陰身起始，來到我的眼前。

日月、星光，把飄流的風鈴聲影印
在一張明信片上，做為見證如漫畫。

生活是調侃的歲月，
有誰站在流浪的跋涉靜默，
相遇相忘，各自懷入菩薩垂手的偈語之中
隱覓。無盡地顏色、平靜的佛陀，

念佛人學會憶念祢的行腳，

無需借閱無常。

夢外之夢的空寂明月。

悄然無聲的葉底，

見到千年塵埃擬化的伏藏薰香，

澹然地，閱讀祢狂喜的腳趾精采。

當是一次夢中之夢的慶賀。

3.

　　整個寒假，他拿起龔卓軍翻譯後現象學大師梅洛龐蒂的哲學著作「眼與心」，再次閱讀這現象學藝術論。

　　他在書中畫下的紅線標記，讓他思索一些內心並列的新詞「教學詩性書寫」、「同時性的教學創作者與教學鑑賞者」、「教育復刻」。

　　如果，把文本中的**人稱**留給閱讀者自己填寫時，這詩性中的**無人稱**是否更能在未定域上的立體介面旋進、迴盪，閱讀航行無人稱的航道──不可見的直立絲線光譜，迴返著一切存有？

　　他反身提問：「（我）的命題是什麼？」這（我）文本中的**人稱**，進入詩性中的**無人稱狀態**，這兩種閱讀句型的蛻變是如何的？

　　「（我的）命題是什麼？」

　　「命題是什麼？」

　　他拿起前些日子和孩子共同分享、討論一首詩的修稿歷程：人稱問題、作者經歷著的人生事件、作者選用的材料、作者的取景視點、作者的人生位置、閱讀者的閱讀創作歷程？

　　這令他的教學想像、教學意象，在夜深人靜的獨處默會中，逐漸浮現支援意識的影像造工。

　　這樣的詩性實踐劇場，讓他有了教學活力，透過教學書寫，他在教學個別世界揭露一個共通的教學世界。

〈原以為前塵影事〉　2011.11.22.

原以為前塵影事，一切都會忘記。
思念無法塵封記憶之盒的浮現時間，
祢的想望依然故我，歲歲月月。

夜夜浮沉的牽著祢，走向下一站
形影不離的窗口，說那一場史記。
本紀，而祢記取「給我的嗎？」

二千多年流動歷史的白色印記、青色鑲嵌，
風與之飛揚的蹄聲奔馳。黃沙系列、
星辰耀閃，回神祢唯一神采的一把鑰匙。

眼睫毛，穿越千百年金黃色的銀河，
鏗鏗叩問的輪迴之舞，祢是誰？

再現年年意象，日日求索。
是那烏黑深邃的眼珠子根底，
有一個視覺暫留的影子。

靜默，唯一的心跳聲。
怦然心動的祢，是誰？

〈原本前塵影事〉　2011.11.23.

原本。前塵影事，一切都會忘記。
一切都會低頭看得透。

靈魂之美無法塵封記憶之盒，
思念浮現時間的想望：
鏡裡鏡外依然故我，歲歲月月。

牽著看得見的虛空，夜夜浮沉，
那無法言傳的腳程，
走向下一站，弱水三千
形影不離的窗口：

說那一場史記。

本紀，無邊無止境的手之舞蹈，
一曲：「給我的嗎？」

二千多年歷史流動的
白色印記、青色鑲嵌，
風與之飛揚的蹄聲奔馳。
黃色沙丘系列、星辰滿天閃爍的銀河，
回眸神話之間唯一遐思的一把鑰匙。

眼睫毛，穿越千百年金黃色的流星雨，
毫釐分，叩問兮：輪迴之舞，是誰？

再現日日意象，年年求索。
是那烏黑深邃的眼珠子根底，
有一個視覺暫留的影子。

木魚之眼、人：潛藏多少回聲？
靜默，空性的心跳聲。
怦然心動的自在神姿，是誰？

〈原本前塵影事〉　2011.11.23.

（一）

原以為，前塵影事，
一切都會忘記。

（二）

靈魂之美無法塵封記憶之盒，
思念浮現時間的想望：

鏡裡鏡外。

（三）

依然故我，歲歲月月。
牽著看得見的虛空，
夜夜浮沉，那無法言傳的

（四）

腳程，走向下一站，
弱水三千形影不離的窗口：
說那一場史記。

（五）

本紀，無邊無止境的手之舞蹈，
一曲：「給我的嗎？」
二千多年歷史流動的
白色印記、青色鑲嵌。

（六）

風與之飛揚的蹄聲奔馳。
黃色沙丘系列、
星辰滿天閃爍的銀河，
回眸神話之間
唯一遐思的一把鑰匙。

（七）

眼睫毛，穿越千百年金黃色的
流星雨，龔龔兮，叩問兮：
輪迴之舞，是誰？

（八）

再現日日意象，年年求索。
是那烏黑深邃的眼珠子根底，
有一個視覺暫留的影子，
化作春泥。

（九）

木魚之眼、人：
潛藏多少回聲？
靜默，空性的心跳聲。
怦然心動的自在神姿，是誰？

（十）

原本。前塵影事，
一切都在低頭
看得透。

4.

　　寒假期間，黃老師會到五年六班澆花、打字。

　　開學前一天，學校的課程計畫發表會上，黃老師代表五年級學群報告著：

一、「訓練高年級學生，做讀書筆記的階段計畫」。

二、「學校主題『活力小太陽』，本位課程的核心價值『健康』、『美感』、『永續』。『健康』的核心類目為『身體的、心理的、社會的、團隊發展』，依序發展與學科結合的具體教學目標。『美感』的核心類目為『生活器物、藝術類別、休閒美感、待人接物、個人生活空間、閱讀美感、生活實踐』。『永續』的核心類目為『生活習慣、工作習慣、工作態度、社會責任、資源運用、社區文化營造、地球村』。」這以資料儲備表方式架構，依序發展成五、六年級的兩年計畫。

三、「高年級情感教育資料儲備表，已完成架構設計藍圖，待學群進一步討論。」

四、「五年級校外教學計畫，配合社會領域教學。上學期為台灣地理，下學期為台灣歷史。」

　　「人與土地的對話」──五年級學群上學期校外教學思考（給家長）：

　　　　五年級校外教學活動，擬於 11 月 24 日（四）、11 月 25 日（五）兩天一夜，前往烏山頭水庫、嘉南平原、七股潟湖生態區、高雄港、美濃客家文物館等，進行與學科內容結合的校外教學活動。

　　　　五上語文領域的第一至三課均是記人的文章，強調著機智與風趣的人物特性。有政治家、思想家、文學工作者，這

生活表現上的人文素養和領袖氣質，是進入高年級生該有的替代性經驗。

我們期盼孩子面對未來的思考、決定上，定位自我是一個「具有領袖氣質」的人才。因此，我們規劃了以日本「八田與一」人物誌為主軸的教學設計。

他是如何思考自然資源「水」的灌溉實務經驗，以一輩子的生命，孕育著嘉南平原的農業經濟生活。

他是一個怎樣的人？

他在烏山頭水庫工作團隊的施工思考？

他一輩子呈現的工作態度和生命信念是什麼？

而在高雄港我們思索著，面對國際貨物進出口的商港經驗；在七股瀉湖我們親身體驗潮汐的海洋生態文化；在美濃客家文物館，我們見見文物保存的生命傳承；在高雄愛河的夜遊旅程，我們將發現失去一條城市文化的根源，是何以令人惋惜。從人物誌開始到站在這一塊土地上，我們該思索什麼？該做些什麼？是此次校外教學，想和孩子們共同體驗的教育活動。

「古城文化與新時代的對話」──五年級學群下學期校外教學思考（給家長）：

五年級校外教學活動，擬於 4 月 19 日（四）、4 月 20 日（五）兩天一夜，前往台南府城、

高雄科工館等，進行「古城文化與新時代的對話」與學科內容相結合的校外教學活動。

五上社會領域的台灣地理環境、五下社會領域的台灣歷史發展，充滿著台灣人對這一塊土地的認識與了解。幾個世

代領導台灣發展的大人物，不禁令我們想深入地探究：每一個不同的世代，他們做了什麼思考（政治、經濟、軍事、教育、文化思考）？這生活表現上的人文文化是世代傳承下來，成為台灣人的重要共同資產！

高年級生該思考著：生在這裡，站在這裡，我可以做些什麼？

我們期盼孩子面對未來的思考、決定上，定位自我是一個有「台灣尊嚴」的人。因此，我們規劃了以「台灣歷史發展」為主軸的教學設計，就從「古城文化與新時代的對話」開始。

1. 島國文化是如何思考自然資源的？

2. 台南市是一座怎樣的古城文化？（城、樓、東西南北門）

3. 台南市的地理環境在台灣的歷史地位是如何的？

4. 荷蘭人、鄭成功、沈葆禎、劉銘傳、日本人、國民政府等，對於台灣的生命信念是什麼？

而在高雄港旁的英國領事館，我們親見台灣的「港都夜景」；思索著親身走在台南古城的老街、安平古堡、赤崁樓，何以歷史文化對我們是如此重要？即將面對「夢時代」百貨公司的精品經驗衝擊；即將活動在高雄「科工館」接受人文與科學時代的洗禮。

古城文化的沉靜之美、「夢時代」的精品之美、「科工館」的科學實用之美，和逐漸消逝的生命傳承根源是什麼？我們的集體內在語言：「我要做一個──的人，所以我要──。」

站在這一塊土地上，我們該思索什麼？該做些什麼？是第二次高年級校外教學，想和孩子們共同體驗的教育活動。

五、「五年級學生書寫四千六百多字數的『我的知識拼圖』文稿」。
黃老師唸出孩子在校園茄苳樹下，現場寫作的文稿段落。

> 一個溫暖的下午，吹來一陣陣涼爽的秋風。我，和一群寫作者在樹下一起寫作。
>
> 放眼望去，葉子們不停的飛舞，快樂的不停活動。枯葉們那青脆的聲音，聽了真舒服。茄苳樹的樹梢，斑駁的手臂，彷彿告訴了我它的故事。秋風吹來，樹葉開始晃動，地上的影子，也一起晃動。茄苳樹上的蘭花，它的根攀在樹幹上。根，在和風兒玩耍，它的根，沿著樹皮的縫隙生長，從白到綠，從綠到白，這是根的漸層顏色。

他唸出姚承中上學期寫的童詩稿：

〈空閒時分〉

溫暖的下午，
一片明亮。
幾片葉子獨觀樹蔭下。

葉子們不停的飛舞
青翠的聲音
聽了真舒服

茄苳樹的樹梢
撐起斑駁的手臂
訴說著故事
樹葉和影子一起晃動
吹來一陣陣的風
涼爽了這個秋天。

三角梅的莖
立在空中
向無盡的光揮手
國旗隨風飄揚不再忘記
那段草皮的下課時光

椰子樹向遠方眺望
聽著大自然的音樂
放鬆自己
在下午的歡笑聲
讓一切變得無比安靜

結束了！結束了！
短暫的空閒時分

陳皓明的童詩稿：

〈自然交響曲〉

雨是一位音樂家，拿起指揮棒，
天下萬物就為他演奏，
全宇宙最動人、悅耳的自然交響曲。

數千萬滴的雨，
彷彿細細的墜落滴滴答答的。
使大地呈現銀色世界，
五花八門、奇形怪狀的圖案，
在一片歡笑中。

萬物有雨水的滋潤，
顯得生氣蓬勃。
遠方的山顯得特別的青翠，

天空顯得特別的藍，

大地一片欣欣向榮。

因為和孩子們在一起做中學的「教學、學習、發展」歷程，讓黃老師有著生活的方向感。

孩子們猶如帶著他行走的燈塔。

5.

下學期一開學，黃老師忙著收學生 E-mail 作業，孩子們忙著整理教室內外、發課本，大人、小孩分工合作。

莊育舜的寒假作業：「童年記憶」使用了五上教學強調的類疊修辭法、背景書寫，來完成琵琶湖自然寫作。

〈童年記憶〉

　　高大的太陽，灑下金黃色的光芒，把大地叫醒了、把琵琶湖的叢林叫醒了、也把那裡活蹦亂跳的生物叫醒了，我也正要和我的好朋友一起出發到琵琶湖。

　　騎著快速的腳踏車，風也跟著我，好像是有如兩個開著越野車的高手，衝向任何一個彎道，衝過的大樹。樹葉有如雪花般片片落下，小草也開始搖擺，彷彿是在幫我們加油。穿越隧道，馬上就跑到了森林步道，那百年前的大樹彷彿在說著那遙遠的故事。

　　沿著一條凹凸不平的小路進去，不知不覺就騎到了森林和海岸的交界處，而湖水還沒有到海裡就已經停了下來。我們奮力的爬上小沙丘，小沙丘地上有許多的小洞洞。我們開始猜測，有人說是螃蟹的洞、有人說是癩蛤蟆的洞、也有人說是可怕的蛇洞。因為風太大，把我們吹得呼呼地叫呢！風

把沙子吹在空中，好像我們是大壞蛋，有如蜜蜂般的砲彈飛向我們，好像是叫我們不要過去，不過我們還是繼續往前走，爬上沙丘的最頂端。

騎著單車、騎著。我看見了一棵腐敗的樹。突然，我心血來潮，馬上伸出細長的手臂，往底下挖。過沒多久，一群白嫩嫩又可愛的雞母蟲，而我媽媽不但一直尖叫，還一直叫我把牠拿走開；因為我媽媽小學時，一看到那身體軟趴趴的毛毛蟲，就開始害怕了。還有一次，我媽媽騎著她的摩托車，結果有一隻可愛的毛毛蟲跑來攪局，從樹上跳下來，正好落到我媽媽的衣服裡，所以我媽媽從此以後都很怕那軟趴趴的毛毛蟲。

那清澈的湖水，一眼看過去，都是一些水草，有時還會有過路的小魚。而我們也開始玩起打水漂，吃著我們的零食，彷彿是來這裡野餐。

玩累了，我從中午玩到下午，真的玩累了。我不知道回去的路，因為我們是一直橫衝直撞的，看到路就走，看到路就走。現在我們只能由爸爸、媽媽幫我們帶路了。走在路上，我以為是走原路回去，因為附近的一些花草、樹木好像都一樣。過了好一陣子，又走回原地，我才發現是他們故意一直在湖水的原地打轉，我想了又想，其實在這兒是擁有美麗的海岸風景。那有如花朵綻放的浪花；那有如比湖泊還要巨大的樹林；那水底的魚被看得一清二楚的；水裡的水草也幫湖水畫了一幅美麗的圖畫。我決定還要在這裡走走，可是我媽媽卻要回去了。

媽媽好像可以知道我的心裡在想什麼？所以我們又打起精神，繼續騎著輕快的腳踏車，往下一個地點出發。下一個地點是又大又深的活水湖，這是我們回去要經過的另一個湖，這湖面大約有 51.1 公里，我和朋友們邁力的騎著腳踏車，沿著這個步道一直前進。

　　回想著我的童年記憶，我小的時候來琵琶湖，都只是走馬看花，來了就回去、來了就回去。根本沒看到東西，也沒學到東西，而今天的我很開心，不但學到東西，我也開始了解大自然。

黃老師擷取學生的琵琶湖書寫文字段落，影印給孩子們。

　　他對孩子們說：「對於你們的寒假作業，只能以兩個字來表述。」他停了下來。

　　「哪兩個字？快說——」孩子們急切地問。

　　他放慢音調，抱拳請揖，說著：「佩服。」

　　「真是佩服！」、「非常地佩服！」孩子們樂得活蹦亂跳。

　　陳皓明〈琵琶湖〉段落：

〈琵琶湖書寫段落〉：

　　琵琶湖是一座天然形成的湖泊，由卑南溪地下湧泉不斷冒出所形成的，是一種非常珍貴的河口海濱濕地，所以我們要好好珍惜它。

　　琵琶湖天生好似有一種魔力，深深吸引遊客靠近它，我靜靜坐在觀景台上仔細的觀察湖裡的生態，發現湖面很清澈，宛如明鏡一般的清冽。湖水倒映著藍天、白雲、大樹的身影，交織成一幅栩栩如生的山水畫。湖裡的水草清晰可見，水裡的小魚一群又一群的在水草中穿梭，好自由自在；湖底的水草就像水中芭蕾舞者隨著水流舞動著。不時從樹林裡更是傳來蟲鳴鳥叫聲，就像莫札特的古典音樂般美妙；潔白的白雲有如棉花糖一樣軟綿綿的；湛藍的天空則像是大地之母掌管著世界的所有事物。

　　在這裡你可以從任何角度或用任何姿勢，或坐或躺，選擇最舒服的方式，來觀賞這足以媲美國外湖光水色的大地美景。

姚丞中〈那些天，湖畔的時光〉段落：

> 仲冬之一日，陰涼，靜靜的坐在湖畔。
>
> 水中，一圈一圈的漣漪，在水面浮現，來來回回的重複出現。腳踏車輪摩擦聲、細微的水聲，出現、消失在耳邊。但我，跟隨著微弱的聲響寫作。今天的旅程就從笑聲中開始，再安靜的從腳步聲結束吧！
>
> 水面因水中的魚兒浮出水面呼吸，促使著水面漣漪不斷。在這靜謐的湖畔，唯獨水中的魚，顯得比所有事物更突顯。陰沉沉天色倒映在湖面，淺綠色的水面，顏色雖然不是什麼黃金海岸般的湛藍，但卻遠遠超過落日餘暉的綺麗。橫倒在岸邊荒地上的木麻黃，許多人停下來觀看，但我，卻是嘆息著它的生命短暫。相對於矗立在岸邊的其他木麻黃，更顯得它的不同於孤獨。
>
> 在這裡，幾乎聽不到城市中的一點聲響，是一座適合用來散心的湖畔，來到這裡幾乎就能忘掉所有的不美好。整座湖畔好像都有一股魔力存在著，我在這裡不管在做甚麼，樹葉都會掉落在我的身上，這種幸福的感覺就像在人海中找到自己的親人般，好幸運也好幸福。

林怡柔〈琵琶湖遊記〉段落：

> 一個靜謐的下午，一邊是蜿蜒的湖岸，一邊是小森林。
>
> 溫暖的陽光照耀了美麗的大地，照耀了整個琵琶湖，湖水乾淨的水生植物和一些動物們都看得非常清楚，如時光一樣美妙。我們這些小小作家，不久會展現出這種美妙嗎？
>
> 風，吹醒了周遭的花草樹木，樹葉隨風飄逸，水慢慢的漣漪著，是要甦醒大地？還是映襯琵琶湖的美？
>
> 從涼亭瞭望下方的石頭和葉子等等的萬物，會發現這是一種無法形容的美。水中的魚兒們，看到許多愛好者在旁

觀，不好意思的游走。如果你肯仔細的端詳，你會發現遠方的樹兒們在向大家揮手；如果你肯仔細聆聽，你會聽到大自然在演奏音樂；如果你深呼吸，你會聞到大自然的芬芳；如果無聊的話，你可以去摸索大地，你會體會到美妙的琵琶湖，這種美妙你能體會？

這種一處風景，默默無語，隨意從四面八方抬起頭來看它，就是美。仰頭一看，湛藍的天空，是無比的開朗，總是想把美浮現在腦海裡；那如此雪白的雲朵兒，那如此湛藍的天空，在我心中突出一種無法想像的美妙。

那究竟是美妙？還是奇妙？

這一種美是夢？還是現實？這一切的美好都要好好的珍惜呀！

他開始想讓孩子們早些知道，中文的閱讀、寫作技巧和思維方式，是可以把**閱讀、寫作技能**類化在英文的閱讀思維方式和英文書寫技巧。

英文的句型、子句的判斷、英文關聯詞、英文寫作的摹寫技巧、作者寫作的攝鏡安排，其實都是語文表述的樣式。

黃老師想著：「我們正在尋找一個共通性的『**語文學習鷹架**』，協助孩子的語文教育學習。」

他著手商請班級英文教師黃湄淇老師，為孩子的簡單句書寫稿，翻譯成英文簡單句寫作稿。

由單句到複句的擴寫開始，逐步形成一個完整的段落書寫。

他希望班上孩子集體性地，先給出一個簡單句型，再交給英文老師英譯。

6.

桔子從上面
月亮開始攀升。
金星閃耀，
一只玩具玻璃鳥兒。

〈沉思〉節錄 Antonio　Machado，1875-1939。
二十世紀西班牙詩歌的一代宗師。董繼平譯。p.262

　　馬齒莧的綠色世界串通好的一般，把教室走廊前四、五公尺長的女兒牆小花圃，鋪張出春天的嫩綠視覺。接下來的便是等待，等待時間的轉動，等待圓滾滾鏡面一樣的太陽，放下內心的熱情。三十五公分高的綠莖、綠葉、含苞的花瓣，如閉上雙眼仰望熱敷的暖熱。當大地收集足夠的溫暖，九點鐘的時刻開始，它們逐漸散舞，散舞花瓣的旋轉姿勢，展覽出雪白色的國度。

　　所有的一切自然藝術朗現，都是花時間等來的。

　　我們稱時間招待我們的為日子，日子的叢書巨集為歲月。歲月在約莫五十針如星星點狀的黃色雄蕊和白色雌蕊的交互作用下，我們稱為花花世界。

　　這花花世界也在等待，等待蜜蜂的腳印，等待蝴蝶的唇釀，醞釀出另一個世界。

　　生氣蓬勃的白色活力，躍動一整天，像校園中的孩子上課、下課——下課、上課。

　　而人，有了笑容，燦爛的開放。

這是開學第三天，黃老師的「描寫句」示範稿。
班上的聯絡簿上，每天要書寫一個描寫句。

看了兩則孩子的描寫句，黃老師決定親自下場，做「現場書寫」示範。

像素描訓練老師一樣，邊畫邊說出視點的觀察思考與碳筆的表現技巧。

他要孩子覆誦，認知心理學家維高斯基「近側發展區」理論，應用「語言導引行為」的內在語彙：

「我是一個作家。我用作家的眼睛來觀察，我用作家的熱情來感受。」

> 馬齒莧的綠色世界串通好的一般，把教室走廊前四、五公尺長的女兒牆小花圃，鋪張出春天的嫩綠視覺。

「教室走廊前四、五公尺長的女兒牆小花圃」這一句，是老師實際拿三十公分的長尺，量出來的。因為讀者不在現場，所以**作家有責任幫助讀者，看見模擬性的現場圖片**。而「**串通好的**」、「**鋪張**」這用詞，是讓我想到你們常常**串通好的**來欺負老師。馬齒莧它們也是**串通好的**，要一起爭長、一起開花，所以很快的便成為一大片，真是「**鋪張**」浪費得可以。而「**嫩綠**」是強烈的光線實際照射在葉片、莖上的半透明視覺，像綠色的果凍，QQ 的。

> 「接下來的便是**等待**，**等待**時間的轉動，**等待**圓滾滾鏡面一樣的太陽，放下內心的熱情。」

這是我和姚丞中從七點五十分開始，看著小小的白色花苞，怎麼還不打開花瓣？

蒲公英的鮮黃色菊瓣早就開了，清晨玩到現在了。

馬齒莧很討厭，讓我等它開花。

讓我在教室內、教室外，忙進忙出的，有時急著從導師室跑出來，它還是不開。

　　小時候看著外婆家的楊桃樹上，掛著綠色果瓣的楊桃，每天都要去摸一下、關心一下，錯過了摘下送進嘴裡的時間，就要等下一粒楊桃，因為美麗的水果，讓許多鄉下孩子一起盯著，什麼時候不見的？在誰手上的？無法得知。

　　我怕錯過。姚丞中去上社會課。我只能自己盯著看。來來回回數十次，「九點鐘的時刻開始」，它們開始打開花瓣裙，跳舞一般，像雲門舞集的表演。

　　「三十五公分高的綠莖」是用長尺量的。「如閉上雙眼仰望熱敷的暖熱」，是我實際閉上雙眼，太陽光像熱毛巾敷在我臉上的觸覺。

　　「展覽出雪白色的國度」，我看到花展一樣的小展覽，「雪白色的國度」，用作家的特寫鏡頭，讓我想起了日本北海道的冬雪之美：乾淨、簡單、沒有思想的白。

　　第一段的文字摹寫是這樣來的。老師要在聯絡簿上看到的描寫句，是這樣子的。

　　你會有不斷的連續動作描寫，讓「名詞開始連續行動。**行動**1───**行動** 2───**行動** 3───**行動** 4───」，這行動群的組合，就成了**動畫似**的意象圖片。

　　文字素描像卡通影片一樣，吸引住每個人的眼睛，吸引住每個人的想像世界。你經營的文字畫面，讓讀者不得不走進去，一窺究竟。

　　像麥當勞的薯條廣告經營，晚上十點以後「買大薯送大薯，買小薯送小薯」，還使用了類疊修辭法，表現節奏感的朗朗上口。一堆人在深夜排隊選購，老師也在隊伍中──吸引力會染感夜色。

　　他們一起回憶：這一排馬齒莧，是上學期九月份開學插枝的。六個月的生長、剪枝、再插枝、施肥、澆水，成就今天的綠色穿梭。

　　黃老師邊說邊從講台走下，看著窗外的馬齒莧。同學們的眼神也跟著他的動作，一起行動移動著的視線。

「**約莫五十針如星星點狀的黃色雄蕊和白色雌蕊——**」他走到教室前的小花圃，隨手摘下五株開花的馬齒莧。發送每一小組一株，要孩子們實際計算雄蕊數量。

「還真的是，大約五十針。」賴裕達裂出可愛的嘴唇笑著說。

「要不然勒！——哇——哩——勒！」黃老師接著搶話，「這叫做——吸引力。你懂不懂？」

「Konica——它抓得住你，柯達照相機。」

「請用 S.K2.保養品，Trust me . You can make it .」

這樣的廣告詞或語助詞，一出現在師、生對話的教學現場時，就知道黃老師這一節課上得很 High、很「盪鞦韆——搖擺。」

當他開始唱起隨意想來的歌曲時，就知道什麼叫做「教學喧鬧」。

「**所有的一切自然藝術朗現，都是花時間等來的。**」他繼續唸出第二段文字，創作思考表白地說著：「從這一段開始，便是我這個作者的人生思考、人生感悟，是作者的人生哲思。尤其是『花時間等來的』此句，是早上我的等待過程，在心底留下的感受。而且一個藝術工藝創作者，也會在自己的作品創作中，沉潛、摸索、研究工藝技術、思維精緻的人文表現，這一些便是時間、歲月的經驗累積，換來的成就。任何一門藝術均是如此。」

「為什麼你在文章中要用『日子、歲月』這個字詞？」姚丞中仰頭，不解地問著身旁的黃老師。

「這是我對時間的感悟。時間的轉動，像一張張寫滿文字的紙片，片片文字創作物，填滿著我的日子。許多個日子裝訂成為一本書，許多本書集結成為一套套的叢書。這一些皺紋似的時間生態，消長、演化成黃老師臉上的歲月，每一條痕跡都是看得見的我。我的世界。」黃老師走到第二組，隨手搭著姚丞中的右肩說著話。他暗自想著：是這一位綠手指同學，給了我們班上一處花園。

　　「所以，書寫：『我們稱時間招待我們的為日子，日子的叢書巨集為歲月。歲月在約莫五十針如星星點狀的黃色雄蕊和白色雌蕊的交互作用下，我們稱為花花世界。』的文字被紀錄下來。『時間——日子——歲月——交互作用下——花花世界』，一層一層的層遞修辭，我看見時間的進行過程。『招待』這個詞我特別有感覺，我是被大自然特別『招』呼、特別對『待』的一個人。這種幸福感像有人請客一般，或是像拿到任何一張招待票，都會深深覺得賺到了的感覺，真爽。」

　　黃老師又在教學自 Hight 了。好像大自然的景物變化，每天都在招待他的視覺，招待他既期待又怕受傷害的，幼小的教學心靈。

　　「『這花花世界也在等待，等待蜜蜂的腳印，等待蝴蝶的唇釀，醞釀出另一個世界。』這是對未來時間的想像，『等待——等待——等待』的俳句節奏，重複起希望的感覺。這是為著加強像『釀』酒一般的歷程。加強像存放一瓶高粱酒、一瓶紅葡萄酒的經驗，有夢最美，希望相隨。打開二、三十年存放的醇酒，溫潤的酒香四溢，整個空間瀰漫著甜甜的氣氛。所有在場的人，無不如慶典一般歡欣鼓舞，安靜自己、屏息以待，以虔敬膜拜的心情，等待品嘗更深刻的酒之閱讀。這是藝術。一小篇文字書寫，從現在時間——未來時間——拉回此時此刻時間的校園生活，以時間做為大方向的形式架構安排。這作者的形式思考背後，有一個隱藏的意涵，人生開放的燦爛笑容，從孩子天真的上課、下課中看得見一切，看得見的教學、學習、發展，這複雜性的教學花花世界就在生活腳印裡。別問人生的意義是什麼？意義早已存在我們行走的步伐當中。」黃老師說完思考表白，自己唸著：

　　　　生氣蓬勃的白色活力，躍動一整天，像校園中的孩子，上課、下課——下課、上課。

　　　　而人，有了笑容，燦爛的開放。

7.

　　黃老師發下摹寫修辭法的「閱讀作者書寫技巧」格式，準備上五下康軒版，第二課「從從容容、穩穩當當」。這是林良先生寫的文本。

　　這一課的教學重點，他想示範閱讀分析「事件描寫句」。

　　他讓孩子們讀完一句，便在文字旁邊畫線，寫著註記：

第一句「作者 做 」，「作者 看 」。

第二句「作者 看 」；「作者 看 」；「作者 看 」。

第三句「作者 想 」，「作者 做 」。

第四句「作者 看 」。第五句「作者 看 」，「作者 看 」。

第六句「作者 想 」。

　　這樣的註記，讓孩子看得見，作者第一段落的摹寫技巧，是這樣安排、搭配的「做，看。看；看；看。**想**，做。看。看看。**想**。」

　　這更清楚作者的「連續『看──看──看──看』的外在描寫，進入『想』的內在描寫」。符合黃老師強調的「連續動作描寫。」

　　孩子們看著老師整理的表格：

摹寫修辭（八感閱讀、書寫技能訓練）

內在、外在描寫　描寫視點轉換	段落	外在描寫						內在描寫	
		看	聽	做	觸	嗅	味	感	想
		1	2	3	4	5	6	7	8
名詞　N1　N2									
作者（我）	第一段	作者：做，看。看；看；看。想，做。看。看看。想。							
	第二段	作者：聽：聽：。做，做，感，做，做。想，想，想。想，想，想，想。							

　　今天的回家功課：閱讀分析第三、四、五──段，作者的摹寫技巧，並寫入資料儲備表。聯絡簿上的「描寫句書寫」，要有「連續描寫──」的技巧表現出來，也要有「人生『思』、人生『想』」的技巧表現，才能得到 A6 級分。

　　不知為什麼？孩子們沒有大叫：「功課太多了！」

8.

星期五，晨光時間。
孩子們盼著黃老師，快看聯絡簿上的「描寫句書寫」。

　　　　高高的太陽，灑下金黃色的光芒，灑在美麗雲海裡，灑在黑暗的樹林裡，也灑在那充滿養分的土裡、讓大地有了新生命！（01 莊育舜）

　　　　熟悉的傍晚，路燈照亮了整座台東市，讓晚上也一樣充滿著台東人濃厚的熱情。午後，像是城堡般的明亮，讓每一間店都成了今日的焦點，這也證明了，台東一點也不偏僻呀！（02 陳傅貴）

　　　　玫瑰花望著美麗的天空，吸著大自然的氣息，偶爾蜜蜂會跟牠招手，幫牠傳授花粉，不禁讓玫瑰花想起以前那段美好的回憶。（03 傅志藤）

　　　　有個音樂家，他不知不覺的走進了森林，便將他的小提琴拿起來開始演奏。小鳥為他伴奏，小溪也為他伴奏，風兒把所有的音樂融合在一起，人要放棄時想想妳身邊的朋友，他們在為你加油。（04 陳冠元）

　　　　陰沉的教室內，沒有孩子們那快樂的笑聲，沒有老師嚴肅的講課聲，只有厚厚的一片灰塵和一堆蜘蛛網。突然，

一道曙光射進了教室內，孩子們與老師慢慢的走了進來，教室內忽然出現了生命力，整個教室彷彿活過來了。（05 游宏智）

月亮像一個又亮又白的電燈泡，給我們溫暖家。月亮在天空上，看著可愛的小鳥們睡覺，感覺好幸福。（07 徐奕泓）

天氣陰森詭異，有如大地在生寒氣般，但全天下的生物卻不因寒冷而不嬉笑、玩耍。花株反而更生氣蓬勃的補充養分、水分，動物也笑得更開朗，把溫暖和溫馨都找回心裡。（09 林育諺）

觸摸那有如白雲般柔軟的小草，聞一聞青草的香味，小草雖然很柔軟，但心裡卻有如石頭般堅強，不管風吹雨打，它心裡都有一個念頭，我就是要堅強美麗，讓自己散發光彩。（11 林品堯）

太陽公公每天看著我們上學、下學，它每天努力的工作，它看著藍藍的天，紅紅的袋子，白白的雲朵。它看著那在天空飛翔的小鳥，正在找食物給小鳥們吃。（13 劉凱揚）

櫃子上的小時鐘，無時無刻的在轉動。它那短短的時針有時候三個疊在一起，有時候兩個疊在一起，有時候卻又分離，讓我想起小時候的紙板時鐘。（14 張冠峰）

路面上有一片片的枯葉，在許多人踩過的步道上。不時有風經過，從它身邊吹過，吹拂著。我靜靜地望著。人生有生、老、病、死，而這片葉子，離開了大自然。（16 姚丞中）

馬齒莧抬起頭望著湛藍的天空，有時會有活潑的鳥兒飛過，有時會有勤勞的蜜蜂，輕輕的觸摸著它的鵝黃色花粉。它閉上雙眼，深深的吸著大自然的香味。從捲縮的花苞一天

一天成長，到那一瞬間的綻放，是多麼難以捉摸。每一個像串通好的一樣，不到一秒的時間，都接二連三的綻放，它們是如此的美麗。它那潔白的花瓣，淡黃色的花蕊，晶瑩剔透的綠莖，常常吸引路過學童的目光。這一切的美麗，全靠分工合作而成的。（17 陳可涓）

放假時，我會去鐵馬道騎腳踏車，步道兩旁的樹，都會和我們這些常年往來的老顧客招手！寒冷的冬天，步道總是會有一層層厚厚的樹葉，那是經年累月積蓄下來的！（18 萬珊蕾）

稻田是農夫不分日夜照顧的，整片稻田是農夫一株株用心種下的。等到那一株株的苗長大了，農夫就可以收割了。稻田裡總是會吸引一群小鳥，所以稻田裡充滿了鳥叫聲，真像一幅生動的畫。（19 石慧靖）

水裡的魚兒，看著那蔚藍的海水，和那輕輕搖擺的海草和其他五顏六色的魚。那讓牠們可以活下來的空氣；牠覺得那輕輕搖擺的海草，就像一位小朋友在跳著美麗的舞蹈；那些五顏六色的魚，就像一條條的彩帶，美麗極了。魚兒想，如果人們的生活，也能像我們一樣，不要匆匆忙忙的那有多好。（20 陳雲苓）

這株仙人掌很開心的在曬太陽，它似乎在想，如果可以每天開心的曬太陽，那該有多好。這株仙人掌的身旁有許多它的仙人掌朋友，他們都互相看著對方，也觸摸著對方，似乎握著朋友的手。它們一起欣賞燕子的歌聲，感覺今天好像是最快樂的一天。（21 劉妍玫）

天上一隻隻小鳥，我看著其中一隻小鳥飛來飛去的，結果飛到窗台上看著我，真得很可愛。（22 邱韻君）

中午時刻，我慢慢的閉起我的雙眼，我用我的耳朵傾聽摩托車來來往往的聲音，也聽到了的鳥兒們在歌唱著美妙的歌聲。而當我漸漸的打開我的雙眼，「哇！我發現這是一個繽紛色彩的世界，如教室前的馬齒莧，如身歷仙境一樣美麗。這時，我才發現生活是無奇不有、千變萬化的世界。（24 林怡柔）

紅紅的聖誕紅，像血液一樣的聖誕紅，隨風搖擺吸引著昆蟲，吸引著人群。昆蟲幫它傳播花粉，它繁殖下一代。（25 吳嵐俞）

溫暖的太陽照在大地，樹枝柔美的張開雙手擁抱藍天，看天上的白雲像朵棉花糖。看天上的星星映在湖畔上，看湖畔上有人在划船。這是大地創造的？還是大自然？（26 詹晴軒）

微風吹過了小花，小花散發出了芬芳的香氣，帶來了甜蜜的感覺。這時，小蜜蜂忙著幫小花繁殖下一代。（27 許詠歆）

琵琶湖看起來好像游泳池，還可以聽到流水聲。我想：如果我是一條魚，我一定會很高興。因為可以每天看著美麗的環境，可以聽到水聲。我想了一下，覺得可以來到美麗的琵琶湖，我就很開心了。（28 巫敬恩）

藍藍的天空，就像一片藍藍的海。天空上有一顆又黃又紅的大太陽，還有許多小鳥兒在自由自在的飛來飛去。真是好啊！我覺得天空很幸福，因為可以認識許多朋友。（29 廖嘉敏）

我坐在椅子上想著，看到了窗外的美景，也看到了湖水，有著自然的味道。我用手，碰有著冰冰涼涼的湖水。（30 陳世耀）

9.

這一些時間，孩子書寫每一天的觀察。

黃老師看著每天聯絡簿上的描寫句。

他們師生之間有一個世界聯繫著生活點滴。

每一天的晨光時刻，都是他們期待的語句。

「『自然與人生』。日本德富蘆花的散文，陳德文譯。志文出版社。」這是黃老師最愛的散文作家。

他選了五篇影印給孩子們，他介紹著。另外，他也把 101 年 2 月 23 日的聯合報副刊「唐詩解構」影印給孩子，這是詩人洛夫對唐詩的再創作。

上學期的課本裡，正巧有王維的「竹里館」，黃老師請孩子們畫出**閱讀意象圖**，並加以彩色。現在閱讀洛夫詩人，創造性的轉化作品「竹里館」，別有一番新意。

「竹里館」

原作：

獨坐幽篁裡，彈琴復長嘯；
深林人不知，明月來相照。——王維

解構新作：

讀自坐在竹林裡當然只有一人
一個人真好
坐在夜裡
被月光洗淨的琴聲裡
他歌他笑

長嘯

如鷹

這是他唯一的竹林

唯一的琴

唯一的月色

唯一的

儲存在竹節裡的空無

他請孩子閱讀德作「花月夜」首段：(p.148)

「打開窗戶，十六的月亮升上了櫻樹的梢頭。空中碧霞淡淡，白雲團團。靠近月亮的，銀光迸射，離開稍遠的，輕柔如棉。」

黃老師在黑板上畫著意象圖：住家「窗戶、月亮、櫻樹、碧霞、白雲、銀光」。

這一群作者選擇的名詞，已在閱讀者心中，產生一幅鮮明的心靈圖片。

首段的經營除了意象的美之外，還有節奏之美、行動之美。

這心靈圖片在腦子裡是「會動的」。真奇怪。

「作者用了什麼修辭學技巧，來表現節奏之美的？」黃老師要孩子們，透過小組討論找出來。

「類疊法的疊字詞：淡淡、團團。」

「類疊法的字數類法：四字詞。五，四，五，四。字數詞。」

「押韻法的：ㄢ韻、ㄜ韻。」

「空間順序安排：打開窗戶（下），櫻樹（中）、月亮（上）。靠近（近）、離開（遠）。」

「因為節奏感的設計，讓我們閱讀活在作家的音樂性裡，跟著他享受心靈。」黃老師說著，「慢讀，可以讓你深刻美的再現經驗。」

「作者如何表現首尾呼應的技巧？」請小組討論。

　　尾段：「春雲籠月，夜色泛白，櫻花淡而若無，蛙聲陣陣，四方愈顯岑寂。（四月十五日）」

　　「空間順序安排：月（上）、櫻花（中）、蛙聲（下）、四方（全部擴散）。」

　　「名詞描寫：月、櫻花」

　　「『蛙聲陣陣，四方愈顯岑寂。』為何出現聽覺的『蛙聲』？」黃老師得意地追問。

　　「突破。」

　　「打破沉默。」

　　「作者亂寫的。」、「愛引起別人注意他。」、「愛現。和老師一樣。」

　　「老師，你怎麼不說話。」林育諺問著。

　　「無聲勝有聲。」、「只可意會，不可言傳。」這是審美的果核之心，叫「美之悟」。

　　「多言數窮，不如守中。」老子說的。「喜怒哀樂之未發謂之中，發而皆中節謂之和，中也者天下之大本也，和也者天下之達道也。致中和，天地位焉，萬物育焉。」中庸說的。「得其環中以應無窮」莊子說的。

　　黃老師引用古典經句，糊了孩子們。

　　二月連假四天作業：「馬齒莧」主題手寫稿四百字，自己「定題」。

　　老師要看到「首尾呼應」、「意象之美」、「節奏之美」才能得到 A6 級分。

　　傅志藤偶而在花前走動，黃老師抱著瘦小的傅志藤，讓他坐在老師的膝上，指導著他：「你像變成一個小靈魂、一個小精靈，進入馬齒莧綠色嫩莖的世界，一片綠色的森林足夠讓你玩耍、讓你穿遊期間。你可以循著綠莖爬上去，在白色的花瓣上嬉戲，像一隻蜜蜂的所有行動。」好了，我去忙了。

　　陳皓明的下課時間都在女兒牆花圃，細細端詳初春的馬齒莧。

08　陳皓明開始定題：〈看一馬齒莧〉

在涼爽的午後，陶醉在這灰白世界的我，不時想著小時候的田園時光。望著女兒牆上的馬齒莧，正仰望著遼闊的天空，是否在盼望著春天的消息呢？

微微的風輕輕吹拂，馬齒莧綻放出白白的花朵，散發出誘人的氣息，使大地萬物通通有了活力。可惜，馬齒莧的壽命只有短短一天而已，可是它們還是掌握著「時間就是夢想」的信念，努力利用僅有的一天，來展現足以表現出它們的「美」。

馬齒莧露出了微笑，也流下了眼淚。它們心中都有一個最大的心願：「我們一定要把屬於自己的美，散播給每一個喜歡我的人。」

16　姚丞中定題為〈不時走過〉：

寧靜的中午，陰涼，在走廊上，看女兒牆上的花，靜靜的獨自望著馬齒莧。

一枝枝的馬齒莧在風中搖擺，一陣陣的風，快速竄過。一朵朵的馬齒莧，在接受陽光的滋潤後，一一先後的綻放，變成一座雪白的世界。

一朵朵開放完的花朵，褐色的身體，漸漸的消失在灰白的天空下。一枝枝的馬齒莧，像在交往中的一對對情人，風使他們碰面，隨這風向不同的地方搖擺。花中的一根根針狀的雌蕊，就像一位位天文學家，不惜休息時間，依舊望著無盡的天空。

一隻蝴蝶從馬齒莧旁緩緩飛過，或許是想為天底下的花朵傳遞花粉，來為大地盡一份心力吧？在澆花時，看見一對蚱蜢正在馬齒莧的縫隙，興奮的跳躍。一朵朵凋謝的花，蜷縮在牆角下，令我深深的陶醉在女兒牆邊，靜默的感嘆著它的生命。

教室前的花圃上，吸引著我的目光，花朵也永無止境的盛開著。

17　陳可涓定題〈隨風搖擺〉：

寧靜的午後，微風陣陣。我靜靜的坐著，看那一朵朵盛開的馬齒莧，隨風搖擺。

中午，我認真的觀察班上女兒牆上的白花，他那輕微往內捲的潔白花瓣，約五十幾針所組成的，花蕊上還沾著細微的黃色花粉，花蕊中還有一小支白色雌蕊。一株一株的馬齒莧一同面對著陽光，一同隨著輕風陶醉在此刻。

萬物必經的歷程就是生、老、病、死，包括馬齒莧。走過看它時，一定會看見，那一株株黑咖啡色的枯萎花苞，隨風輕落下來。

馬齒莧們一起綻放，一起枯萎，一起等待下一代的到來。有時候班上同學一起摸著他晶瑩剔透的綠莖；有時候會有幾隻蜜蜂飛到它的花蕊；有時候會有一些蝴蝶，輕輕拍動那些五彩繽紛的薄翼。大家一起合作，一起創造了這一片花花天地。

每天，我觀察著這片綠色天地，熱情奔放的白色小花，綻放躍動，一天一天，它們隨著溫暖的微風，投入它的懷抱，隨風搖曳。

12　董國偉的〈沉迷－白色世界〉

在這涼爽的午後，我沉迷在馬齒莧佈置的白色世界，馬齒莧那神奇的魔力，使我想起小時候與同學的歡樂時光。

馬齒莧像是藍天上的雲朵，使每個人經過時都很愉快，也使大家的煩惱都拋到九霄雲外，更使每個人的心靈都清靜下來，真是個小天使呢！

　　馬齒莧是個抱著希望的人，因為，他每次都朝藍天看去，就像在看著他的希望。而他的希望就是要把花開得漂亮，使每個經過的人都要知道他的美，所以我才沉迷在馬齒莧佈置的白色世界。

　　馬齒莧除了吸引我們之外，也吸引了昆蟲和小動物，他們有的來採蜂蜜，有的來陪伴馬齒莧，好像人的一生，一定都會有人陪伴。

　　馬齒莧是魔法師，可以讓經過的人都會愉快、輕鬆，馬齒莧除了可以帶給我們清靜的心靈，還讓我們寫作，所以我身邊的大自然是不可缺的。

04　陳冠元定題〈好友〉

　　微風輕吹，花草搖曳，艷陽高照，萬里無雲。

　　一株小小的馬齒莧隨風搖曳，突然風變強了，一株快開花的馬齒莧，忍不住強風的摧殘，硬生生的倒了下來。我趕緊將它種回去。過了一陣子，它就像有了新的生命，從彎曲變成直挺的一直線。

　　自從發生了這件事以後，我每天都會來看看它，把它當成我的朋友，時而幫它澆水，時而幫它施肥，我用心的照顧它，它漸漸長大，我決定讓它多交幾個朋友，所以在它身邊放了些種子。

　　另一些馬齒莧受到馬齒莧哥哥的照顧，所以它們決定送馬齒莧哥哥的一分禮物，讓馬齒莧哥哥感到驚呀！可是有一株馬齒莧告訴了馬齒莧哥哥，它淚流滿面的說：「你們真是乖。」

　　輕柔的風兒，快樂的花草，炙熱的太陽，純潔的白雲，都是好朋友。

02　陳傳貴定題〈走過馬齒莧〉

　　在陰沉的中午，我沉默在雪白國度裡。成群結隊的馬齒莧，面向這一片海闊天空，複雜的心情放鬆起來。一陣陣風穿梭在馬齒莧中，微微的花香撲鼻而來，讓大地萬物充滿了活躍的生命力。

　　馬齒莧在綿綿細雨中沉思，有時看它，有時回頭，讓我禁不起想走近一點瞧瞧。早晨是全校最安靜的時刻，而馬齒莧就在這時慢慢綻放著迷人的花瓣，從球體，到一半，再到全開。整個過程，讓我在早自習時間，痴痴的等待好久。等到全開的時候，放眼望去，馬齒莧就像一個雪白國度，再加上小草、筆筒樹的陪伴下，讓走廊成了一座小小植物園。小朋友的笑聲隨時迴盪在我耳中，馬齒莧就在這時候，再慢慢合起它的花瓣，一兩隻小蝴蝶在我們班級前面飛呀飛的，可能是跟我們班級都有一個共同點，就是都喜愛馬齒莧，那你呢？

　　經過這次的體驗，讓我第一次專注的看著馬齒莧，而現在我都會不經意的走過馬齒莧呢！

03　傅志藤〈開花的馬齒莧〉

　　一個清晨，一片長達五公尺的小土地，長滿了許多馬齒莧，正努力的吸收著陽光，讓自己的花苞一點一點的綻放出來。隨著時間的腳步，馬齒莧吸收在體內的的太陽能源有了效果，幫助它打開有如鋼鐵般的花苞。但是，當其他馬齒莧要打開美麗的花朵時，有幾株馬齒莧身體突然動了一下，好像在說：「等等我，我的能源不夠。」其它馬齒莧就安靜的等待，等待著那光榮開花的時刻。

　　開花的時刻差不多該到了，馬齒莧開始隨風起舞，跟旁邊的朋友們玩交錯的遊戲，玩完了，便又是等待，「一、二、

三」哇！那開花的那一剎那，有如芭蕾舞般的旋轉姿勢，感動了一旁的觀眾。

而那些馬齒莧像是考完試一樣，開心、快樂、自由自在，讓自己內心的笑容，表現在那朵小小的白色花朵。

06　陳佑台〈那天　馬齒莧盛開了〉

在五年六班教室前的女兒牆上的小花圃上，有著許多可愛的小花苞，會開出潔白美麗的馬齒莧，令人賞心悅目。

那一堆小花苞，正在等待陽光的懷抱，正在等待雨水的滋潤，準備開出花朵，讓世界變得更加的瑰麗絢爛，讓大地更加的與眾不同。

馬齒莧總是看著小朋友玩耍，聽著小朋友快樂的笑聲，使自己更加的有活力，讓自己慢慢的綻放出美麗的花朵。在風的鼓舞下，有些花苞已經開始綻放了，而那些還未開花的花苞，令人擔憂，心想：「到底要什麼時候？馬齒莧才會全部打開呢？」

就在那天，馬齒莧終於盛開了。就像是白雪紛紛的黏在花朵上，呈現出一片美妙的花花世界，使原本最不起眼的角落，變成校園中最美麗的地方。

07　徐奕泓〈雪白大地──馬齒莧〉

上學期的有一天，老師突然灑下數不清的種子。

過了一陣子，一股腦兒都長出來了，晶瑩別透的身體，像是與朋友跳舞，美麗的身體隨風擺動，像是和風招手。

漂亮的花朵，散發出溫柔的氣氛，馬齒莧跟辣椒交談要怎麼樣，才能讓人類吸到雪白大地的味道。有一天，一大早馬齒莧就散發出快樂的氣氛，來迎接老師和小朋友。老師和小朋友，就為了馬齒莧歡呼著。馬齒莧快樂的唱歌、跳舞。

到了明天，馬齒莧累昏了，全身痠痛著，因為昨天它說：「我太瘋了，所以才會全身痠痛。」馬齒莧決定了，它跑到小朋友和老師的面前說：「我不要再狂歡了，因為再狂歡一次，我一定會死」。

於是，馬齒莧就坐著雲朵的車子，往天空跑去要休息。

09　林育諺〈隨風搖擺的孩子──馬齒莧〉

這天，我來到教室前的女兒牆，安靜既專心的觀察著每一株馬齒莧，馬齒莧以它的本能展現出它的美和藝術，散發出讓人目光難移的潔白光芒。馬齒莧的顏色和天空的顏色和在一起，明顯的，馬齒莧的顏色比天空亮了一倍，成了角色較量。

我輕輕的撫摸著馬齒莧的幼苗，祈求變成花朵，我在它幼小的身上灑了點水，它以身上的油散開水，成了一滴滴晶瑩剔透的水珠，像是下雨後的樣子。我心便想：「那如果現在是下雨天，它們也能像現在一樣嗎？」一大群馬齒莧正享受風的滋味，忙著和左右交談，旁邊的辣椒也有與眾不同的味道，引人注目的辣醬味卻被風吹走了。新鮮的空氣到來，給予了生命。

在馬齒莧上方，有潔白的花瓣。全部都很自由，不會有任何限制，還能從上方把下面的小朋友數得一清二楚。美麗又乾淨的馬齒莧，用白色將世界再染上一道美麗的色彩，成為彩虹顏色的一份子。

如今，他還在女兒牆上吹著閒風。

11　林品堯〈那天，馬齒莧開了〉

白白的和鈕扣差不多大的馬齒莧，一個一個又一個的，開始它的生命旅程。

像螺旋槳一樣的花苞，開的時間只有一個早上，生命雖然短，但百花齊放，非常美麗。馬齒莧好像鐵絲，全部都纏在一起，但是亂中有序，上上下下都非常整齊好看。

馬齒莧把女兒牆編成了一個綠綠、白白、黃黃的毯子，讓來上學的小朋友都可以看到這美麗的景色。

進入馬齒莧王國，可以讓心情放鬆、愉快，也讓視覺有新的享受。

13　劉凱揚〈馬齒莧的一生〉

今天女兒牆的牆上，長出了一株馬齒莧的幼苗，它的夢想是快快長大，所以它每天努力的收集陽光，收集雨水。

它每天都很快樂。直到有一天，路過的小鳥跟它說：「夢想是一天天的經驗所累積的。」

因此，它更努力的達成夢想，直到它的夢想達成了。它的夢想會變成結出果子。有一天它長大了，它好高興。它想如果每天都長大一點，那不就很快就完成了它的夢想？

14　張冠峰的〈馬齒莧之美〉

在一個風和日麗的下午，我望著那攀爬在牆壁上的馬齒莧，沉迷著它那雪白的花瓣，感覺來到了它們的白色世界。

我仔細觀察著它，在陽光的照射之下，它的花朵有一種很特別的美，散發出閃耀的光芒。有幾隻小鳥還會飛下來幫忙傳送花粉。有時候小螞蟻爬到這裡來採集汁液呢。它們的葉子碰在一起，好像是一群族人，一起手拉著手，在跳著舞，並比賽看看，誰可以先長到最壯、最高。馬齒莧有很多種顏色，例如：白色、桃紅色和粉紅色等⋯⋯。

從高處往下看時，像是一座會透光的小森林，在每一棵馬齒莧上面都開著白色的小花，那些小白花就好像是在草地

上，看見了許多小蘑菇。

任何地方都有一種美感，但是平常不會發現它，只要仔細觀察就可以發現到，就像是不會特別去看到馬齒莧，但是只要細心並仔細觀察，就可以感受到它的美了。

15　賴裕達〈馬齒莧〉

有一天，寒假開學時，我突然看到一朵花苞被美麗的陽光照著，好像是幾千朵中的最特別的一朵花苞，我也看到姚承中同學和黃連從老師他們，非常努力的在照顧它。過了好幾個月，終於剝開了一點點花苞而已。

再過了幾個禮拜，老師還為了馬齒莧寫一篇作文。老師一直等開花的瞬間，老師等一等一等一等，等到了下午結果馬齒莧就蹦開花了，老師永遠記得那一刻。到最後，老師還把文章念給我們聽，之後大家每一天都會看一次以上或觀察一次以上。老師也會讓同學輪流幫他澆水，馬齒莧也是我認為最美的花之一。

聽老師說雌蕊有五十幾根，那就像微米一樣小，只能用針來算。我嚇了一跳！哇！這麼小，難怪這花朵難得又漂亮，希望我家也可以種一朵花來裝飾呢！真謝謝老師跟我們說了這些。

18　萬珊蕾〈接近馬齒莧〉

打開窗戶，會看到一片綠油油的馬齒莧，鋪張出春天的感覺。

春天一到，馬齒莧開的奼紫嫣紅。下課鐘響，總是有一群小朋友圍在馬齒莧身旁，和它作伴。馬齒莧聞起來有些芳香，不時也有蝴蝶來覓食呢！

陽光下，馬齒莧笑得燦爛無比，風一吹馬齒莧也不怕，

因為在它身旁有一群好朋友，正在努力的為它加油打氣，它才能堅持永久。

上課時，我也不是回頭張望馬齒莧。馬齒莧開花，都要等上一個鐘頭，終於在八點開始，花瓣輕輕的擺動，散發出迷人的氣息。我一刻也不敢眨眼，怕錯過機會，白色的王國就在此刻誕生。

這次我認識了好多馬齒莧的事，大自然的世界有很多意想不到奇妙，等著我們去探索！

春天的世界真得很奇妙，連我都覺得很不可思議！

19　石慧靖〈看那，美麗的馬齒莧〉

馬齒莧，一朵朵的盛開在太陽下，把教室前的小花圍裝扮得很美麗，像個花花世界。

太陽照著馬齒莧，顯得馬齒莧很健康又很有活力。當我看著一朵一朵盛開的馬齒現時，感覺可以讓人心花怒放，把不愉快的事和煩惱的事情一下子就拋到九霄雲外。在女兒牆上的馬齒莧，不時望著太陽，凸顯它的美麗。

馬齒莧一朵一朵的盛開著，吸引著蜜蜂和蝴蝶前來汲取花蜜，也不時的吸引我去欣賞它，這些馬齒莧在女兒牆上像在手牽手一樣，歡迎大家來欣賞它。

準備要放學了，我再去看馬齒莧最後一眼，馬齒莧還是依舊美麗動人，大地漸漸暗下了，馬齒莧也該休息了。

20　陳雲苓的〈溫柔擺動的馬齒莧〉

走過花圍，看見樹枝細細長長，又有一朵白色美麗的花。風吹過它時，它會輕輕的搖擺著它的身體，它像隨風飄的蒲公英，美麗極了。

觸摸它時，它不會像含羞草合起來，反而是大方的給我

們摸它那看起來漂亮極的白色花朵，觸摸起來，舒服極了。

馬齒莧有時垂頭喪氣，有時開心的站在那，吸收空氣、水；馬齒莧像人的心情，喜、怒、哀、樂，每天過著無憂無慮的生活。

馬齒莧有大約五十針的黃色雄蕊，和白色花朵映襯之下，成為一個美麗花園。

美麗的花園，有著隨風擺動的馬齒莧，和幾隻五顏六色的蝴蝶與蜜蜂，在昆蟲陪伴之下，顯得更美麗、漂亮了！

馬齒莧每天期待著開花，它為了要讓蝴蝶、蜜蜂有美好的「休息站」，所以每天都在努力的開花，成為一朵美麗的花。

馬齒莧用喜、怒、哀、樂，過了一天，像小朋友每天的心情，又讓生活充實的過了一天。

22　邱韻君的〈春天的馬齒莧〉

我看著窗外的馬齒莧，它慢慢的、慢慢的開花了，我想它可能是想讓它的同伴讚美吧。

因為現在是春天，所以花開得特別多，而且同學每天都一定不會忘記幫它澆水，讓它不會被太陽照射到，不能好好的開花。有時候還會有蜜蜂和蝴蝶來吸取花蜜和花粉呢！天空裡的小鳥有時候還會飛到樹枝上和馬齒莧的葉子上，而且我還看到有隻小鳥在吃葉子呢！

在春天中開花的馬齒莧，好像在隨花的開放時間跳舞呢！

23　洪亞婷〈搖擺吧！小花兒〉

窗外，有一朵花開著白白的花朵，是由旋轉開出來的花，花蕊的顏色是黃色的，猜猜它是誰呢？

沒錯，它就是花朵潔白如新的馬齒莧。它正在綻放它美麗的花朵；它開花是旋轉而開的，但它開花時，一秒鐘左右

就開了。所以要看它開花是很不容易的，必須要把握時間，一分一秒都不能浪費。

　　馬齒莧們各個隨風搖擺，跳著、唱著這一首又一首的輕快曲子。正當它們跳得正開心時，天公卻不作美，嘩啦、嘩啦的下起雨來了。但是，他們卻不受影響，還是繼續唱和跳。跳累了，覺得它們好像是在搖擺，又好像是在聊天。有的一動也不動的好像很孤單、寂寞，看起來好可憐。雨停了，成千上萬一顆顆的小水珠從馬齒莧的花朵流下來，好像在流眼淚、哭泣，感覺起來，非常需要有人的關心與協助。

　　這裡是一座優雅的白色王國，放眼望去，全部都是白白的一片，就宛如下過雪後的場景一樣美麗，讓我感覺好像置身天堂一樣，全部的馬齒莧都在搖擺，這種景象真是令人覺得美不勝收啊！

24　林怡柔〈馬齒莧的天堂〉

　　教室前，一片綠油油的馬齒莧，如一望無際大海般美麗，鋪張出春天的鮮嫩感。

　　一個沉靜的午後，活潑的它，一邊唱著歌，一邊跳著舞，搖擺著身體快樂的搖滾。藍天映襯著她的表面；白雲襯托它的內心，太陽映照著溫暖的陽光，如置身仙境怡然自得。當土地已收集足夠的溫暖，從那一刻就開始傳送養份，讓馬齒莧愈來愈開朗。

　　在這溫暖的時刻，就有許多蜂蝶採集花蜜、傳送花粉，醞釀出花花世界，展現白色王國。這一切一切都需要等待、等待，再等待。仔細的觀察會注意到五十針如小星星般閃耀的花蕊。這都是用心、用心，再用心培育而成的，如豆腐般嬌脆，讓人大開眼界。

　　這處處是天堂的世界，是無比的幸福，無比的快樂。因為不停的等待，因為不斷的用心，才有一滴一滴的成果，才會有值得的一點一點繼續，一天一天的努力。

25　吳嵐俞〈欣賞馬齒莧〉

　　早晨溫柔的陽光，白白的雲，微風徐徐吹過，溫柔的陽光照在馬齒莧的臉上。

　　馬齒莧喜歡聽小朋友唱歌，喜歡和風一起搖擺，喜歡喝那清涼解渴的水。馬齒莧聽到小朋友悅耳動聽的歌聲，使沉悶的心情遠走高飛，消失得無影無蹤。和風先生一起搖擺，使得它那美麗的花朵散發出耀眼的光芒。喝一口清涼解渴的水，使得自己更耀眼，不容易生病，它讓校園散發出迷人的光彩。

　　馬齒莧是我們校園缺一不可的角色，它的美無人能比；她的毅力堅定不移。希望我們能常常在校園裡看見它，讓它那美麗的身影永遠留在我們的校園。

26　詹晴軒〈那一天，馬齒莧的盛開〉

　　馬齒莧，白白的，花開得正是時候……

　　小小的馬齒莧聚在一塊兒，開花的它，總是想著要像五朵小花瓣的盛開。天氣陰陰沈沈的，雲厚厚的。

　　馬齒莧下面有圓圓的，像個小小的小果實，那是它的小孩？還是它的同伴？陰沈沈的雲消去，太陽露出了笑容。在那一天馬齒莧正開著，白雪般的馬齒莧五片花瓣交錯著，透明亮麗。輕輕的撫摸它，雪白透明的花瓣。

　　我發現未開花的馬齒莧有小花蕊，花蕊下還有三片葉子，包圍脆弱的花蕊。大地，陽光滋潤的灑下，用它的愛溫暖著大地。

馬齒莧慢慢的綻放，陽光普照在這片大地上……

正要開花的它，像朵朵白色的鬱金香。終於，它開出了美麗的花朵，隨風搖擺，難以忘懷。

那一天，我看見一群在我眼前飛舞的馬齒莧……

27　許詠歆〈發現，馬齒莧〉

如雪白的白，美麗，純潔，馬齒莧。

在教室前的女兒牆，有著一朵又一朵的馬齒莧。每天上學、下課、放學都看的到，印象深刻。一株又一株的馬齒莧，向外伸展，向外、向內、向外、向內。

這一群馬齒莧旁，有幾株蒲公英，風一吹，它們全部飄去，像在幫馬齒莧們添加美麗的畫面。花瓣包住雄蕊、雌蕊。遠看內部像一株又一珠的小草，爭取陽光，讓花瓣保護它，直到變成褐色的那一天，等待、等待、再等待。從小小的花苞到一朵美麗的馬齒莧。

馬齒莧雖然和一般的百花沒兩樣，但如果讓一群馬齒莧排在一起，形成一片美麗的花海，好像雪溶在地面上。

終於：發現，馬齒莧。

28　巫敬恩〈欣賞馬齒莧〉

在一個安靜的下午，近看著馬齒莧可以看到那潔白的花瓣。這時一陣風吹來將馬齒莧的自然味道給吹了出來，突然有一道陽光照下來，讓馬齒莧更加顯眼。

蝴蝶和蜜蜂飛向馬齒莧，停下來覓食，讓馬齒莧可以很健康，也可以讓它繁殖後代。

馬齒莧的花看起來白白的，它的身體綠綠的，還有幾片葉子，它長得和鉛筆一樣長。花朵內大約有五十根的花針。花針上面黃黃的好像一顆顆的小太陽。

　　　　遠看馬齒莧很像一隻一隻的白色小蝴蝶，近看好像一個很小很小的池子，池子裡有一根一根黃色的水草，從上面往下看它好像一個周圍有白色小山，裡面有一個一個黃色的房子，從下面往上看它好像一個一個小小的碗。

　　　　當馬齒莧在和風跳舞時，一旁的小草也好像一起跳。當較高的馬齒莧先找到陽光時，一旁的小草也好像和馬齒莧長的一樣高。馬齒莧是一朵潔白又比較長的花，有時也會比較顯眼。

短文書寫往往比長文書寫，來得有難度。

這次的書寫經驗，希望是一次掌握鏡頭的經驗。

10.

　　黃老師想著：鑑賞一幅畫的「讀到什麼？」和「讀到些什麼？」要如何進行教學？

　　康軒版五下第五課「恆久的美」是蔣勳的散文作品。文本的表述是記敘文的記事件、記物結體的。其綱要為：

大原因段落：嘉南平原稻田的引發回想（第 1 段）。
大經過情形段落：（經過一事件、經過二事件）
　　經過一事件：西方古老的路得故事（第 2 段）。
　　經過二事件：導覽「拾穗」畫作（第 3、4、5 段）。
　　　　　　　1. 小原因段落：「拾穗」畫作創作來源（第 3 段）。
　　　　　　　2. 小經過段落：「拾穗」畫面敘述（第 4 段）。
　　　　　　　3. 小結果段落：「拾穗」畫作意義（第 5 段）。
大結果段落：「拾穗」畫作之美感（第 6 段）。

　　課本中的米勒「拾穗」縮小圖是彩色的。黃老師想起，自己並沒有花上很長的畫面停格時間，「停」在一幅畫作前，每天細讀。他現在是一位國小老師，孩子們也沒這般經驗。黃老師會怎麼進行「名畫」鑑賞教學？

　　「語文閱讀技巧，可以『技能類化』到閱讀一幅世界名畫嗎？」他想：

1. 文章基架，如同畫面構圖。

2. 文章選材，如同畫面中之物件。

3. 文章段落安排，如同畫面物件的擺放效果。

4. 作家的字、詞、句運作，如同畫家的筆觸表現技巧。

5. 作家的情感，如同畫家的顏色使用。

6. 作家的文章基調氣氛，如同畫家的光線、明暗使用。

7. 作家視點的時間順序安排、空間順序安排、邏輯順序安排、意識流動的敘述線安排等，如同畫家的視點，有俯視、仰視、移動式、多角度視點、切割畫面式視點──。

8. 作家的修辭學應用，如畫家透過「構圖、光線、明暗、顏色、筆觸」所呈現的摹寫、類疊、映襯、鑲嵌、象徵──。

9. 作家、畫家的藝術創作，有著類似的閱讀鑑賞類目。

　　　　他們有共通的生命感受，共通的藝術創作意念，共通的想透過技藝表現創作物，做為一種生命的表述。

　　　　因此有著創作背景故事、畫家生活的生平、歷史年代。

10. 畫家選擇什麼題材，做為個人一輩子的生命創作信念？

11. 畫家是透過畫作，對一個時代發出聲音？這成為他對一個時代的終極關懷。

　　這和在做為文字表述的作者一樣。這和在做為文本表述的藝術創作者一樣。

　　黃老師想試著，做做看──「拾穗」畫作導賞。

　　他先循著「反身提問」：

　　米勒要表達的繪畫生命意念是什麼？

　　米勒透過「構圖、光線、明暗、顏色、筆觸」的繪畫技藝，如何表現出他的思維？

　　畫作的定題「拾穗」有著象徵意義嗎？

　　米勒的畫面經驗最先觸動黃老師的，是在台北的米勒畫展。他看著「拾穗」畫作，整個人被擋在畫面的外頭，無法進入畫中的世界。

　　三位拾穗的婦人，讓他不得不靜止下來思索，為什麼？

　　為什麼米勒要把我擋在外頭？

　　米勒要我去看什麼？

　　米勒要我去感受什麼？

　　灰暗的婦人色調，又裹著紅色、藍色、褐色頭巾，這畫面中人物刻畫的動態，究竟要傳達什麼？

　　留著這一些問號，黃老師在台北士林夜市兜了幾圈、品嘗了臭豆腐、親嚐了尤魚竹筍羹。人是善忘的動物，一些問號如果不是來得深刻？一些反身自問，如果沒有尋得類似的答案線索，日子過了，人就麻痺了。

　　有時他會和同事開玩笑地說：「無知可以使人內心平靜。學校的教師專業發展方式，可以使人冷感。呈現的刺激就像腳指肉長繭一般，實際在農地耕作的農人是不在意的。教學尊嚴，是自己的工作態度取得的人生憑證。教育實作藝術，是無法以包裝精美的造作技術取代教學品質。」

11.

　　這學期，「拾穗」畫作，成為五年級語文教學教材的一部分。他的感受又再度活起來了。

　　他商請徐文勇老師幫他準備兩公斤的稻穀。他要把稻穀零零碎碎地，撒在綠色的操場中。班上的孩子要頂著大太陽，一粒一粒的「拾穗」，模擬畫作中的人物現場經驗：「眼神盯著地上的一粒稻穀，拇指、食指尖捏拾一粒稻穀，汗水在身體肌膚上流淌兩節課。」

　　從這替代性的人生經驗開始，取的閱讀「拾穗」畫作的資格。

　　黃老師開始進行描述、解釋畫作，以文字敘述來閱讀品嚐一幅名畫：

　　　　這構圖背景是收割的廣漠麥田。由近景佔據三分之二畫面的三位婦人，彎腰、低頭、專注地，在撿拾大地主留在地上的一粒粒麥穗。遠景是畫面三分之一的收割畫面，正忙著收割的幾十個工人、騎著馬的大地主、載走麥草的雙頭馬馬車、堆放在地上的麥草堆、四間農舍。

　　　　視覺上的立體透視圖，由縮小圖長 12 公分、寬 9 公分的畫面；畫面分割由左至右長約 7 公分、寬由前景至後景約 6.5 公分的光亮小草堆座標，為透視圖的集中消失點，向外放射成立體構圖。

　　　　從構圖上的比例，閱讀者的視覺被三位婦女擋在近景前，端視她們在做什麼？她們的表情、手腳動作、穿著服裝在傳達什麼？在米勒設計的構圖中，從近景左邊彼此靠近的兩位婦人和右邊半彎軀幹的婦女之間，畫家留下 1 公分的小徑，讓閱讀者走入畫面。

　　　　走入畫面時需閃過婦人手上握著垂下的麥桿，才能進入大地主的麥田。遠景和近景的人物動作、眼神是相背的，沒有交集點，兩個截然不同的生活世界一般，我們會問：

　　　　「那誰是這畫面構圖中的邊緣人？」

　　　　「米勒要凸顯的主題意涵是什麼？」

　　光線的來源點是畫作背景後面的地平線遠方，愈遠愈明亮，尤其是消失在地平線後的天空。光是從天空直接照耀一群收割者開始，這裡約佔了三分之一的橫切畫布，描繪著富人的世界，他們背向閱讀者，走進遙遠的天國一般的遠去。

　　好幾堆堆高的麥穗草，高高的堆在遠方，每堆高約四、五公尺，寬約六公尺，這是收割後的麥草，可知這土地上的豐收景況，這是明亮的世界。而陰沉的黑暗光線，則是三位婦人腳下站立的土地。這透過光線明暗的推移，傳達了畫作中的氣氛基調。

　　查閱原點出版社，「三分鐘看懂名畫」一書。是日本作家早坂優子的著作，由桑田草翻譯。

　　第 58 頁的「背光」章節，提到「背光可讓主題物顏色變暗，但卻可營造主題物與背景間的對比效果。背光所產生的細節忽視，亦可讓觀者不得不去觀照物件本體的外型。」

　　第 51 頁的「物件」章節，提到「三個物件的同時呈現，能夠深色調加強畫中物件各自的存在感。」、第 36 頁的「姿態」章節，提到「人物姿態象徵某種心情與動作表情，也象徵著某個事件或心境。」

　　第 34 頁的「視線」章節，提到「畫中人物的視線，直接影響觀者對他的印象，同時亦是作品內涵的表現關鍵。」、第 42 頁的「仰望」章節，提到「仰望的視點產生臨場實境之感。」

　　第 54 頁的「對比」章節，提到「對比強化了彼此的存在。」

　　顏色亦是由遠景亮面的淡黃金色、白色系列，對比著三位婦人穿著的深藍、黑色、灰色、褐色。顯眼的色彩是婦人頭上裹著的紅頭巾、靛藍頭巾、深褐色頭巾、淺紅的長手套接近大地。這血一般的紅顏色，站立在構圖中央，逼視每一

位觀畫者的神經。好似宣說著：「這世界對於我們來說，是無比重要的。重要的比不上一粒粒的麥子。」那悲情之中，談何夢想？

畫家的筆觸極其細膩的描繪、刻畫三位婦人的穿著、神態、手指尖拾穗的動作，眼睛專注著地上的一小粒麥子。而遠景筆觸是大約勾勒一番麥田收割圖。我們也由此筆觸的對比，注意著畫面中的三位婦人端詳。

「一粒一粒的麥子，真的代表她們生活的全部嗎？」

「為什麼這三位婦人，沒有被選為雇工，參加收割的行列，賺一些工資補貼家用？」

「還是年老體衰者，無法進入工人行列工作？」

從「構圖、光線、明暗、顏色、筆觸」的諸多對比，讓閱讀者更驚嘆，畫家表現兩個物件世界的背離，令人怵目驚心。

窮人在貧困的物質生活條件下，表現著堅韌的生命意志，她們寧可以自己的手、自己的腳，實實在在地，在生活中表達自己。

她們三名婦女在「拾穗」畫面中，「拾」起自己的生命尊嚴。

這也代表著社會底層生活裡的小角落、小人物，無不為著維持自己的一丁點「人的尊嚴」而活著。

這頑強的生命力，著時令人敬畏、令人看見那偉大的生命光芒、令人站在畫作前：「屏息省思——上帝在哪裡？」

為何聖經舊約肋未紀第十九章，主的訊告：「當你們收割田地的莊稼時，你不可割到地邊；收穫後剩下的穗子，不可再拾。葡萄摘後不應去搜；葡萄園內掉下的，不應拾取，應留給窮人和外方人。——」

上帝的「信、望、愛」是如何表現的？

上帝為窮人留下「尊嚴」，也同時為富人留下「尊嚴」？

這是成為上帝該想的問題？

還是十九世紀的歐洲基督教信仰，成為一位信仰者時，該學著「活出基督的樣式」？

返照「拾穗」主題，自我提問：「拾」起什麼時？

我重新跟著那三位婦人的手指尖，捏拾一粒粒的麥穗，一天、兩天、一個月——農婦走在時間中的腳印，走在廣漠的麥田，為著珍惜手中撿拾的麥穗，為著堅忍地在大地上存活下來，為著細心的呵護、守護一種人的尊嚴。

她們在陰暗色調的畫面前，彎腰、屈膝、謙卑地，擋住觀畫者的視線、視覺，讓閱讀者不得不站在她們生活世界的外頭，專注而目不轉睛地，看著她們正在「拾穗」的工序。

12.

黃老師構思著，「拾穗」導賞教學階段。

第一階段：孩子看著從網路上列印下來的 A4「拾穗」彩色畫作，自己書寫「閱讀『拾穗』」文字敘述稿件，四百字以內。

第二階段：全班孩子在操場上，進行彎腰、屈膝「拾穗」活動二節課。把模擬性體驗的教學生活彼此分享。

第三階段：黃老師進行閱讀「拾穗」思考表白教學。

第四階段：兒童再書寫「閱讀『拾穗』」文字稿，一千五百字。

下學期開學的聯絡簿上，每天練習八感摹寫「景物描寫句」已近三週；這週開始摹寫「人物行動描寫句」。

姚中承的第一次人物刻畫，寫著：「在上課中，老師對著同學們解釋功課。老師望著第二組的我，說：『看他的手，玩著橡皮筋，套在頭上，又拿下來了。』」這時，同學們一陣狂笑。我感到害羞，不斷對黑板傻笑。我沒想到會被老師當題材，想到就：「呵！哈！」覺得自己常被注意呀！

這是上課中的實際現場轉播。黃老師正以不經意看到的人物行動景象，把第二組姚中承的上課中行動，現場口頭人物描寫著，姚中承玩橡皮筋的「連續動作描寫」。

黃老師模仿著他的動作：「坐在椅子上攤直雙腿、玩橡皮筋、橡皮筋套在額頭上、拿下橡皮筋、眼睛看著老師傻笑。」這是他要在聯絡簿上看到的——人物表情、人物動作連續描寫。

> 我每個禮拜都會騎腳踏車到阿姨家。我騎著腳踏車，我看旁邊有一種種的樹，另外的旁邊是一道道的馬路。我覺得樹在跟我們打招呼，我覺得它們一年後會有黃色的葉子，我想祝它每天都快樂。（29 廖嘉敏）

黃老師希望孩子能將文字描寫技能，應用在「閱讀『拾穗』」的書寫。

星期三晨光時間，每個孩子領著一張四百格稿紙，一張 A4「拾穗」彩色畫作。閱讀考試，題目：「閱讀『拾穗』」。可以彼此交談，不可以翻閱國語課本，用自己的感受閱讀一幅圖畫的世界。

黃老師補充說明：米勒畫家，法國的地理位置在大西洋旁。「穗」是麥子。

黃老師回到導師室工作。第一、二節自然科科任。

黃老師趁著孩子不在教室，他翻閱了孩子的閱讀書寫。

「在這張圖裡，有給人不可思議的力量。怎樣的力量？這幾位婦女，為了爭生活，而來這裡拾穗。」林育諺的第一段書寫，讓黃老師拿著他的稿紙回到導師室，快速紀錄這手寫稿。

16 姚中承的書寫速度較快，黃老師衝勁一般的記下他的「閱讀『拾穗』」：

16　姚中承「閱讀『拾穗』」

　　　灰黃的天空，彷彿地上的麥子，映找出泛黃的天空。法國畫家米勒——拾穗。

　　畫中，三位婦女，深深摟著斑駁的腰，彎著，在廣闊的麥場上，辛苦的拾起麥子，完成冬季前的秋收。遼闊的大西洋，像是麥子的底色，在農村後流動。成堆的麥子，在微弱的陽光下，顯得特別的金黃，異常的美。騎馬的男人，促使著馬漸漸的起步，在一粒粒的麥草上快速的略過。一輛載滿麥子的車，就像人們的寶物般，有一群人圍繞著，滾著木輪子，離開人們眼前。三位婦女，黝黑的雙頰，在厚厚的衣衫下，流盡了汗水。但為了生活，依舊彎下腰，拾起麥穗。農村裡的廣場上，有像婦女一樣拾穗的人，也有玩耍的小孩，更有辛苦的男人，而全部都是為了自己。一間間農村似的小房子，堅強的聳立在農村的小路兩旁。

　　麥子，一粒粒的，在廣場中，一群婦女，一群男人，一群孩子，就在這農村的廣場上，利用著麥子，度過汗水滴染的麥田，辛勤的午後。

01　莊育舜閱讀「拾穗」

　　為什麼農夫們都已經收割完了，但還有很多人在那兒，不知是在做什麼？而且手上又拿著一些麥草。我想那一些麥草是要給牛、羊吃的，而婦女們應該是在打工或是要養牛、養羊，所以她們的生活好像過得很苦。而婦女的手一直在地上摸，好像是在找一些掉落的麥子吃，所以她們的生活一定很窮。以我的推測，她們的工作有「種植、養殖以及砍樹」。不過她們的土地很靠海，而且又沒有山擋住海風，所以土地才很荒涼，麥子很快就乾枯了，而麥子又可以給牛吃，所以他們的主要食物是牛。

02　陳傅貴的閱讀「拾穗」：

　　我看著法國畫家米勒的作品——「拾穗」。有三位婦女戴上帽子，彎下腰，拾起一粒粒的麥子放進腰包，田園最後會變成一堆堆的麥草。

　　有如麥子的天空，不停的閃爍著金黃色的光芒，讓整個大地都變成了金黃色。湛藍的大西洋，一望無際，好像爸、媽對孩子的心胸，是如此的寬廣。在金黃的土地，有一個騎馬的男子，坐在馬上，望著大西洋，似乎有苦衷在他心中迴盪著。小小間的房子，像是三合院般，有著深紅的瓦片和短短的房子。三位婦女好像照顧孩子般的細心，一粒一粒的拾起地上的麥子，不怕勞累，辛苦。

　　我經過這一次的練習，發現看著圖畫，更可以進入情境，寫出米勒的感受。

03　傅志藤閱讀「拾穗」

　　今天，我看見了一幅美麗的畫，那幅畫的名字叫「拾穗」，是法國畫家米勒畫的，裡面有三位婦女。

　　那三位婦女好像是很窮的樣子，怎麼會在一塊土地上，隨意撿拾麥子呢？而且在接近右上角的地方，為什麼會有人在田地上騎馬呢？為什麼？

　　對，或許是我想太多了，有可能那三位婦女只是在工作，右上角的那一位「騎士」只是餵他的馬兒吃東西，可是那兩個很大的「大麥草堆」是給誰吃的呢？我覺得應該是那些人要分的吧！

　　我看完了之後，覺得最努力的還是那「三位婦女」。

04　陳冠元閱讀「拾穗」

　　旋風把沙塵吹起，天空呈咖啡色。三個婦女們正撿拾著麥子，我來到了博物館看到了這幅畫。

　　畫裡的後面有著一片湛藍的大海，婦女們千辛萬苦的撿拾著麥子，好讓生活變得更好。他們的動作很慢，先彎腰，尋找著已成熟的麥子和麥草，金黃色的，有如金子一般的閃爍。一些人在後面練習騎馬兒，想著有一天自己和心愛的馬兒，能夠在大草原上，隨心的奔跑，吹著涼爽的風，增進自己和愛馬的感情，再看著一望無際的大草原。

　　婦女們把撿拾的麥草，一堆一堆的分開放好，回家以後就可以把麥子煮成香噴噴的白米飯，真是讓人垂涎三尺。我覺得米勒這個畫家很厲害，因為光一張畫要畫得那麼好，一定要花很久的時間。

　　麥子，有很多人可以輕易擁有，可是有些人卻不易擁有，我們要好好珍惜，不要浪費。

05　游宏智閱讀「拾穗」

　　黃昏的時刻，那三位婦女慢慢的彎下腰拾穗，並把拾完的穗握在手上，還有一位婦女似乎已經拾夠了，站了起來，把麥穗收好，準備回家。

　　婦人後面有著一片蔚藍的海洋，海洋前方有著許多的麥子，多到有如山那麼高，令人嘖嘖稱奇。

　　米勒的畫中，那遠處的人們刻畫的栩栩如生，遠看這幅畫就像是剛拍下的照片，令人讚嘆不已。遠方的房屋，因為遠近的關係，好像只有屋頂一樣，非常神奇。

　　米勒大師讓這幅圖畫栩栩如生，彷彿有生命力一樣，使得圖畫裡面，就像是動了起來一樣，非常奇妙。

06　陳佑台閱讀「拾穗」

在一個傍晚的午後，我看到有三位婦女正在拔麥子，她們一定非常辛苦。

我也看到後面那些漂亮又美麗的房子，還有那些可愛的小孩子們在那裡玩遊戲，有人坐在馬兒上看著他們正在工作。推車上有她們種的麥子，有一些人幫忙推車到家鄉裡。我看到有一位可愛美麗的小姐在樹下乘涼，還看到一片美麗的大海洋。

這是一片又大又美麗的部落，她們拔麥子時都會帶上手套。在部落裡的小孩子們都活潑又可愛，部落裡的東西有些非常好吃。她們部落的人都很忙又很辛苦，有些人在早上時，他們會看著天上一片片的白雲。

他們部落裡的人會用麥子來趕走小鳥，秋天時他們穿的衣服會很多。

07　徐奕泓閱讀『拾穗』

早上第一節的時候，老師教我們學米勒的畫來檢麥子。

到了操場，老師教我們先在旁邊等，老師撒下數不清的麥子。撒完以後，我就下去撿。撿著、撿著，突然在撿麥子的時候，想到我在看米勒的油畫。

溫柔的麥子隨風掉下，好像從天上掉下來的禮物，像是天上的神明給我們的支持和鼓勵。

撿麥子的時候，我注意到那邊有很多麥子，我就去撿。撿完了，就到了第二節。

第二節課的時候，還是一樣在撿麥子，可是有兩位學生被老師叫去旁邊，因為他們兩位學生在鬧。

撿完了以後，老師就帶我們回教室，要寫剛剛我們做的事。

08　陳皓明的閱讀「拾穗」：

　　在涼爽的清晨，黃老師給我們一張世界頂級畫家──米勒所畫的拾穗作品，那時我早已陶醉在其中，進入了這幅畫的奇妙世界。

　　藝術之都─法國，在秋天黃昏的時刻，有三位婦女在努力的採收剩下的麥子，而在後面騎著馬兒的工人，正要把不要用的麥草運到遠方做其它利用。這麼做是因為他們只要那聞起來香香的、看起來小小黃黃不起眼的小麥，就可以讓他們有無比的收入。藍藍的海平面映襯著一片金黃色的麥田，我不僅讚不絕口，也證明了法國擁有藝術之都的稱號。

　　看到了這幅美景，我彷彿出生於此地，那潔白的雲彩、那金黃色的麥子、那幾位努力工作的婦女。我，永遠也忘不了。

09　林育諺的書寫閱讀「拾穗」：

　　在這張圖裡，有一股不可思議的力量。怎樣的力量呢？這幾位婦女為了爭生活，而不顧身體狀況，來這裡拾穗。這些感覺使我感動了起來。

　　秋天下午，黃澄澄的太陽照射在金黃色的麥子上，反射到婦人身上。天空的白雲，也受到折射而變色了。偏僻的農村，聚集著三五成群的動物。從這裡看過去，雖然我有近視，可是看到黑板的同一張圖，感覺又不一樣了。黑板上全圖的生物在活動，陽光照著、白雲移著、動物跳躍、麥穗被風吹著，像是一幅有生命和力量的畫，使我陶醉其中。

　　一位婦人一邊拾穗，一邊揉著腰酸背痛的腰和背。她們的口袋已被麥穗填滿。不只有她們忙著工作，後面的人也無法停下腳步，有人忙著搬運麥草，有人忙著趕集──，他們都是在「分工合作」，使工作更有效率。

這張圖它像是沉默，它的景象在自在的農村，無憂無慮的，讓這些景物顯得更加顯眼。

11　林品堯閱讀「拾穗」

這個寧靜的下午，三個人在一起收麥子，他們的家和森林、海很近，一大堆人一起工作，好像非常快樂，把麥子收起疊得高高的，不知道她們要做什麼。

他們好像生活的很愉快，雖然做同樣的事，但卻不覺得無聊。天空中的雲，好像被塗到水彩一樣，連起來好像一條龍，非常美麗。後面的海和天連在一起，藍藍的海水好像快要滿出來。

12　董國偉書寫「閱讀『拾穗』」：

法國畫家米勒畫了這幅畫，這幅畫叫做「拾穗」。

這幅畫有著三位婦女正在採收麥子，她們手上拿著一些麥子，他們彎著腰，手指從地上一一抓起麥子。

她們身後有著一片灰黃的天空，帶著一點點的藍色和淡淡紅色，使天空變成一片最引人注目的地方。在天空下有一片藍色的大海，那大海使這幅畫變得更有層次，讓天空和地面的交接點變得十分完美，也讓這幅畫更漂亮。

海洋下面有著樹、房子、馬、牛和正在採收麥子的人們，也有一大堆麥草，還有搬運的人們。這幅畫沒有一個人是閒著的，所以可以知道他們採收時，非常的忙，沒有時間可以休息。

這幅畫可以知道他在法國做的事，可以滿足我們的求知慾，也可以了解米勒的作畫呢！

14 張冠峰的閱讀「拾穗」：

在一個下毛毛雨的早晨，老師發給班上每人一張稿紙和一幅畫，這幅畫叫做「拾穗」。

「拾穗」這幅畫是一位法國作家－米勒，所作的作品。在圖片中，畫的時間是秋天，九月到十月之間，是秋收的季節，有三位婦女，正撿拾拾穗。他們會把麥草堆成一堆，如果遠看，就會很像一座城堡，再仔細看，就可以看到大西洋。

我在大約三十公分的地方觀看，發現只有天空、三位婦女、土地和麥草堆，旁邊細小的房子和騎馬的人都很難看的到。但是我把圖放在玻璃上時，因為窗戶上有許多太陽光的照射，使整張圖都亮起來了。有位婦人的藍色帽子和衣服都光亮了起來，突然圖片轉了一個圈後掉到地上，剛好掉到陽光照射的地方，變得又亮又暗，很清楚。

這張畫是米勒所畫的「拾穗」，它表現出黯淡跟光明的映襯，是很好的作品。

15 賴裕達閱讀「拾穗」

在秋天時，有三個婦女在收麥草，有一個阿媽、媽媽、女兒。這是一幅畫，我一近看，他畫的房子已經很小了，可是我從很遠的地方看，房子還是很清楚，我才覺得彷彿下了魔咒一樣，難道畫家是魔術師？

當然不可能，這還是一個謎。

17 陳可涓的閱讀「拾穗」：

世界上一個國家「法國」中的一片草原上，有著三位戴著不同頭巾的女人，正拾著金黃色的麥子。

一眼望去，一片湛藍的海洋，為了不破壞風景的一樓平房，雲彩也穿梭在這片美景裡。這片草原上，人們為了今後的伙食努力的工作，大家採集了少許的麥子。大家的成果加在一起，卻是比平房還高大的麥草堆，象徵著分工合作與積沙成塔的道理。

一望無際的大西洋，有如爸媽的心胸，是如此的寬大，不管我們犯了多大的錯，依舊深深愛著我。三位努力的女人，是否也是為了她的孩子才那麼努力呢？

一幅米勒的畫卻代表著如此深的含意。「拾穗」這個名稱，代表撿拾麥穗，雖然題意淺顯，但是畫中有「話」。我覺得作者希望大家能懂他的意思吧！有空也可以去網路上看米勒畫的「拾穗」這幅畫！

18　萬珊蕾的閱讀「拾穗」：

這幅畫是法國一位有名的畫家「米勒」畫的。畫中三位婦女正埋頭在撿拾麥子，浪花不停的拍打著黃金色的海灘上。

畫中的婦女似乎在表達甚麼？又為了甚麼把三位婦女畫得較凸顯呢？這兩個問題不停的在我心中徘徊！

這幅畫像鄉村一樣，寧靜無比，連螞蟻在爬的聲音，都聽得一清二楚。房子後面有一片茂密的叢林，裡頭可能有很多令人意想不到的事情吧？天空上有黑、有黃，可能是被工廠的濃霧給污染了？而這些濃霧又是誰造成的？

秋天可以收成，但一粒一粒的不是很辛苦嗎？我很佩服，能夠有耐性慢慢的撿，真是「粒粒皆辛苦啊！」麥子小小顆的，就好像我們台灣種的稻子一樣耶！有時還會搞混呢！

每一位婦女，都帶著微笑，無論多艱難，他們都一定能突破困難。雖然穿的很樸素，但她們都有一顆勇氣、堅定的心！

19　石慧靖閱讀「拾穗」

　　法國畫家米勒畫出一幅畫，名叫「拾穗」。「拾穗」這幅畫裡有三個婦女正在撿麥子，每一個婦女手上都有許多的麥子，這一幅畫充滿鄉村的味道。

　　已經收割的麥草，在後面堆積如山了，可見這些婦女已經收割了好幾天，這些婦女還真是勤勞，又不怕辛苦，這種人已經少見了！

　　在後面整理稻草的人，把雜七雜八的麥草，變成一捆一捆整理好的麥草，這些人把麥草整理好，感覺就不會亂七八糟。

　　這一幅畫充滿鄉下的味道，讓人感覺有人情味，每個人都分配好自己的工作，讓工作更快做完，這些人努力做好自己該做的事，讓事情更有效率。

20　陳雲苓的閱讀「拾穗」：

　　這一幅有鄉村味道的畫——拾穗。「拾穗」這一幅畫，是一位位於法國的作家——米勒所畫的。

　　這一幅「拾穗」，後面有草堆，遠遠看，有許多房子。那堆草堆，不知道要做什麼？我想：應該是要做物品的吧！

　　在這一個有鄉村風味的田園裡，麥草上，有三位婦女，每一位婦女都彎腰、駝背，撿著麥子，真是「粒粒皆辛苦」啊！

　　這幅畫為什麼別把後面的物品變小，把婦女放大呢？後面的一片房子、叢林裡，又有什麼呢？為什麼天空會黃黃的呢？還是已經黃昏了呢？這幅畫充滿了疑問呢！

　　三位婦女，努力的撿起麥子，一點一點的收藏，從不喊累，這個是我們值得學習的！

22　邱韻君的閱讀「拾穗」：

　　「拾穗」這一幅畫是由一位法國畫家米勒所畫的。畫這幅畫時，米勒也有把大西洋畫上去，把正在撿拾麥子的婦女畫了進去。從遠的地方來看大西洋感覺好小，從近的地方來看大西洋感覺好大！

　　三位婦女後方有很大的東西，我覺得那一堆好像是麥子。後方的大西洋，看起來好像不如三位婦女那麼顯眼，而且這三位婦女也凸顯出她們正在撿拾麥子。「拾穗」這幅畫好像是在問我們：「那三位婦女正在做甚麼事？」和「那三位婦女為甚麼要撿拾麥子？」

　　三位婦女彎著腰，駝著背，好像是在告訴我們：「那些婦女撿拾麥子是很辛苦的。」那些婦女如果換成是我們，我們可能會一直說：「好累，好辛苦，我們在台東時都沒有撿拾麥子，原來那些婦女那麼辛苦。」

　　我從這幅畫中學到，原來撿拾麥子是這麼辛苦的事啊！我們一定要像這三位婦女一樣，不要一直說很累，不然會越來越累。

23　洪亞婷的閱讀「拾穗」：

　　這張圖裡是在描寫一個法國的一個地方，那個地方的天空是藍色的，又帶有一些土黃色，感覺像是黃昏，而我們這邊的天空是蔚藍的，讓人——

　　這裡有許多大大小小的房子，圖中讓人覺得這裡是個村落、村莊，附近還有一片一望無際的大草原，把圖拿近一看，有三個中年婦人在拔麥草，她們那邊的麥草就等於我們這邊的稻草，她們用手拔麥草，全身還包得緊緊的，也有戴帽子。

　　我心裡想，她們不會熱嗎？夏季時頂著大太陽工作，冬季時冷得受不了，她們不會討厭這種生活嗎？我的心裡在反覆思考著這個問題。

　　旁邊有兩疊比人足足高出兩倍的麥草，還有人拖著車，裡面放置著麥草，準備要把麥草疊高。旁邊有一群又一群白白的馬，有人在管馬。再過去一點，還有一片汪洋的大西洋，讓整個畫面看起來又增加了幾分美感。

　　仔細的看著這張圖，發現圖裡的人，都正在忙碌著，真希望能去法國這個地方，多多了解這裡的美景。

24　林怡柔寫的閱讀「拾穗」：

　　看著，看著，好像進入那幅圖畫般一樣。這幅畫是一位法國畫家「米勒」畫的，讓人──

　　在這沉靜的下午，在法國某一個地方，有一片一望無際的大海，那叫做大西洋，如寬廣的一顆心。這裡讓人的感覺如鄉下般，有許多大大小小的平房，如倉庫般那樣，旁邊還有許多動物，他們也和人們一樣，不停的在工作，有如機器人。

　　只要是住在那兒的人，好像都日夜不停的工作。眼前的三位婦女，腰兒那綁了個像袋子般的東西，一隻手在拔著草，如分工合作的小螞蟻，都非常合群。後面的人則是一一處理著婦女們所收成的麥草，他們雖然不是過得好，但是他們往往辛苦的工作，還不是為了賺錢養家嗎？

　　每一分、每一秒他們都不浪費，每一天、每一時都緊緊不放過。天空是為了襯托辛苦人的成績，我也想為了一件事而努力的奮鬥，才不會萬事成蹉跎。

25 吳嵐俞閱讀「拾穗」

　　涼爽的秋天，辛苦的農夫，忙著撿起掉在地上的麥子，準備過冬的糧食。

　　看著「拾穗」這幅畫，可以知道農夫留下多少汗水，才有今天的好收成。所謂的「粒粒皆辛苦」，意思就是每一顆麥子都是農夫辛苦種出來的，所以我們要好好珍惜這些麥子，不要浪費。

　　我覺得這張圖，可以凸顯出秋天農夫在拾穗的情景。可以看出麥子對農夫有多重要。我覺得作者畫出農夫們在秋收時，做了什麼事，他畫出秋收對農夫們的感情。

　　我覺得這幅畫是在說秋收的重要，農夫們才可以有糧食過冬。

　　希望以後還可以經常看到這幅美麗的畫。

26　詹晴軒閱讀「拾穗」

　　天氣，雲朵的顏色，有黃、紅、白、黑，還有混到一點蛋黃色呢！雲下還有一片一望無際的大海，有深，有淺。

　　金黃色的麥子，這三位婦女正在撿金色的麥子。三位婦女有兩位彎著腰，她們穿的衣服是上衣加裙子，像她們努力工作的人不多了……

　　秋風陣陣吹，麥子左右輕輕搖擺，散發出奇妙的撲鼻香氣，那種奇奇特特的味道只有在收割麥子的婦女才知道。

　　一堆一堆，許許多多的麥子，堆成了房子，後面的房子有人騎馬……

　　這幅畫充滿了生命力。

27　許詠歆「閱讀拾穗」

　　法國某個地方，在一個草皮上，三個女子正在撿麥子。

　　遠看一片廣闊的海洋，轉頭看的是立挺的高山，往上看是藍藍的天空加上黃色的雲彩。這些女子手上各拿一把麥草，努力的撿著麥子。後面男子正在堆麥草，有些在騎馬，那些男子把麥草堆成一座又一座的，像金山、像大石頭、像一座──，旁邊的房子，全部都是一層樓房的，幾乎是紅藍色屋瓦、白色的牆壁。房子旁有一些樹，可能在屋內聞到的是香香的、臭臭的、酸酸的。這裡的女子都帶著一頂帽子，穿著連身長裙，綁著腰帶，像是女僕的穿著一樣的裝扮。

　　這幅畫看起來昏昏沉沉的，感覺大家都是沒有表情的，似乎大家都不開心。大家都在撿麥子、麥草，堆麥草，做完就回房子休息，過了一個靜謐又充實的一天。

28　巫敬恩閱讀「拾穗」

　　老師發給我們一幅畫，要我們在安靜的教室中寫作。

　　近看著這一幅畫時，可以清楚的看到，有三個婦女在撿麥子，婦女身後有許多堆已經收成的麥子，也有許多人和房子，在畫的最後面有一小片的樹林，再來就是藍藍的海平線。

　　遠看著這一幅畫時，可以看到一片草地，前面那三個婦女，後面已收成的麥子，還有黃黃和藍藍的天空，如果再近一點看的話，勉強可以看到一些小小的人和一點點綠色樹林。

　　我覺得近看這幅畫時，可以清楚的看見這小細節，而遠看這一幅畫時，不能看到一些小細節。但是我又覺得不要看到太多的細節，才會比較好看，這只是我的感覺而已。

　　不管是近看，還是遠看，都會有不同的特色。

初步閱讀中，黃老師看著孩子們，拿著「拾穗」小畫作，自己描述、自己列問、自己詮釋，書寫四百字的，現場閱讀文字稿，現場交給老師閱讀。

黃老師想著閱讀前的補充說明：地點，法國。地理位置，大西洋。種植麥子。三位婦女。

他們師生像文字的拾穗者。

黃老師既為孩子高興，又為自己的教學想法，興奮著。

13.

李維史陀的其中一個主要學術關懷是人類思維的「修補術」（bricolage）──換言之，人類心靈有著一種詩性勞作（poetic labor）的傾向，會對意義做出野性的、結構化的加工。──引自「李維史陀──實驗室裡的詩人」頁七。今福龍太序文「在野性智慧的十字路口」

二零一二年三月三日，凌晨二十分。

黃老師醒來。在夜晚的燈光下煮水、泡雲南千年大樹普洱綠茶，自己一個人品賞茶湯，臆想：今天十九世紀的米勒名畫「拾穗」主題教學，他想著準備的模擬性「拾穗」教學現場，想著烈陽下班上孩子的拾穗動作，拾穗後的簡單描寫，孩子究竟會有那一些實際的身體覺受經驗，是可以類化在閱讀「拾穗」畫面上的三位貧窮的婦女？

孩子們會注意到左側的婦女，右手食指指向大地的動態嗎？那個動作是要表達什麼？

孩子們會注意到中間的婦女，右手捏食麥子的動態嗎？這個動作要表達的是什麼意含？

我在下午第一節課的黑板上，要呈現的第一個印象是什麼？

　　只有主題教學的「拾穗」名畫，讓孩子直接進入直觀感受的發表與分享？

　　探究從畫面上的那一些細節內容，讓你感受到的？這是直接以知識演譯的方法閱讀名畫；以圖畫的閱讀要素類目（構圖、光線、物件、色彩、筆觸、主題——等），一個類目，一個類目，逐步進行教學。直接讓孩子形成閱讀圖畫的知識基模。

　　還是列問孩子：「自己的『反身提問』會列問那一些問題？」讓孩子以主動建構的方式，對畫作類目下的細節好奇、深思，透過列問求索答案。

　　還是在黑板上，同時呈列三幅強烈對比（構圖、光線、主題、筆觸、色彩、物件）的名畫：梵谷的「親情」、米勒的「拾穗」、秀拉的「在阿涅爾洗澡」？

　　提問孩子：「發現什麼？有什麼不同的感覺、感受？」

　　透過比較閱讀的技巧，歸納出閱讀名畫的類目：光線、物件、氣氛、人物動態（表情、肢體動作、眼神）、色彩、構圖、空間安排後，再探究不同細節內容，畫家可能是要傳達什麼意含？

　　下一步驟，回到教學主題「拾穗」的閱讀導引，教師以演譯法描述、詮釋畫中所看到的，並查閱米勒的創作背景資料，彼此印證個人閱讀名畫的深入程度。

　　最後回家書寫，這樣的「閱讀拾穗教學主題」對你的生活影響是什麼？你在此課程學到了什麼？

　　從艾斯納的藝術教育理論步驟，有感閱讀、描述、詮釋、鑑賞。教學者還要注意些什麼？

　　這一些複染的、不安寧的心緒，都在這個夜晚浮浮沉沉。

　　想累了就抽煙、喝茶、在家中走動、到院子澆樹、澆花，要不然呢？

　　修剪桌上的小型盆栽的枝枝葉葉，玩賞一回。轉移自己不安份的情緒興奮和不知所措的注意力。

　　夜風轉來更富涼意的初春，他想著：此時學校正氣路旁的苦楝樹，奔放的野花香，紫白視覺交纏的花絮，隨時都會落在人行道上。落花之美態從空中揮落的瀟灑一回，直至靜謐花容之消逝。縣黨部旁的苦楝樹，則是渲染整個空間的，濛濛紫紫。

　　想到三月初的色顏就會有笑容。南京路的木棉花開、博愛路的火焰花開、鯉魚山後的紫色風鈴花開、綠色隧道的茄苳樹花、東海岸沿路的黃色朱槿花，開得鮮黃。

　　他想起一九九零年在高雄的閱讀音樂教學，自己笑得更開心。那次他選擇日本五木老歌手、蒙古騰格爾歌手、古典樂曲，讓六年級的孩子聽完曲子，說說這一支曲子在表達什麼？吳婉真同學聽完騰格爾唱的蒙古人，說著：「唱者好像在表達，站在很高、很高的地方，眼睛看到很遠、很遠、很遼闊的地方，唱出心裡頭想起自己的家鄉。」

　　黃老師對照著歌詞，完全符合孩子說的。那是一次震撼、一次浪漫的音樂教學。騰格爾唱的蒙古語，孩子從節奏、聲調、音律的變化，聽出曲子所要傳達的。

　　他想起一九九三年，在台南海邊小學校的二年級國語課「伯勞鳥」教學，上完形式探究、內容探究，他要二年級的孩子用自己的雙手當翅膀，跑著一圈一圈的操場當是飛翔、從西伯利亞飛越太平洋來到台灣的恆春過冬。孩子喊累、喊酸放下雙手時，他會急著說：「毅力，毅力，堅忍不拔，勇敢——」孩子鼓動垂下的翅膀，飛翔，繼續飛翔。

　　「老師！我的翅膀快斷了。我飛不動了。快死掉了。」二年級的孩子，央求著老師。

　　「伯勞鳥！你不能放棄，你不能死，同伴們在為你加油。要勇敢。」他會快地跑在孩子的身旁，邊飛邊說。

　　事後他問著孩子們：「枋寮路邊的攤販，在烤伯勞鳥時，你會買嗎？」

「不會。那很殘忍。」

「絕對不會。伯勞鳥拼命的飛，才活了下來的，牠很勇敢。」當時說這話的孩子善感的流下淚來。

許多人在茶語工房常聽他敘說，怎麼「玩興教學」的思考與教學實務操作細節，他們喜愛聽他「怎樣和孩子建立感情」、「怎樣被孩子『湯姆歷險記』」，一番玩弄後，當老師的還深覺有趣。

這個夜晚，真的很「李維史陀的結構主義」。記憶的迴旋、並置，現場思維的相互剝削、相互回饋、漫遊、即興為特色的修補術、詩性創制工藝、人類原生思維裡的空無。像林徐達先生在「李維史陀──實驗室裡的詩人」一書的推薦序文，引用「憂鬱的熱帶」一書，中譯本頁 37 的文字敘說：「那些前行的音符所在追尋的，再也不會被視為是隨意而為了，而是一種準備工作，替那個想像不到的結束方式做準備。」

那今天下午呢？第一、二節的主題教學呢？我真的不知道在教室中，會走向那一個方向？

書寫下此句，已是凌晨三時。

上樓睡吧！聽黛青塔娜和 HAYA 樂團的 2012 年新作專輯：「遷徙」。

〈風的足跡〉

我消失在光的盡頭
追尋著風的足跡。
永不熄滅啊，心中點燃的燈，
永不凋謝啊，寂靜開的花，
穿越悲喜的迷霧，去看寂靜的花海，
在無始的虛空中，只有風的足跡

14.

二零一二年三月三日，天氣時晴、時陰。

黃老師早到教室，在黑板上呈現三幅圖畫，找來莊育舜問著：「這三幅圖畫有什麼不同？」

「明暗不同。第一幅比較亮，比較輕鬆。第二幅比較陰暗，比較不自由。第三幅更亮，比較自由自在的感覺。」莊育舜看著圖畫，手指幫助自己的解說，試著在畫面上，一幅一幅詮釋。

「好！謝謝你！我知道今天的教學要怎麼進行了。」黃老師對著他說。

「你不是早就知道了？」陳皓明問著老師。

「試鏡！拍電影前，導演也要先試試鏡頭和掌握畫面的感覺。」黃老師說。

他決定以歸納教學法，進行名畫鑑賞教學。

第二階段：全班孩子在操場上，進行彎腰、屈膝「拾穗」活動二節課。把模擬性體驗的教學生活，「拾穗操作體驗」書寫四百字，彼此分享。

回到教室的書寫稿，讓黃老師閱讀著。

他在判斷：「教學中，可以如何應用孩子的替代性經驗。」

03　傅志藤的「拾穗」體驗教學：

> 老師帶我們去操場，說：「你們要學圖裡的那三位婦女撿麥子，就能體會那種感覺。」說完，老師就把米零零散散的丟了出去。丟完了，老師就說：「開始撿！」
>
> 我們就一溜煙的跑去草原，蹲下來撿。
>
> 就在這個時候，老師又說話了：「喂！拾穗的老婦人！要彎腰，不能蹲下來！要不然會站不起來！」
>
> 我們就「喔！」的一聲，開始彎腰撿「麥子」。

我剛開始彎腰時，覺得很簡單，但時間過了不到一個小時，我開始這裡痠，那裡也痠。太陽把我曬得又黑、又紅、又熱，也把我曬得更興奮，因為我終於體會到那三位婦女如此的辛苦。

在這次的體驗當中，我體會到「拾穗」婦人的辛苦，以及那種種事物。我想，我真得要有非常專注的心，才能學會「拾穗」吧！

04　陳冠元

炎熱的早晨，從教室走出來，到了操場拾穗。麥穗零碎的散播在操場。

我緩慢的尋找散播在操場上的麥子，彎下腰來。炎熱的太陽讓我汗流浹背。雖然熱，不過我的熱情遠勝過太陽的熱；我的眼睛注視著地上的麥穗，不能放過任何一粒麥子。

老師叫我們這樣做：「想像自己是一位貧窮的婦女，要撿麥子維持生活。」眼看麥子已經所剩無幾了。老師拿起他那一包麥子，撒在操場上讓我們繼續享受撿麥子的樂趣。

我繼續撿拾著麥子，直到老師說收工。我們才依依不捨的回到教室。回到教室以後，我就算著我撿的麥子，結果我竟然撿了一百二十六顆麥子，讓我意外驚喜。撿麥子雖然辛苦，但也很值得，因為如果是其他人就有了一碗飯，可以吃飽不會餓死。

經過這次的實際演練，我終於知道了撿麥子的辛苦，也不敢再嘲笑她們，因為她們是很用心、又很辛苦的撿拾那些麥子。

06　陳佑台

在早上的時候，老師帶著我們去操場上，學米勒圖畫裡的那三位婦女撿麥子。

老師說：「我們不能蹲下撿麥子，要像米勒圖畫上的方式撿。」老師到草地上丟麥子，而讓我們開始撿麥子，而要三個人一組一起去撿。我們撿到一半時，每個人都非常的辛苦。

下課時，我們一直在操場上撿麥子，有一些小弟弟在操場上踢足球，感覺很開心，我們在一邊撿麥子。上課打鐘時，老師叫我們集合準備回教室，老師發給每一個人一張作文紙，要我們寫下在操場上的行動的文章。

我們全班開始寫作，一直到下課，我們拿出音響一邊聽音樂，一邊在寫作文。第三節上課時，老師叫我們繼續寫，因為老師要打資料。

我忘了說：「在撿麥子時我和郭群銘去拿石慧靖的麥子，結果她去跟老師說我和郭群銘拿她收集的麥子，老師叫我們兩個人去樹下罰站。」

09　林育諺

這天，天氣是陰沉的，卻熱得不得了。老師今天要我們學習、體驗那三位婦人的一片苦心，也讓我們「實際」體驗貧窮的苦頭。

剛開始撿的時候，麥穗遍佈滿地，從哪裡撿都撿的到，如果把操場染成金黃色應該更難找吧！

操場上很多人在踢足球，歡笑在其中。我開始撿得越來越累，熱汗直流，也有些同學很聰明，跟著老師的路線撿，但這種現象維持不久，每個同學都開始腰酸背痛、腦充血。但是想要學習體會辛苦的話，就要繼續流汗，把汗埋入泥土中。現在，我想大家都理解「誰知盤中飧，粒粒皆辛苦」的道理了吧！麥穗有的在草中，有的在泥土上。回到教室，大部分的人都在喊渴，有的在激動的數著麥穗，使我真正的感到感動，所以我才要「感覺」、「行動」。

千辛萬苦撿的麥穗，如果被人灑在地板上，苦心都白費了，所以我才找一個盒子，把撿到的裝起來，當作一個值得回憶的教學記憶。

14　張冠峰

在補課的那一天，老師要我們去操場上，像是米勒畫的「拾穗」中的三個婦女一樣，彎著腰，撿拾地上的麥穗，所以我們就一起出發了。

老師把有殼的稻米撒在四周，讓我們彎著腰，去撿稻米。我們快速的跑去撿米，一開始我的腰跟腳不會累，一下子後就有點累，最後我就很快的站起來，讓腰休息一下，後來就好很多了。在撿米時，我都會去跟一些很會找米的人一起撿，用了這個方法後，我撿到了很多很多的米，數了一下，共有一百顆。

我撿到一半時，看到有一個很像金龜子的昆蟲，牠全身都是咖啡和黑色，牠走路時上下、上下的，好像是腳受傷了一樣。

副班長走過來，她說：「你找另外一邊。」

我找到了很多米，結果老師就說：「收工了。」我在回來的路上，撿到了幾顆米，回到教室，數了一下，有兩百三十顆。

這讓我知道，一碗飯是這麼得來不易，我們應該好好珍惜它。

19　石慧靖「操場拾穗感想」

今天第一節去撿麥子，天氣陰陰的。在操場上老師撒下金黃色的麥子，每一位同學都迫不急待的想去撿麥子，想當一回那三位婦女的感覺如何？

　　每一位同學迫不急待的撿麥子。金黃色的麥子撒在綠油油的草地上，感覺要把麥子撒在那一大片的草原，讓它發芽成長。

　　每一位同學都像那三位婦女的姿勢，彎腰撿著麥子。沒有人蹲著尋找麥子，每一位同學都不怕辛苦的，在大太陽下拾穗，像那三位婦女不怕太陽曝曬，辛苦的撿麥子。每一位同學，辛苦的撿麥子，不怕太陽曝曬，仔細看每一位同學身上都有許多的汗水，每一張臉都紅咚咚的。

　　這次撿麥子的經驗，讓我收穫不少，原來撿像一碗飯的量，是多麼的不容易。

20　陳雲苓

　　充滿藝術的下午，我們下去操場撿米時，我以為非常簡單，但下去撿以後才懂得「拾穗」裡的那些婦人的辛苦。

　　下去操場後，老師把米撒在操場上，我們就像三位婦女，在炎熱下撿米。我一步步的尋找著米，就像一隻隻的小螞蟻，尋找著牠們要吃的食物，準備過著寒冷的冬天。

　　在撿時，一直流汗，流到像跑了好多圈的操場一樣，累得腰酸背痛，全身都是汗。看到其他同學滿頭都是汗，也聽到同學說：「這裡有好多米。」，開心的說著。

　　也有人露出艱苦的表情，不知道是在了為了什麼事情煩惱，還是自己已經融入了畫裡，變成了婦女呢？

　　我把米撿起來看，外殼摸起來粗粗的，把殼剝開裡面就像晶瑩的珠子，美麗極了。

　　這一次，一定是我最深刻的一次主題教學活動，因為這次讓我體會畫中三位婦女的辛苦，也接觸到藝術品和藝術的美。

21　劉妍玫『拾穗』紀錄

　　在一個晴空萬里的日子裡，微微的風吹向我，樹上的葉片隨風搖擺，樹上的花朵也慢慢掉落下來，大樹的周圍佈滿了綠色的花朵呢！

　　黃老師把一些麥子撒在操場上，要我們想像自己是一個貧窮的婦女，在麥田上撿拾麥子。所以我想像自己是一位貧窮的婦女在拾穗；我彎著腰，一粒一粒的把金黃色麥田上的麥子撿起來；我撿了一會兒，感覺有一點腰酸背痛呢！我的身上留了滿身大汗，讓我感覺好累喔！因為要撿麥田上的麥子，所以我的手因為破皮而流血，但我還是繼續撿麥子。

　　等到黃老師叫我們集合時，我們才回到教室，也把撿到的麥子帶回教室。我有了今天的拾穗體驗，才知道農夫們的辛苦。

　　在一個晴空萬里的日子拾穗，讓我知道一分耕耘，一分收穫的道理，也知道『粒粒皆辛苦』，所以我們不能浪費食物，而要珍惜食物，不然就會浪費農夫們辛苦的為我們採收稻米了，所以我感覺腰酸背痛的辛苦都是值得的。

24　林怡柔

　　一個炎熱的上午，全班排好隊後，大家帶著開心和熱情的心情，準備去操場進行教學。

　　首先，老師先佈置現場，在撒麥之前，都會分散撒。撒完後，三人一組，模仿米勒畫中的三位婦女。我們有如辛苦的農夫，一次又一次的細心照顧後，又採收，原因、經過、結果都需要等待後才有成果。俗話說的好「先苦後樂」，凡是需要什麼，都需要付出代價，一滴汗、一滴淚，告訴我辛苦。

　　接下來，大家必須和圖中婦女一樣彎腰拾穗。找不到麥粒，就要一直轉圈圈，像動物團團、圓圓，轉呀轉的。在轉圈之中，也不停的流汗，像個流浪漢一樣，不停的在尋找生命重要的東西，一秒都少不得浪費。

　　如果沒有米怎麼生活？如果沒有錢怎麼過活？一步一步向前走，或許會流汗，或許會受困難，但只要努力，就有成果。

　　所有人一定必須吃飽、睡飽後，努力的工作。今天模仿三位婦女一定有原因，我想應該是：「長大後，也必須為生命奮鬥！」

26　詹晴軒

　　今天上課上米勒的閱讀「拾穗」，老師要讓我們體會三位婦女的辛苦，就帶我們班去操場上撿麥子。

　　到了操場，老師撒下金黃色的麥子。我們開始撿「拾穗」。我一邊見著金黃色的麥子，汗流浹背、流的滿頭大汗、目不轉睛的盯著草皮上，尋找著那一顆顆、一粒粒的麥子，就像在沙漠中尋找著水。我的頭，痛到不得了，我的血好像都往頭那兒堆積，快要腦充血了，很不舒服！

　　當我們都找不到時，老師又撒下第二次麥子的時候，我就偷偷跟在老師屁股後面撿麥子，好好玩喔！不管我撿到哪裏，吳嵐俞總是一直跟我一起「拾穗」，像小狗狗一樣，好可愛。

　　回到教室，我好奇的數著有幾片麥子表面的葉子。麥子的外面有包裹著六片米黃色的小小片葉子，剝開來有著透明明亮的米。再把皮剝開來，我可以看見米裡面有著雪白般的雪花。我詢問著吳嵐俞，她告訴我，她的麥子是辛苦撿來的。我詢問石慧靖，她說她的麥子是被郭群銘用掉的，她又說，

　　她差一點哭了出來。我詢問郭群銘，他說，他的麥子是搶來的。巫敬恩說她的麥子是辛苦撿來的，陳皓明說她的麥子是辛苦撿來的。

　　大家都告訴我撿麥子的過程。我能體會婦女們的辛苦。

27　許詠歆

　　在靜謐又炎熱的草皮上，我們班，正在撿米。

　　老師要我們模仿米勒「拾穗」裡的三位婦人撿麥子，彎著腰的樣子，看都覺得累了。

　　我們到了操場的草皮，老師當做工頭撒下一些米。讓我們模仿她們來實際的做。低著頭、彎著腰，手撥著草皮，尋找有沒有米，我看到了一塊都沒有人發現的草皮上，有很多的米，因為他卡在草根下，和草夾一起不容易發現，所以都沒有人去撿，讓我撿到了好幾顆。

　　我撿到一半會偷懶一下，蹲著撿不用彎腰撿，因為真的彎不下去了，真不懂她們是怎麼撿的啊？

　　老師在一旁拍照，有些我撿起來的米，又掉下去，真是白撿了。老師過了一會兒，又會撒一些米。我們就沿著老師撒米的路線，一直尋找，好像在尋寶似的。這樣撿得好多喔！

　　我們撿米撿到老師說收工才停。我連回去教室的路線上，米也跟著一直掉，難道米會跑？回到教室座位上，想起剛剛的動作，也都累了，腰酸背痛。晚上回去腳超一定酸的。不過，讓我有一個機會能撿米，實作。雖然很累，但真是有累、又有收穫、又好玩呢！

15.

第三階段：黃老師進行閱讀「拾穗」教學。

二節課的教學演示，以歸納法進行著教學。師生透過提問、尋找畫作細節、小統整後，歸納出閱讀名畫的要素。

黃老師看著教學現場錄影帶，想像著、期待著孩子的文字敘說。

16.

第四階段：兒童再書寫「閱讀『拾穗』」文字稿，二千字。

02　陳傅貴主題教學「拾穗」：

　　我看著法國畫家米勒的作品，有三位婦女戴上帽子，彎下腰，拾起一粒粒的麥子放進腰包，而最後會變成一堆堆的麥草。

　　有如麥子的天空，不停的閃爍著金黃色的光芒，讓整個大地都變成了金黃色。湛藍的大西洋，一望無際，好像爸、媽對孩子的心胸，是如此的寬廣。在這金黃的土地，有一個騎馬的男子，坐在馬上，望著大西洋，似乎有苦衷在他心中迴盪著。小小間的房子，像是三合院般，有著深紅的瓦片和短短的房子。三位婦女好像照顧孩子般的細心，一粒一粒的拾起地上的麥子，不怕勞累，辛苦。

　　我經過這次的練習，我發現看著圖畫更可以進入情境，寫出米勒的感受。

　　今天是禮拜六，我是絕對不會請假的！今天可是主題教學呢！老師叫我們體驗拾穗的感受，看似陰涼的天氣，結果一出去拾穗時，卻被天空給騙了，竟然是乾燥且炎熱的天氣。

當我在拾穗時，一彎下腰，腦海裡就衝來了婦女們的辛苦，一滴一滴的汗水，不斷的流到土裡。辛苦了半小時，看看也只有四分之一碗飯，我心想：「一碗飯看似平凡，原來用撿

的，要付出許多汗水與淚水。付出了這麼多，搞不好連半碗飯都不到呢！」

在彎腰的那一刻，全身充滿了強烈的新鮮感，但是過了十分鐘、二十、三十——全身突然腰痠背痛、四肢無力，好想坐下來休息。而這時姚承中說：「還是好好讀書吧！以後就可以直接買一包了。」

在老師還沒有說收工之前，我們三人就不斷的盯著草地，連一粒麥子都不放過，心中就只有金黃色的米迴盪在心裡。

今天是最好玩，且最辛苦的一刻，過程雖然辛苦，但我也深深體會到一碗飯是這樣來的。

在大太陽下，我的頭髮全都是汗水，但是卻有著一顆熱情，推著我向前走，讓我在今天成功的體會「拾穗」的感受，而我也突然愛上了「拾穗」！

下午，五年級的所有老師都來看我們上課，好像也要一起見證歷史性的一刻。老師在黑板上放了三張圖畫，我的心中便開始產生了疑問？

為什麼三位婦女的動作不一樣？

為何是三人？而不是兩人、一人、四人？

這些疑問一樣還是在心中徘徊著。而老師做了一個小結論，這個結論就是三張圖畫有分為色彩、光線、筆觸、鏡頭、價值觀等等。其實這些結論，都是值得探討的喔！下午上課，全班都被老師逗得哈哈大笑，這可能是我一生中最快樂的時光，也可能是我一輩子忘不了的一件事。

在今天，我學到了好多好多的東西，這東西在國中、高中甚至大學都可以應用到，所以我是一輩子都忘不了的。今天非常的開心，雖然過程是「辛苦」，但是得到的果實，卻是如此的「甜美」，而這也證明了「種瓜得瓜、種豆的豆」，

做事情如果沒有親自嘗試，在一千年也不會得到自己想要的東西。

　而像我，就是想讓老師多上一些課外資料，不是嗎？

04　陳冠元米勒名畫「拾穗」教學：

　一個艷陽高照的早晨，我到了學校，老師教我們去操場上，體會拾穗的感覺。

　我努力的撿著那零碎的麥子，艷陽讓我揮汗如雲、汗流浹背，可是我撿麥子的熱情，在後面推動著我。而且老師說：「不能蹲下，要彎下腰來撿，體會畫裡那三位婦女的辛苦。」我的眼睛注視著草地，希望能多找些麥子。

　米勒出生於法國，從小就很貧窮。他靠著賣畫為生，有時錢不夠，還要請他哥哥寄錢給他，那時他的畫要兩、三張才能換到一顆饅頭，有時他覺得畫畫比吃飯重要，可是現在一棟海豚大樓賣掉的價值都買不到。

　回到教室以後。我們開始分析：

　為什麼米勒要這樣畫這張畫？

　「為什麼那個藍色特別顯眼？」有人提了問題。

　為什麼帶著藍色頭巾的婦女，手指著地面？

　為什麼後面的海平面要畫的那麼小？

　為什麼後面的工頭不來看這三位婦女？

　為什麼後面那麼亮，前面那麼暗？

　為什麼麥子不要重在海邊附近？

　老師回答著：「因為藍色是代表希望的顏色，因為她覺得一粒麥子，都是她的希望。因為米勒主要是在畫面上凸顯這三位婦女，因為她們都老了，無法再工作了。後面是有錢人過著光鮮亮麗的生活，而前面是貧窮人的生活。因為麥子不用吸太多水分，所以不用種在海邊附近。」

接下來，我參考課本及網路資料，寫下了：

「這幅畫指農民需讓貧苦人撿拾，收割後遺留穗粒，以求溫飽。而該畫除了描繪三名農婦在金黃色麥田撿拾麥穗情景外，其金黃陽光、彎腰等細節，也呈現英雄史詩般的崇高意境。

米勒生長於諾曼第的農場，本圖是他在三十五歲左右以前，尚找不到藝術方向的苦悶時代之代表作。他討厭巴黎瘋狂似的氣氛及噪音，他在《拾穗》之中初次使用寫實主義的手法，其簡潔紮實的素描功力，及風景處理上，對於不必要部份的省略之點，特別引人注目。馬車、馬、房子、樹木、雜草等的背景及其間所見的小人影，乃是此一廣大的勞動場面所不可或缺的成份。在米勒的作品中常以人物為中心，這一點幾乎經常聽懂森林語言一般。

我覺得米勒的這一幅畫裡，充分的表達出許多人內心的想法，像許多人認為事情還沒成定局之前，不可以放棄，要用自己對某一件事的執著、熱情奮鬥下去。」

08　陳皓明「導讀『拾穗』」

在涼爽的清晨，黃老師給我們一張世界頂級畫家－米勒所畫的「拾穗」作品。那時，我早已陶醉其中，進入了這幅畫的奇妙世界。

藝術之都－法國，在秋天黃昏的時刻，有三位婦女在努力的撿拾剩下的麥子，而在後面騎著馬兒的的工人，正要把不要用的麥草運到遠方做其它利用，這麼做是因為他們只要聞起來香香的、看起來小小黃黃不起眼的小麥，就可以讓他們有無比的收入。

藍藍的海平面映襯著一片金黃色的麥田，我不僅讚不絕口，也證明了法國擁有藝術之都的稱號。

看到了這幅美景，我彷彿出生於此地，那潔白的雲彩、那金黃色的麥子、那幾位努力工作的婦女。我，永遠也忘不了。

最後老師對我們說：「星期六全國補課，老師要進行拾穗的主題教學，那天我會錄影，同學們也可以開玩笑！」

「YA！」全班應到，就打鐘放學了。而我的內心卻滿滿的，期待那天的到來。

陰涼的早晨，老師終於要進行主題教學了。

一開始，黃老師叫我們學習跟三位婦女一樣撿拾麥子。之後，老師帶我們全班去體驗婦女們撿拾麥子的辛苦。一開始我以為很輕鬆，可是因為麥子小小的，而且彎腰時尾椎很痛，所以我們撿到腰痠背痛、汗流浹背。這時我們這組同學三人才深深的體會到，原來她們想飽餐一頓也這麼的困難。

我開始想：「世界為什麼這麼不公平，有些人那麼有錢，有些人卻那麼的貧困。」我覺得每個人都是平等的，就像三位努力的婦女在大熱天撿拾麥子，換來的卻是吃不飽的一餐，那麼她們的努力又算是什麼？

我希望她們和我努力撿拾留下來的汗水，可以變成一絲絲的希望。

之後我們回到教室裡坐下，老師說：「接下來開始要上很重要的資料，請大家專心上課。」講完話之後，五年級的各班導師，個個陸陸續續的走進教室，就開始上課了。

一開始我們先做梵谷、米勒和秀拉畫家，進行比較分析，發現「拾穗」這幅畫顯得比較暗沉，帶著有點悲傷的感覺，從畫裡我深深的感覺到，婦女努力的成果。

這幅畫彷彿有兩個不同的世界，一個是大地主的世界，另一個則是貧窮人的世界。米勒特別用金黃色來凸顯有錢人的生活，另一方面則是用淡淡的灰褐色來描述三位婦女她們生活的背景。而梵谷的這幅畫，呈現著一種溫馨和努力向上

的感覺，因為畫裡的爸爸努力工作完之後，回到家伸出雙手想要擁抱他的孩子，真是感人呢！這幅畫的背景有一棟小房子和一顆茂密大樹，那棵大樹就像有生命似的栩栩如生，彷彿在敘述著幸福美滿的田園生活。

印象派大師秀拉，使用點畫，一點一點的「畫」。這一幅畫呈現的是一種自由自在的感覺，畫中有幾位男子脫下外衣到河裡洗澡，有一個男孩躺在青翠的草地上和牠的小貴賓狗玩耍、也有一些人在河邊划船欣賞風景，這裡的每個人看起來都好輕鬆、好自在呢！

後來老師將另外兩幅畫收起來，說：「接下來我們自己來對自己提問題，請你們舉手發言。」

剛開始只有兩三個同學舉手，過了一陣子個個同學都勇敢的舉起手來，輪到我提問時，老師對我說：「為什麼你長得那麼英俊？」這時全班哈哈大笑，我覺得很害羞，臉都紅通通的，我馬上聳聳肩就坐下了。

最後我們班上提出來的問題，總共有十二個。

1. 米勒為什麼要特別凸顯，那位戴藍色帽子的婦女呢？
2. 為什麼那位戴藍色帽子的婦女，手要指著大地？
3. 為什麼工頭不去那看她們三個婦女呢？
4. 那三位婦女有在工作群中嗎？
5. 米勒畫這幅畫，有什麼意義？他要表達什麼？
6. 米勒畫這幅畫中的三位貧窮婦女，是不是他心理的投射？是什麼？
7. 為什麼米勒要畫大西洋？而且只有畫一點點？
8. 為什麼三個婦女的其中一個人是站著的？
9. 為什麼米勒要畫三婦女，而不畫兩位就好？
10. 為什麼米勒在畫面較遠的地方，要畫成金黃色？

11. 米勒畫這幅畫，心裡要表達什麼？

12. 米勒這幅畫的背景麥草，為什麼畫得堆那麼高？有什麼
　　用意？

　　老師也想起他之前在台北欣賞這幅畫拾的問題，他說：
「為什麼三位婦女要把讀者擋在外面，不讓讀者進入後面的
世界？」

　　這些問題花費了九牛二虎之力，終於被我們破解了。

　　到了最後老師對我們說了兩個字「佩服！」就結束了今
天的主題教學。

　　看了這幅畫，我聞到了稻香，也感受到拾穗者的辛勞。
最令我感動的是，拾穗婦女在一片金黃稻田裡，低著頭勤勞
的撿拾收割完，剩下的麥穗。在陽光照耀下，每個人手抓一
小捆麥穗，穿著破舊衣裳。她們專注的身影與努力養家活口
的信念，真是令人動容！

09　林育諺「閱讀名畫」

　　今天，天氣熱得要命，雲朵卻集中在一個大範圍。我們
今天要做的主題教學是「拾穗」。第一次聽到的時候，是在
美術館，我把「拾穗」想成「十歲」，很荒唐吧？

　　老師為了要讓我們感覺到，那三位貧窮婦人的辛苦，並
且要我們像她們一樣，撿拾麥穗。老實說，蹲著比較好撿，
但我還是要彎著腰。起初，要撿很多並不難，慢慢的，被麥
穗遍佈的地方越來越稀疏，找也找不到，看也看不到。十分
鐘過去了，我們還在撿；二十分鐘過去了，我們還在撿.；就
這樣，我們一個姿勢維持不久，大家都已經開始喊累、喊渴、
腳酸、腰酸背痛，眼睛也用得快到達極限了。

　　那三位婦人一個姿勢到底能維持多久呢？時間過去了，一滴滴辛苦的汗水被埋入泥土中，此刻，我們成了那三位婦人。

　　回到教室，我相信應該每個人都已經汗水直流了。我看到有人餓的把外殼剝掉，準備把白米吃掉，也有人把一罐水灌到肚子裡，補充水分，連我也不例外。

　　大家已經體驗過那三位婦人的感受了，也許我們全班的麥穗加起來都沒有一個婦人的麥穗多呢！我們在討論感受時，有的在開玩笑，有的舉手發言，但是大家都能體會她們的感受。

　　當我第一次看到這幅米勒的畫──「拾穗」時，我的直覺告訴我：這是一幅值得你觀看的畫，細心的從不同角度看吧！老師也這樣告訴我們。

　　我們班對這幅畫有一點疑問，有人問：

　　為什麼包藍色頭巾的婦女要指著麥穗？

　　為什麼那三位婦女並沒有參加工作團隊？而獨自、默默的撿拾麥穗？

　　為什麼工頭並沒有理會那三位婦女呢？

　　大部分的人提的問題都很好，接下來只剩下解答。

　　第一個問題的答案，好像大家都不知道。

　　第二個問題老師說：「為什麼那三位婦女並沒有參加工作團隊？而獨自、默默的撿拾麥穗？因為那三位婦女年紀都太大了，所以工頭不要她們了，她們只能無奈的撿拾麥穗。」

　　第三個問題老師又說：「為什麼工頭並沒有理會那三位婦女呢？可能是因為距離太遙遠，或著是工作太忙碌了，沒時間理會她們，或著是無視她們，這些都很有可能。」

　　變成你們：「你們有什麼『體會』？」老師反問我們。同學們紛紛說很累、很辛苦，能了解那三位婦人的辛苦。

　　老師又問：「那裡累？了解那三位婦人的什麼辛苦？」

　　陳傅貴說：「眼睛累，因為要一直盯著、尋找著麥子。」

　　也有同學說：「眼睛、腰部、頸部。」

　　也有同學說：「了解那三位婦人撿拾麥穗的辛苦，也許他們還有家人要養活，而撿拾的麥子要更多，留的汗也要更多，她們這樣才能繼續為『尊嚴』生存。」

　　老師又問：「尊嚴？」

　　同學說：「對呀，每個人都有尊嚴，如果有人要直接送她們一包麥子，她們一定會以為他瞧不起她們。同樣的，如果換作是別人，也一定以為自己會被瞧不起吧！古代有一句諺語：『天下沒有白吃的午餐』，用在這裡有點不正確，但是凡事都要靠自己去努力，雖然她們都比我們還貧窮，但是每一個都比我們還努力呀！」

　　老師說：「窮人也有窮人的尊嚴，對不對？」

　　同學們異口同聲的說：「對！」

　　之後，這堂課像是用刻的一樣，永遠牢固的存在我心中，成為了一個回憶。這些婦女雖然是貧民，但是她們很努力，她們比一般人還窮，如果有小孩想要讀書，可能要去一間學校讀書都不成，和她們比起來，我們比她們有錢多了，有飯吃，有屋子住，也有床睡，也有書看，又能娛樂，風吹雨打都不怕，還有工作，眼前現在的機會，若不好好的珍惜，恐怕下一代要辛苦一輩子。

11　林品堯

　　米勒的這幅拾穗，前面的三名貧窮的婦女，擋住了我的眼睛，不得不去注意，看到這幅畫，我第一直覺是：「為什麼不去後面和大家一起工作？為什麼要撿地上遺留的麥子？她們會餓肚子嗎？」

　　這幾位婦女非常可憐，不僅要養活自己，還要養活家人，在烈日下工作。米勒畫得非常逼真，連光線、人都一樣。這幾位貧窮的婦女，三個嘴巴都張得開開的，好像很累。最左邊的婦女手指著地上，好像在告訴旁邊兩名婦女，這邊有麥子，一起來撿。她們雖然貧窮，但互相幫忙，也沒有搶。這種精神讓人敬佩，我們應該要學習。

　　這幅畫背後有什麼秘密？

　　作者在作畫時心裡在想什麼？

　　會不會其中一個在圖畫裡面的人，就是米勒自己？為了畫這幅畫，而男扮女裝？

　　這些問題始終在我腦海裡迴盪，婦女們到底要撿多久才有一碗飯吃，根據我撿 80 分鐘，有 156 粒米。她們又大概 60、70 歲，可能要撿十幾個小時才可以撿完。

　　拾穗這幅畫是 1857 年完成的，這幅畫是以帆布、油彩畫，原呎吋是 83.55×110 cm，畫非常大，但又畫得非常仔細，應該花了不少時間。老師告訴我們米勒的畫非常的貴，賣掉海豚大樓，都買不到米勒的一幅畫。米勒的這幅「拾穗」，看起來有些悲傷，但是畫在遼闊、寬廣的麥田，又感覺很輕鬆自在，這幅畫給人的感覺還蠻特別的。

　　後面一間一間的房子，有的是給人住的、有的是馬廄、有的是堆放麥子、麥草，前面三名貧窮的婦女，和那些房子的距離大概是從附小到海邊，工頭不想讓這三名貧窮的婦女工作，所一直讓她們撿遺留下的麥子。

　　後面湛藍的大海，和天空連在一起，海水好像快要滿出來，前方金黃色的麥田和人，每天工作在一起，畫出這樣的畫，非常漂亮。

12　董國偉閱讀世界名畫「拾穗」

今天到學校我就帶著期待的心情，準備聽老師所說的法國畫家的畫作「拾穗」。老師說：「今天又是一個特別的課程。」這時我很興奮，不知道老師要教我們什麼？

在炎熱的上午，老師拿著他的胚芽米，快步的走到黑板前的講桌，然後坐到講桌上說明今天要做的事情。老師帶著我們走到操場，叫我們坐在一旁。他開始散播，用稻米假裝麥子，我們就跑到操場中間開始尋找麥子。

老師要我們當一位貧窮的婦女，把操場的麥子都找出來；我看著大家彎下腰，開始尋找麥子，我也急起直追，積極的開始尋找麥子。當我一滴一滴的汗水流下來時，我才知道努力辛苦才可以換來麥子。時間慢慢流去，我撿拾的麥子才八十粒，竟然連一碗飯的量都不到，這時我體會到「拾穗」裏的那三位婦女是多們辛苦，要工作很久才可以換到一碗飯。當我們回到教室，在半路上，我就開始思考，為什麼老師要我們「體會拾穗」裏的那三位婦女。

回到教室，我看著老師發給我們的畫作「拾穗」。

姚承中問了一個很特別的問題：「在地面上全部都是暖色系，為何第三位婦女的頭巾是藍色的？」我覺得是為了達到效果，使它更顯眼。

我也想到一個問題，「為什麼越遠的地方就會變成金黃色的？」

接下來大家也開始問起了問題，有的問：「為甚麼作者要畫三位婦女？」

有的問：「作者畫這幅畫是要表達甚麼？」

有的還問：「為什麼這三個人其中一人是站著，而且嘴巴張開？」

「為什麼工頭都不注意那三位婦女？」老師都一一為我們解答。

老師說：「第三位婦女的藍色頭巾，可能是要強調第三位婦女。而比較遠的地方會變成金黃色的，比較近的是暗色的，是因為要表達有工作效率和沒有工作效率的人。而有能力的人是往海邊工作，沒有能力的人則是往讀者這邊工作，他們背對，使得他們的距離越拉越遠。」

老師還說：「他們要自己去撿拾麥子，是因為自尊及尊嚴。」這時讓我想起老師在市場的故事：「老師遇到一位老人，老人拜託老師買菜，老師就給他一百元，然後請老人把菜送給別人，那位老人就走了。」老師說，老人他再窮也要自力更生，維持自己的自尊心。

我看著老師給我們的畫作，對這幅畫寫了一篇作文。

法國畫家畫了這幅畫叫做「拾穗」，它恬淡和純樸的寫實畫作。

這幅畫裡有著三位婦女，正在採收麥子，她們手上都拿著一些麥草，她們彎著腰，手從地上一一撿拾麥子，放進自己的袋子。她們身後的一大片藍藍的天空，帶著一點白色，使天空變成一片最引人注目的地方。在天空下面有一片藍色的大海，那大海使這幅畫更有層次，讓天空和地面的交界點變得十分完美，也讓這幅畫更純樸。

海洋下面有著樹、房子、馬、牛和正在採收麥子的人，也有一大堆麥草，還有搬運的人們。這幅畫沒有一個人是閒著的，所以可以知道他們採收時，非常的忙，各司其職，刻苦耐勞的田園生活。

這幅畫可以知道他在法國做的事，使我們可以滿足求知慾，也可以了解米勒的畫作呢！

看著這三位婦女，讓我們知道要珍惜每一粒米，因為每

一粒米都是農夫辛辛苦苦的血汗所換來的，這也是要親自體會才會知道，所以我們不能浪費食物，更要珍惜我們所擁有的一切資源。

老師還問我們：「看了這一幅畫的第一感覺是什麼？」

大家踴躍的回答，有的說婦女很努力、可憐、不自私、仔細、不爭吵、忙、窮、不浪費、粒粒皆辛苦、一分耕耘一分收穫，老師說我們有這些感覺、直覺，是因為我們有體驗過，才會說出這些心裡的感受。

老師拿出梵谷和秀拉的畫作來比較，我們用筆觸、光線、色彩、場景、物件，裏面有分成人物和大自然。我們用這些閱讀畫作技巧，來比較這三幅畫。老師說秀拉的筆觸很特別，他用點畫的方式來作畫。從他們三人的畫作，可以知道他們的思想和個性，都會在他們的畫作裡一一呈現。

這堂課我不但有體驗到那三位婦女的辛苦，也讓我更知道畫畫的知識及技巧，更讓我知道，這三位畫家的畫作技巧與表達的方式。讓我更知道米勒這位畫家的高超畫法，看起來雖然非常簡單、單調，卻有非常深奧的意涵，看著這幅畫也讓我的寫作技巧大大提升。

14　張冠峰「拾穗」的主題教學

在星期六的下午，我們上了一堂很奇特的教學。黃老師教我們怎麼欣賞「拾穗」這幅畫。

剛上課時，有些班級的老師已經進來了。其中，五年一班的老師用三角架，上面放著相機，要錄影這兩節課老師在教什麼。

在黑板上，有三張很有名的畫家所畫的圖，第一張是梵谷所畫的，第三張是秀拉畫的，而第二張就是今天的主題，是米勒的作品「拾穗」。

　　老師叫全班同學比較，找出三張畫裡，有那些不一樣的地方？請找出來。

　　林育諺就說：「它們的光線不一樣。」

　　老師說：「不一樣的地方在哪裡？」

　　林育諺說：「第一張的光線很充足，所以整張畫看起來很明亮。第二張看起來很暗沉，第三張……。」

　　老師接著說：「因為天空比較暗？所以不一樣？」

　　林育諺說：「嗯……對。」老師請全班同學為他拍手。

　　接下來，我就說：「它們的色彩不一樣，第一張畫的綠色，有很多感覺，很有生命力。第二張有很多土黃色，好像是枯萎了一樣。第三張的水，像是生命一樣。」老師請全班再次拍手，但是這次不一樣，因為老師說：「林育諺講完時，拍手拍得很用力，班長講完時，卻不用力，為什麼？」

　　講完後，林品堯說：「物件不一樣。」他講完後，老師看到邱韻君拍手特別的用力，就把這件事講出來。有些人拍手叫好，老師抬起右腳，快步走到第一組問董國偉：「還有那裡不一樣？」

　　董國偉站起來，想一想後才回答：「三張圖的場景不一樣，第一張圖是在畫一個農田，第二張圖是在畫一個麥田，第三張圖是在畫有河、有草和森林。」

　　「很好，請坐。」說完，老師走到黑板的左邊寫下「場景」這兩個字。

　　陳傳貴說：「它們的線條不一樣。」

　　講完後，老師說：「沒了，沒有了，就這樣而已？」

　　我突然想到，就說：「它們的鏡頭不一樣，第一張圖是用廣角鏡頭，但是沒有畫到天空，只有畫到一小部分。第二張是使用特寫鏡頭，在特寫這三位婦女的動作。還有使用遠鏡頭，把工頭、倉庫、海平面和工人都畫的很小。第三張圖

也是使用特寫鏡頭，特寫四個人。」

老師坐在椅子上說：「還有嗎？」他走到第一組和第三組的中間。我說：「畫家的價值觀不同。」

老師說：「果然是班長，因為他的想法和別人不一樣，請說。」

我說：「第一張有悠閒的感覺。」

老師說：「我不這麼認為，因為你說第三張有悠閒的感覺，但第一張沒有。」

賴裕達說：「老師您也要舉例。」

「賴裕達，你好像是我的老師哦！」老師回答著。

我繼續說：「第二張有點忙碌感覺，第三張會有清淨的感覺。」

老師說：「看到這幅畫的第一個感覺、感受是什麼？」

班上有人說：「不浪費、很仔細、不自私、三位婦女很努力、粒粒皆辛苦、很窮、很可憐和忙碌。」

老師說：「他在台北看到這幅畫時，好像是不讓我進去一樣，所以只能側身進去，但是進去時，衣服還被麥草割破了。進去時，就知道有錢人的世界跟窮人的世界不一樣的，這位畫家就是不讓你進入他的這幅畫。」才剛說完，就打了下課鐘聲。

老師邊走邊說：「下課！」全班就大聲歡呼：「YA！」

在上課之前，我想看看在錄影機的畫面會呈現什麼，所以就跑過去，結果要看的時候就剛好打鐘了。

我匆忙的回到座位上，在走的時候我邊走邊想，如果有人不小心踩到了三角架，後果可能不堪設想。回到座位上，我看見老師正剛從後門進來，快步走到黑板前面說：「那些遲到的人就會被——」老師邊講邊做一個剪刀的動作，這個動作是我們班都知道的動作，意思就是剪片，也就是這個課

不再上下去的意思。就算沒有聽到，也不會再講一次。可是古人說「說曹操，曹操到。」才剛說到他們就已經進到教室了，這就是一個真實的例子。

切回主題，老師問全班，你們先提出問題，問題都很平常，其中有一些是重點。

為什麼畫家要把後面的稻草堆，要塗成金黃色的？

為什麼工頭不要過去看婦女？

為什麼藍色頭巾的人，要指著地上的麥穗呢？

聽完這個問題後，老師說：「我等這個問題很久了。她要指著麥穗也就是指著希望。要不然有錢人就送他一包米就好了，幹嘛不理她們？地主也只會收割中間的部分，旁邊的麥穗讓窮人收，好保住她們的自尊。你們記得我有講過一個故事：『就是我叫一個人，把三把菜幫我送給別人，我給你一百塊好不好？』她說：『不要。』」

上完這堂課後，我發現在一幅畫中，也有許多的含意，這樣可以讓我大大提升我看畫的方法。

16 姚丞中名畫「拾穗」導讀

在老師帶領全班導讀名畫前，我自己閱讀拾穗，寫著：

灰黃的天空，彷彿地上的麥子，映找出泛黃的天空。法國畫家米勒──拾穗。

畫中，三位婦女，深深摟著斑駁的腰，彎著，在廣闊的麥場上，辛苦的拾起麥子，完成冬季前的秋收。遼闊的大西洋，像是麥子的底色，在農村後流動。成堆的麥子，在微弱的陽光下，顯得特別的金黃，異常的美。騎馬的男人，促使著馬漸漸的起步，在一粒粒的麥草上快速的略過。一輛載滿麥子的車，就像人們的寶物般，有一群人圍繞著，滾著木輪子，離開人們眼前。三位婦女，黝黑的雙頰，在厚厚的衣衫

下，流盡了汗水。但為了生活，依舊彎下腰，拾起麥穗。農村裡的廣場上，有像婦女一樣拾穗的人，也有玩耍的小孩，更有辛苦的男人，而全部都是為了自己。一間間農村似的小房子，堅強的聳立在農村的小路兩旁。

麥子，一粒粒的，在廣場中，一群婦女，一群男人，一群孩子，就在這農村的廣場上，利用著麥子，度過汗水滴染的麥田，辛勤的午後。

101 年 03 月 03 日，老師帶我們到操場，體驗真正的拾穗，我又寫著：

陰涼早上，從大太陽，變成幾片厚厚的烏雲。在操場上「模仿」拾穗的三位婦女，拾起幾粒麥穗。

就在一片草地上拾起一粒粒未剝殼的麥子，手背朝上，半蹲式的彎腰撿起麥子。隨時的移動位置，直到看到米粒就在附近，就會開始半蹲動作。放眼望去，沒看見很多的麥粒，卻看見很多的同學彎著腰，深深的撫著酸痛的尾椎，一次次的拾起一粒粒的麥粒。

一陣陣的涼風，瞬間瓦解我下雨般的汗水，使我更起勁的拾起更多的麥粒，給我更多的活力。下課鐘聲響起後，許多小朋友，從同學的身邊、我的身邊竄過，來來回回的踢著足球。我想著婦女都要為了生活而努力。那我的，對他們來說一定也只是小事一樁而已。我真想把我的這些麥子，送給她們，讓她們有一天能得到溫飽。

三位樸實的婦女，頂著一身六、七旬的身體，在陽光的照耀下，流下了一粒粒的汗珠。我也一樣，也用一粒粒的汗珠，換取一粒粒的麥粒。

在上著拾穗的課程中，我發現這三位婦女保持著自己的尊嚴，她們不需要想著遠方工頭的救助，這三位可能是互相

　　不認識的婦女，但在同一個地方拾穗，也不會為了搶奪麥穗而互相爭吵，並擁有寬大的心胸。

　　當我近看這幅畫時，發現婦人的嘴巴是打開的，或許是因為需要快速的喘氣，用鼻子無法大口大口的吸氣吧！我問老師：「為什麼左邊數來的第一個，頭巾的顏色會特別顯眼，使用的是色系較亮的藍色，而不是使用較單調且樸實的暗色系，而她的右手卻比著食指，而不是伸出兩隻手指？這一定又有特別的含義！」

　　老師說：「藍色代表希望，她伸出手時，是提醒其他婦人，那一粒麥子是她的目標。」中間的婦人代表的是較樸實的紅色頭巾，老師說：「紅色代表熱情，表示她對於麥子的熱情。」；第三位婦人，唯一特別的地方，就是他並不是彎下腰的，而是有一點半蹲的撿拾麥粒的，或許她是那一天最早來拾穗的吧！所以也累了吧！

　　老師說：「這三位婦女並不年輕，因為他們的動作是彎腰的，對年輕人來說蹲下是最輕鬆的，但是對老一輩的人來說，卻是痛苦的。」而我也痛苦的彎著腰。老師把他的看法告訴我們，讓全班知道要如何來閱讀名畫，而其中一個就是檢視主角的動作，及檢視背景的佈置。

　　在經過全班的討論後，一幅畫重要的有光線、構圖、色彩、物件、場景、線條、筆觸、鏡頭（與八感的鏡頭一樣）和畫家個人的作畫習慣等等。

　　對一幅名畫的閱讀秘訣，就是要不斷的對畫家問問題，也要去大膽的推測，去推測說：「為什麼畫家要拿她當主角，而不是把配角當主角？」這就是對一幅畫的疑問。要看著一幅名畫來寫作其實不難，只要先對名畫來問問題，就可以把自己推測的答案、及自己的看法，使用八感摹寫的技巧，就能完成一篇短篇作文。

　　每一幅畫都會藏著異樣的生命力，只要把它放大來檢視，也一定可以完成一篇閱讀名畫的文章。梵谷的畫作裡，最棒的地方就是他的畫作裡，都會藏著生命力，被內行人發現，才會被肯定為一位好畫家。

　　老師說：「梵谷最喜歡畫向日葵，而且他畫得很生動，是從那種子看出來的。」

　　梵谷的畫，從三張畫換取一雙童鞋，到現在的一億台幣，可能都還買不到一幅畫。這真的攀升許多，令同學都非常驚訝。

　　而米勒的這幅「拾穗」，最棒的地方，就是有把婦人的希望、熱情、及尊嚴，告訴了每一位欣賞者，展現出三位婦人頑強的生命力。

　　身為小作家的我，會在文章裡使用空間安排。我最喜歡用主角、背景一直重複，我的分段簡單，就只有首、中、尾段而已。我還會在最後一段，運用老師教的最少字數表達，讓讀者讀起來有節奏感。

　　當我再次想像「拾穗」時，會把自己想像成三位婦女。在廣場上拾穗，頭裹著頭巾，身體包的緊緊的長袖，身上的汗簡直就像下雨一樣，頭上好像就是有一顆太陽直射，熱得我都快中暑。我也會使用向畫家做提問，把大膽的推測放入文章中，變成我自己的話。

　　在上課中，老師引導我們要如何問出深入的問題，而同學們也快速的搶答。最後老師說：「我真的沒想到，我們班的同學，會問出這樣的問題，真的不簡單。」有些同學露出得意洋洋的笑容，覺得自己很厲害。但我卻覺得是老師教的名畫導讀，教得很好。

　　上了一天的名畫導賞，使我們全班在這部份學得特別的紮實，讓老師只能說：「佩服」兩個字。我覺得我在這一部分學得特別的好，因為我把老師的招數學會了。

17　陳可涓「拾穗」之觀、做、感：

　　今天是一個重要的日子，因為黃連從老師要針對米勒的「拾穗」做我人生中第一次的主題教學。

　　第一次接觸有名的畫家的作品，第一次細心的去讀一幅畫，我心中真的充滿了期待，朋友我相信你也是！我是一個對藝術與人文都很有興趣的孩子，所以對於這次的教學除了萬分的期待也有著很大喜悅，可以有著完全不一樣的體會。

　　我懷著期待的心，踏著喜悅的腳步到了教室。全班如往常一樣十分熱鬧，原先以為星期六要來補課同學們會不太高興呢！看來大家的心情跟像我一樣，非常期待老師為我們計劃的一連串有趣的體驗活動。

　　黃老師說：「今天針對米勒「拾穗」的主題教學，是大家第一次的主題教學，也有可能是最後一次，請大家好好把握。」他一說完，我當然也是更珍惜這次的活動了！

　　第一節課，老師帶這我們一起到操場的大草地，抬頭望著天空，想像身處在一片金黃色的麥穗田裡，嘗試扮演著貧窮的婦女，模仿她們的動作，只為了努力把家人的下一餐的食物拿到手。

　　老師輕輕的將未去殼的黃色稻子，稀疏的撒在一大片綠油油的草地上。霎那間，稻穀好像和我們捉迷藏，全都消失在綠草裡，我心裡想著，不會吧！要我們再一顆顆把它撿起，不累死才怪。但時間可不等人的，眼見全班同學已經彎下腰，努力地撿拾著草地上少許的稻穗。我也趕緊將我的右腳放到左腳後，試著揣摩畫中的貧窮的婦女的動作，慢慢地

彎下腰，左手放在左腿膝蓋上，伸直我的右手，然後快速的將眼前所能看見的稻穗一一撿起。剛開始大家都覺得好好玩，因為幾乎都不用找，一彎下腰就能看到了，但經過四十分鐘後，其地上殘餘的稻穗，幾乎是少之又少啊！越來越難可以有收穫。

當我開始感覺身體腰酸背痛、眼花撩亂時，總覺得時間過了很久，汗流浹背的，我好想有杯冰開水，休息一下。雖然已如此疲累，手上也撿到不少稻穗了，但好像還沒辦法裝滿平時所吃的一碗飯。唉！四十分鐘的努力，竟然連我自己的一碗飯都裝不滿，如果要給全家人使用，就更是天差地遠了！這真不是一個好差事。

回到教室，大家互相炫耀自己的成果，我也慢慢的將我撿到的稻穗數量計算清楚，偷偷瞄到老師對我們的樣子，他露出的微笑讓我心想：「光上午的行程就那麼有趣了，那下午的行程一定更吸引我的目光！」經過上午辛苦的體驗，雖然很累，但也讓我有完全不同的體驗。也因為老師不願意透露一點下午的課程，神秘的氛圍，讓一切想像起來更加期待。

下午，我們一起在錄影機前面分析這一幅畫，畫面遠處是整大車的金黃色麥子。做為主題的是三位窮婦人，低頭拾取地上收割後的餘穗。兩位婦人仍在不停拾取；一個可能因為彎腰低頭過久，休息了一下準備繼續拾穗。戴藍色頭巾的婦人，正把左手背在背上，感覺好像是因為一次又一次的重複拾穗的動作，所以已腰酸背痛，右手伸直指向稻穗。戴紅色頭巾的婦人，是畫中彎腰彎的最低的婦人，右手正撿拾稻穗，左手將採集的麥穗放到口袋中，他們的口袋似乎裝滿了麥穗，顯得特別沉重。

在圖畫的背景還可見遠方的田裡仍在繼續收割，成綑成堆的麥子，一輛大板車和成群的農場工人構成一幅明亮歡愉

的熱鬧景象，與三個婦人的淒涼形成強烈的對比。

在畫面右側，騎馬的管理員正在監督收成的進度。而三個婦女分別裹著藍、紅、黃三種美麗原色的頭巾，相貌特徵幾乎全被遮蓋了。她們是沒有面孔的無名氏，她們只是拾穗者，表示畫中人物應是特意指著這三位拾穗者。

一片望去，湛藍的海洋，為了不破壞風景的一樓平房、倉庫，雲彩也穿梭在這片美景裡。這片草原上，人們為了每日三餐的伙食努力的工作，大家採集的麥子若是加在一起，卻是比平房還高大的麥子堆，也象徵著分工合作與積沙成塔的道理。堆的高高的麥草，放在車上準備運走。

而最顯眼的三個窮婦人，雖然沒有自己的土地，沒有自己的麥子，但也到別人收割完的土地上，撿拾掉在地上的麥穗。如同耶穌曾經在聖經上說：「富有的人收割後的麥田，掉在地上的麥穗不要帶走，要留給更窮的人去撿。」米勒要表達的應該就是西方聖經的信仰，窮苦的婦人雖然沒有土地，沒有食物，要靠拾穗來維持生活，但他們卻不像他人祈求，而是靠著自己的力量去維持自己的生活，維持自己的尊嚴。

米勒以細膩的筆法，安靜的畫出，人為了求生存的頑強意志力，他們很窮，卻成為米勒畫中有尊嚴的生命，在遼闊的大地上，他們像是永恆不朽的雕塑，米勒為社會中最卑微的人，豎立了存活的尊嚴。

經過上午自己親自一點一點撿拾地上的稻穀，時間只有短短幾十分鐘，太陽也並非夏日的烈空，我就已經腰酸背痛、累得半死，但收獲確是少得可憐的數量。回頭想著「拾穗」這幅畫，心中確實感動萬千。我感受到尊嚴對一個人的重要性，因為婦人大可以去向有錢人祈求，或許會比她們不停的撿拾收穫更大，而且老婦人看起來已如此疲憊，卻仍然

不停的撿起那一點點的稻穀，那種選擇靠自己付出而不依賴
他人的堅持令我感動。我感受的珍惜的可貴，雖然已經是收
割後的殘餘，婦人仍然珍惜它，充分利用所有可食的物品，
不浪費。我也感受到生活的辛苦，老婦人應該是要在家中享
受她人生的成果，但卻仍然要如此辛苦的撿拾，勢必當時的
環境十分的艱困。我也感受到分享的重要，如同上帝告訴我
們的：「如果自己有餘，就要把分享給更需要的人。」

今日的體驗活動，讓我對藝術的感受更為深刻，如同原
先看到米勒拾穗這幅畫時，只覺得就是幅名畫，就是三位婦
人撿稻穗。並不會去感受到米勒想表達給我們知道的意境，
也無法更深入去感受到當時的環境背景，及整幅畫更深刻的
人生意義。但現在經過體驗、老師的分享及帶領，並透過很
多資料的閱讀，及整幅畫更深入的觀察。

我真正的感受到那時代的困難及一點一滴拾起尊嚴的
感受。也有點了解畫家要傳達的不盡在顏色、構圖、形狀、
筆觸，就像米勒拾穗表達出來的是不可言語的惜物、謙卑、
尊嚴、分享及感恩。這是一堂很有意義的課題。

18　萬珊蕾米勒名畫「拾穗」教導：

一個春暖花開的早上，茄苳樹下鋪張出綠色的視野。

早上，老師帶著我們到操場，先把手上的麥子灑在地
上，然後我們像老婆婆一樣，彎腰撿地上的麥子。麥子很小
粒，需要翻一下草，盯著才能找到渺小的麥子。把麥子剝開
來看，會看到一粒晶瑩剔透的白色米粒，外殼摸起來粗粗的，

裡面摸起來滑滑的，摸起來的感覺都很不一樣。

彎著腰，背部一陣陣的酸痛，感覺背後熱熱的，好像被
火烤似的，全身紅通通的。我的汗從額頭上一直流下，旁邊
的同學很勤勞，不停在地上撿，從也不喊累。遠看，我們就

像一群小農夫一樣，在農田上辛苦工作，這讓我想起一句話：「一分耕耘，一分收穫！」

這幅畫帶給很多人極大的意義，也帶給我很大的收穫。農夫辛苦耕耘，最後收成，一切都要細心和照顧，才能把麥子這照顧的那麼好。

下午，剛睡醒，就看到老師在組裝錄影機，原來是要把我們上課的模樣捕捉起來。上課時，一群老師圍在後面，看著我們上課。老師在黑板上擺了三幅畫，一一介紹後，就讓我們自己去感受這三幅畫有什麼不一樣？

林育諺先舉手上台說：「每幅畫的背景都不同，一個黯淡，一個輕快！」

老師這時就說：「你好可愛喲！」這時我們班笑翻天，正當邱韻君笑的很 high 時，老師突然叫她起來講，她講的結結巴巴的，根本還沒準備好！

接著班長突然大叫：「鏡頭！」大家都被這突如其來的大叫聲給煞住了！

老師就拍手一下說：「高手！高手！」賴裕達又不屑的說：「我也知道有鏡頭啊！而且我還知道有鳥瞰、移動、特寫鏡頭──等。」這時旁邊的黃老師也無法反抗。

下課鐘響起，大家魚貫而出。教室裡鴉雀無聲，一點走動的聲音也沒有。上課鐘聲打完，郭群銘他們還沒回來，老師不免有些憤怒，但表面還是笑嘻嘻，實際上是想準備惡整他們。老師不斷的問姚承中問題，而他一直結結巴巴的回答，深怕說錯話，因為他媽媽就在後面用銳利的眼光盯著！我們全班哈哈大笑。

在米勒這幅畫中，老師不斷提出問題：

為什麼要把三位窮婦女，把後面的有錢人，畫得如此渺小？

我們總共提了十三個問題，大部分老師都詳細解說。除非想要更深入深究，三位婦女似乎表達著什麼意思？而且最旁邊那位婦女為什戴著藍帽？

我心中有好多好多疑問，想等著去破解呢？

老師跟我們說：「為什麼要把婦人畫的如此的大，就是因為「尊嚴」，窮人也有窮人的尊嚴，不是因為她們很窮，就沒有地位。如果那天自己變成像三位婦女這樣，豈不是在笑自己嗎？我們每個人要有自己的尊嚴，不可以被蹧蹋！」

19　石慧靖

今天下午第二節課，老師敎我們看米勒的畫「拾穗」，當我們看到這幅畫時，老師就問全班：「你們第一次看到這幅畫的感覺是什麼？」

不浪費（婦女一粒麥子都不浪費）。仔細（婦女很仔細的在找麥子）。不自私（這些婦女不會吵架，不會說這是我的不要跟我搶）。婦女很努力（很努力的在檢賣子養家活口）。窮（這些婦女都沒有錢，才會撿麥子）。忙（婦女忙著撿麥子）。可憐（婦女沒有錢，所以要撿麥子養家活口）。粒粒皆辛苦（我們吃的這些飯，都是農夫辛苦種的）。一分耕耘一分收穫（婦女撿的一粒米，就可以換他們一家活下去的能量）。

有好多人舉手，得到很多的答案。老師還問我們許多的問題：「我們對這幅畫有什麼問題想問的？」許多人舉手了。

Q1.為什麼左側婦女的頭巾的顏色那麼鮮豔？
Q2.米勒為什麼要畫這三位婦女？
Q3.工頭為什麼不去找那三位婦女？
Q4.為什麼這三位婦女不要去後面跟那些人一起工作？
Q5.米勒畫家在畫這幅畫時，心裡在想什麼？

Q6.為什麼比較遠的地方顏色是金黃色？為什麼比較近的地方的顏色是比較暗？

Q7.為什麼左側婦女的手要比出食指的動作，指著土地？

Q8.在畫裡面的三位婦女裡有米勒嗎？

Q9.為什麼天氣那麼熱，那三位婦人還在穿長袖？

Q10.為什麼那三位婦人要彎腰撿，不要蹲下撿？

Q11.米勒畫這幅畫的意義是什麼？

　　我看著這幅畫都看不出什麼東西，是同學說了我才發現原來畫裡有這些，所以看幅畫要深入的去看。老師回答了上面的問題，讓我重新認識這幅畫，原來這幅畫看似簡單，但是裡面卻藏了許多我們從表面上看不到的秘密。原來畫裡面藏了那麼多的秘密，平常我們看一張畫，我們只知道他的外表在說什麼，我們都沒深入的去了解他的涵義是什麼，只看他的外表是什麼？經過這次老師教我們閱讀這幅「拾穗」，我才深深了解，原來畫裡都藏著許多我們不知道的秘密。

　　我看著這張米勒的作品，感覺這些婦女真是不怕辛苦，也不怕勞累。她們這樣的舉動是為了養家糊口，假如這些婦女沒有撿到許多的麥子，是不是她們一家人就沒有飯可以吃？就要餓肚子？如果沒有麥子的話，那這些婦女要靠什麼養家糊口？如果米勒沒有畫這張畫，我們怎麼會知道，撿麥子撿到一碗飯的量，是這麼的辛苦？如果今天老師沒有帶我們下去實際做看看，我們會知道撿到一碗飯的量是多麼困難嗎？我們會知道我們吃的一碗飯是得來不易嗎？這些婦女很辛苦的在養家活口，希望是能撿到一碗飯量，回家給家人吃，感覺真是溫馨啊！如果婦女的家人，看見婦女每天都這樣辛苦的拾穗，婦女的家人會有什麼反應嗎？這些問題，我是回家看這幅畫我才想到的。

老師說：「在台北，我看到了這一幅畫，我要進去畫裡時，卻被這三位婦女推出來了！我試著嘗試要走進去畫中的土地，但是這三位婦人卻不讓我進去。我試著躲開這些婦女，但我卻被麥桿刮傷了。」

我心裡想著：「為什麼這些婦女，不讓黃老師走進去呢？是因為什麼原因呢？」

後來老師又問我們：「為什麼這些婦女，要在這裡辛苦的拾穗？工頭給她們一人一包米，他們就可以不用在這裡曬太陽，就可以回家了。為什麼婦女她們不要？」

有人舉手了，他的答案是：「因為要維持她們的尊嚴。」

老師又問：「什麼是尊嚴？」

有人說：「自己的自尊。」

老師又問我們什麼是自尊？有一個同學說：「自尊心。」

老師又問我們：「我有沒有跟你們說過，我買菜的故事？」

我們說：「有。」結果老師問有沒有人可以再說一次這個事，同學就把整件事的經果說完了。我記得後面而已，很像是老師給那個阿婆一百元，然後說：「我跟妳買這些菜，阿婆妳幫我把這些菜送給別人，結果那個阿婆沒收老師的錢，就走了。」

老師說：「這個阿婆寧可不要別人幫助，也要自己把菜買完，這個阿婆很有自尊。」

經過這次的經驗，我覺得原來我們不能只看畫的表面，畫裡也有許多我們不知道的秘密。如果老師沒有介紹這一幅畫的話，我們可能都不會知道原來要撿到像一碗飯的量的麥子是多麼的困難，多麼的辛苦。

如果老師沒有帶我們下去的話，我們也不會知道在太陽下撿麥子是多麼的累，還會讓人腰酸背痛。這次的體驗，讓

我明白原來畫裡有那麼多的含意，還有以前的人，能吃到一碗飯是多麼的得來不易，所以我們現在是很幸福的。

20　陳雲苓

星期六，補課的一天。在涼爽的一天，直到上鄉土課前，我們全班欣賞了米勒的畫「拾穗」，這一天讓我了解了米勒的作品，也進入了藝術的世界！

首先，我們講出這幅畫的特色；背景有房子及騎著馬的工人，和一堆堆疊得高高的麥草，畫中有三位婦女在黃昏時，彎著腰撿起「麥穗」，再觀察到每一位婦女的特色，最左邊的婦女，戴著鮮艷的藍帽，一隻手放在背上 ，另一隻手指著「麥穗」，不知是否在找著她的麥穗，還是有其他原因。第二位婦女也是認真的拾穗，臉部表情好像在哭泣；第三位婦女，沒有彎下腰撿麥穗，一臉驚訝的表情，不知道是發生了什麼事情？而出現如此驚訝的神情。

可是為什麼要特別凸顯這三位婦女呢？

而為什麼將後面的人物畫得如此的模糊及微小？

為什麼第二位婦女要哭泣？

為什麼後面要疊高高的麥草呢？

為什麼後面的工人也不來看她們工作呢？

對於這幅畫，我處處充滿了疑問呢！

在操場時，老師把米撒在操場上，要我們將米撿起來，而且只能站著撿，撿完後，我們全身汗流浹背，讓我們體會到三位婦女，當時拾穗的心情及辛苦。原本以為很簡單，沒想到做起來是這麼的困難，更沒想到一碗飯的「真面目」是多麼辛苦、艱難啊！

老師也把其他畫家的畫作拿出來，有梵谷、米勒、秀拉。三幅畫的差別是：梵谷的畫風是比較活潑、清爽帶點快樂。

米勒的是比較不快樂，帶點憂傷，因為婦女辛苦的撿米，所以我覺得這幅畫是憂傷的。秀拉的則是跟梵谷一樣清爽，和大自然的接觸，有樹、河流等的物件。而且秀拉的這一幅畫，是用筆一點一點的點出來的呢！

上課時，老師說可以用鏡頭仔細的觀察，在鏡頭觀察下我發現第一張梵谷的畫，特別在強調爸爸抱小孩，爸爸要抱小孩的原因可能是：爸爸工作累了，看見孩子，覺得很開心想要抱抱他！

第二幅畫是米勒的「拾穗」，特別強調的原因是：可能三位婦女看起來很辛苦的在拾穗吧！

第三幅是秀拉的點畫，可能是在強調人物舒服的躺在草地上吧！

這三幅畫呈現給每個欣賞畫的人不同的意義呢！

下午，老師把梵谷、秀拉的畫拿了下來。此時，我們才真正的進入了米勒的藝術世界裡。

在炙熱的下午，全班鴉雀無聲的專心聽著老師上課，中間老師讓我們輕鬆一下，原本以為會很想睡覺，沒想到上這堂課是很有趣又好玩的呢！

上課時，我們提出大約十個問題，其中有一個令我最好奇。

為什麼這三位婦女的其中一位，戴著藍色帽子的婦女，為什麼要指著「麥穗」呢？這個問題雖然解開了，我還是無法了解這個謎題呢！

這幅米勒的畫－「拾穗」，老師讓我們親身體驗這堂課的學習，到如何欣賞一幅畫的特點，也讓我懂得如何欣賞一幅畫，更讓我非常喜歡藝術。

這時，我突然也懂了，第二位婦女為什麼要哭泣了！

23　洪亞婷米勒名畫「拾穗」教學：

　　在一個天氣晴朗的日子，吹著微微的風，看著旁邊的樹葉在搖擺，小朋友的笑聲，伴隨著時間一分一秒的過去。剛開始，看著這張圖，這張圖裡是在描寫法國的一個地方，那個地方的天空是藍色的，又帶有一些土黃色，感覺上像是黃昏，而我們這邊的天空是蔚藍、湛藍的，讓人──

　　早上，剛剛從五樓合唱團回來的我，一回到教室，老師就說：「我們等一下要去操場的草地那邊，實際的讓你們體驗一下『拾穗』。」說完，老師就拿著一包不知道是什麼稻米，然後叫我們出去排隊，一同帶我們全班到了操場的跑道上，並且跟我們說明一些相關的規則。

　　他在橢圓形的左半邊，撒下一顆又一顆的稻米，當老師灑下時，就好像很多細細的金粉一樣，撒在草上。老師撒完了，便叫我們開始撿，由於老師在撒時，大部分的同學都在專心的看老師撒在那裡，這樣撿起來會比較輕鬆一點。撿一會兒時，老師又叫我們停，說：「要像米勒的那一幅畫一樣，要彎腰撿，而不是蹲著撿。」後來，撿到腰酸背痛，猛流汗，有的人還唉呀唉呀的叫。

　　米勒的那一幅畫裡面有許許多多、大大小小的房子，還有幾間倉庫，看起來就像是村莊或村落。還有一些綠色的樹，一個騎馬的工頭在指揮這些工人，要工人把馬牽到不知道什麼地方。旁邊的麥草堆得比人還高上兩倍，麥草堆旁有一輛車正準備把割好的麥草疊到上面去。旁邊有一些人正在幫忙，最後面正是大西洋。從圖片中放眼望去，可以看到一望無際的遼闊大草原。

　　我們大家從第一節課開始，一直撿，撿到第二節上課，大家早就已經汗流浹背了，臉也紅得像蘋果一樣。我們在草

地上撿了好久好久，找到大家的眼睛都酸痛不已，還是繼續找下去，況且背又不能彎，我們這才體會到這些老年農婦賺錢的辛苦。必須把人家收割過後，剩下的一些麥草撿起來，也體會到什麼叫做粒粒皆辛苦了，真是非常非常的辛苦呢！

這次的辛苦體驗，讓我知道原來法國也有這種鄉下地方，也覺得這些農婦非常厲害，我們站一下就受不了了，他們三位婦人居然可以從早上站到晚上，都沒有怨恨過誰，也沒有說不要做這種辛苦的工作，真的好厲害！令我非常的敬佩這幾位婦人。

回到教室，老師三、四節課都先上別的課。午睡完，第一節上課，不知道為什麼，六個班的老師其中還包括我們的老師，全部都來了，後面還有一台攝影機在拍攝我們老師和我們的教學互動，以及怎麼跟我們討論。

老師把三張圖貼到黑板上，並且標記第一張圖、第二張圖、第三張圖。第一張圖是梵谷畫的，第二張是圖是米勒畫的，第三張圖是秀拉畫的，老師叫我們討論，我們討論出來的的有：光線、色彩、物件、場景、筆觸、價值觀、鏡頭，這些類別，都是我們看書的時候可以判斷、欣賞的地方。

其中物件類裡面有分成人物、動物，鏡頭裏面有分成特寫鏡頭、鳥瞰鏡頭〈高鏡頭〉、低鏡頭、移動鏡頭。

老師還要我們踴躍發表，回答：「看到米勒『拾穗』這幅畫有什麼感覺、感想？」

我們全班討論出來的結果有：不浪費、仔細、不自私、大家都在做工作，很忙、非常窮、可憐、婦女很努力、「一分耕耘，一分收穫」、「粒粒皆辛苦」。老師還要我們問問題，我們全班一起問問題：

米勒的圖左側帶著藍色頭巾的婦女，為什麼特別的顯眼呢？

　　為什麼米勒把這三位彎著腰，撿麥子的婦女畫的很像主角一樣？

　　米勒的心裡面要表現什麼？

　　米勒的內心要強調什麼意義？

　　這些問題，都是我們全班一起共同討論出來的。

　　我們討論完後，老師對我們全班，說：「只有兩個字，就是『佩服』。」

　　老師還說，他以為我們班會討論不出來，結果讓他很驚訝，我們全班聽了都很認同，也很高興。後面參與的老師看到我們搞笑時，有的老師也會笑，這些過程都是我們和老師費了非常大的心思、很多節課才討論出來的。老師又說了一次「佩服」時，大家都笑了。他也覺得很得意，高興的不得了呢！

　　我覺得我在這一天裡學到了很多的知識，雖然跟平常一樣在學校按照課表上課，但是這一課真的很重要，也很寶貴。我想這可能是我第一次「拾穗」，也是最後一次，我想要謝謝老師替我們上了這麼寶貴的一課，一定會讓我畢生難忘。我想我這一輩子都不會忘記，這「拾穗」的過程！

　　我一定會好好的記在腦海裡，以後長大了隨時都可以回憶這個寶貴、美好的一天。

25　吳嵐俞「名畫教學」

　　今天老師特地把米勒的畫「拾穗」貼在黑板上。對我們說：「等一下要帶我們去操場上親自體驗『拾穗』的辛苦。」

　　第一節課，老師果然帶我們去操場，老師先向我們說明要怎麼做，之後，就把一些麥子撒在草地上，要我們學畫中的三位婦人，彎著腰撿拾麥子。撿著、撿著，撿得我腰痠背痛。可是老師說，要他說「收工」，才可以停止撿麥子的動作。我撿得汗流浹背，直到老師說「停」，所有的同學才停

止動作，一起跑到老師面前集合，收工走回教室。

　　下午第一節，老師說會有其他的老師在後面錄影，我們聽了心驚膽跳。午休過後，全五年級的老師都來看我們上課。

　　起先，老師在黑板上貼了三幅畫，有梵谷的畫，有米勒的畫，還有秀拉的點畫呢！老師要我們先想想看，這三幅畫有什麼不一樣的地方？

　　之後，老師要我們想想看有那些？想了老半天，怎麼想都想不到，可是有人還是想出來了，所以我只好繼續想囉！在教學中間還有一小段插曲，因為老師叫同學上台瞧瞧，這些畫給你什麼樣的感覺？請口頭報告。

　　然後老師請林品堯同學上台，但是他說完第二張圖時，他就想不出來了。所以老師就請劉妍玫同學上台，但是老師每次都把劉妍玫同學的名字，唸成邱韻君同學的名字，逗得全班哈哈大笑！下午的第二節課，老師跟我們說：「他以前去台北看米勒的畫時，他想要走進去，可是米勒不讓他進去畫裡面。當他走進去時，他想要閃開婦女手中的麥草，卻被割傷了。後來，他去夜市吃他最喜歡吃的臭豆腐後，就把這件事忘得一乾二淨了！後來看到國語課本上的課文時，才想起這件事，並繼續思考這個問題！」

　　我們開始解這些謎題了！我們的第一個解開的謎題是：為什麼那位工頭不來看這三位婦女呢？

　　老師說：「因為那三位婦女已經七、八十歲了，而且他們是在收割完後的麥田裡撿麥子，並且說她們也有自己的自尊，她們不想被別人看不起，所以不接受別人的救濟。」同時老師也說起他以前在菜市場，有位老婦人要老師買她賣的青菜，所以老師就說這三把我買了，妳幫我拿去送給別人，話才剛說完，那位老婦人就走開了。所以，老師說每個人都有自己的尊嚴，不會隨意接受別人的救濟。

　　最後一題是：「為什麼米勒不讓老師走進他的畫裡呢？」

　　老師說：「因為這幅畫的主角是這三位婦女，也有可能是在這三位婦女裡面，其中一位是米勒自己呢！」老師的話剛說完，鐘聲就響了。老師大約再講個八、九分鐘，我們就準備下課了！

　　今天，我學到不少，因為老師說他特別教我們怎樣欣賞名畫，真是既開心又特別的一天，希望老師以後還可以教我們欣賞名畫的技巧。

　　雖然今天撿麥子時，腰痠背痛，但是我還是很喜歡這樣的課程，因為平常我們都不知道撿麥子有多辛苦，現在我知道了。而且我們也可以體會婦女們的辛勞，在炎熱的大太陽底下撿麥子有多辛苦，現在我總算知道得來不易的含意是什麼了，想起有時候沒有珍惜食物，真是慚愧呀！

　　希望老師今後還可以傳授我們更多的知識，讓我們能再親身體驗農人的辛勞，也讓我知道要好好珍惜這世界上的資源，一點都不能浪費。因為每個人應該要體會到：鋤禾日當午，汗滴禾下土，誰知盤中飧，粒粒皆辛苦啊！

26　詹晴軒閱讀「拾穗」

　　三位婦女正在著金色的麥子。

　　我看見三位六、七十歲的婦女，正撿拾著一粒粒的麥子。讓我好奇的是，為什麼藍色頭巾的婦女，手要指著一片金色麥田中的小麥粒？

　　她們要自己撿麥子，為了養活自己、養活孩子、養活自己的家人，在大太陽底下辛苦的工作，撿著一粒粒的米。米勒在畫這三位婦女時，心裡到底在想什麼呢？米勒畫這幅畫在表達的是什麼？是因為婦女的辛苦震撼到他？雖然我不知道，但是在這幅畫的婦女彎著腰撿麥子，不丟窮人的自

尊，不自私，仔細找著家人要吃的麥子，真令人敬佩。

　　看見後面一間間的豪華屋子，一堆堆的麥草，要撿幾年才撿的完？裡面有多少麥草？想到這讓我想起早上撿的麥子，我彎著腰努力找著麥子，讓我的眼睛不但不能不用力找，彎著腰我快像腦充血一般，快要暈過去。雖然我也是像米勒的那張「拾穗」一樣，在大太陽下面工作，可是她們要撿一整天的麥子。我滿頭大汗，汗流浹背，腰酸背痛，我們才撿了八十分鐘就不停的喊叫。

　　米勒所畫的有錢和窮人的光線、層次、調配顏色是什麼？

　　裡面我最好奇的是藍色頭巾那位和其他人婦女的不同，沒有圍兜兜，手指著麥子，那是米勒自己把她畫到裡面去的嗎？

　　中間穿戴著紅衣，全身紅通通的那位婦女充滿了熱情，像是招呼我們快來這兒。雖然在同一片的金黃麥穗裡，後面騎著馬的工頭，為什麼不去窮人的世界那兒管呢？反而在那被太陽照射的有錢世界？

　　婦女都肯彎著腰，撿麥子，比起那些年輕的工人還努力，為什麼工頭就是不肯請她們工作？是因為三位婦女要保留窮人的自尊心？不讓別人瞧不起她？還是辛苦收穫來的東西，才值得？還是不想被別人嘲笑她們？這幅畫有著種種的謎底？

　　米勒使用近距離的鏡頭，特地把這三位婦女凸顯著婦女撿拾的粒粒皆辛苦。用遠距離的鏡頭，把有錢的世界縮成這麼的迷你小。我光看這幅畫，安安靜靜的像米勒那樣的鏡頭，像進入「拾穗」的畫面，可以聞到這裡麥草陣陣漂浮的香味，可以從遠處聽到一點工人搬運和喝喊聲，也可聽見騎馬的工頭，大聲吆喝著、命令著。

　　米勒專心投入這幅畫的心意，是被這三位婦女所感動的！

　　紅色頭巾，藍色頭巾，紅色代表熱情，藍色代表著希望，合起來就是生命代表熱情，生命代表了希望。同樣彎著腰撿麥子，可是姿勢卻有著不同的祕密！這種彎下腰撿東西，我能體會到痛苦和辛勞……

　　婦女有著那樣堅強的心，讓我看了不能不佩服……

27　許詠歆

　　下午第一節課，老師把昨晚想到三點的筆記，講解給我們聽。

　　這是一幅米勒的「拾穗」，三位婦正在撿麥子，後面有好幾個男生在堆麥草，一旁的工頭正在騎馬。我看上去是藍藍的天，後面有著一個海，轉頭又有一個立挺高大的幾座山，黃色的背景──接著是老師在講解的過程。

　　老師擺了三幅圖畫，一個是在農田上有幾個農夫正做完工作要回家，旁邊有好幾棵樹，梵谷他畫的是看起來比較活潑的。再來就是三位婦女正在撿麥子，努力的，用色黯淡，看起來是憂傷的。第三幅是工作完的幾個人，到河邊洗澡，看起來很無憂無慮的。老師請林育諺和劉妍玫還有林品堯來說這三幅圖畫。

　　林育諺說：「第一幅畫看起來很沒有煩惱，自在的，很有生命力的。」

　　老師說，「為什麼你這麼覺得？」他答不出來，於是老師就說，「因為它的樹是清綠色，像是春天剛長出來的嫩草，剛活起來，所以很有生命力對吧！」

　　林品堯說，「拾穗」看起來是很難過的。最後他發現最後那一幅正在洗澡的畫，左下角有畫家的簽名。

接著老師和全班對話。第三張幅畫是用筆，一點一點畫出來的。第一幅畫是用廣角鏡頭，第二幅是用近鏡頭，第三幅是特寫鏡頭。

老師讓我們提問題，畫者畫這幅圖畫的意義？畫者在畫時心情是如何？後面那些男生，為什麼把麥草堆得這麼高？背景為什麼用金黃色──。

我自己心想，婦女來這裡撿麥子撿的這麼辛苦，手酸，腳酸，腰酸背痛，雙臉頰流這一滴又一滴辛苦累積下來的汗水，是為了什麼？

我們問完問題，輪到老師問我們：「第一眼看到這幅『拾穗』的畫，心裡第一個直覺是什麼？」

有人說：「粒粒皆辛苦。」

有人說：「天下沒有白吃的午餐。」

我覺得看到的第一直覺是：「哇！這三位婦女努力的拾穗，不接受別人的幫助。雖然是窮人，寧願來這裡拾穗，因為他有一個生命的尊嚴要堅持下去。」

老師讓我們到操場模仿三個婦女撿米，炎熱，流著汗，很不舒服。老師當工頭，而我們在撿米，這次的實際行動，雖然沒有像三個婦女一樣撿了一整天，不過也有體會到那時撿米的心情。我想，她們一定累壞了，所以知道世界上的每個國家，每個村落，都要向這三個婦女的意志力學習。

28 巫敬恩米勒名畫「拾穗」教學：

第一節課的時候，老師將他手上的那一袋麥子撒在草地上，要我們體會「拾穗」那一幅畫中的三位婦女，努力撿麥子的感覺。當我在彎著腰，低著頭仔細看著那裡有麥子，那時我才發現，麥子看起來是黃色的。

　　當我彎著腰，低著頭，撿著那些麥子的時候。我的腰痛得好像要折成了一半呢！我才體會到，那一幅畫中的三位老婦女非常努力的，撿著那一大片麥子辛苦的感覺。

　　老師發給我們一幅畫，要我們安靜的在教室中閱讀。

　　近看這一幅畫時，可以清楚的看到，有三個婦女在撿麥子，婦女身後有許多堆，已經收成的麥子。也有許多人和房子，在畫的最後面有一小片的樹林，再來就是藍藍的海平線。

　　遠看著這一幅畫時，可以看到一片草地，前面那三個婦女，後面已收成的麥子，還有黃黃和藍藍的天空，如果再近一點看的話，勉強可以看到一些小小的人和一點點綠色樹林。

　　我覺得近看這幅畫時，可以清楚的看見這小細節，而遠看這一幅畫時，不能看到一些小細節。當我在欣賞「拾穗」這一幅畫時，我的腦袋浮出來很多、很多我對這一幅畫的問題。但是老師卻在我還沒問出那些問題時，都把我要的答案都給說了出來，所以我才覺得老師一定在上課前，先把「拾穗」那一幅畫欣賞完了。

　　像是那一個綁著藍色頭巾的婦女，喘著氣、扶著腰，一邊將那些麥子一顆一顆地撿起來。綁著紅色頭巾的婦女也將那一顆一顆的麥子撿起。戴著橘色頭巾的婦女，好像是因為太累了，所以才會站起來休息一下吧？

　　婦女們的自尊心非常的強，因為老師說：「就算那些婦女不管自己多麼貧窮，她們也不會拿別人施捨給她們的東西，因為她們不想過著像乞丐的起討生活。」

　　我覺得米勒這一個畫家非常厲害，因為他可以將「拾穗」中的三位婦女和遠方的景色清楚地描繪出來，而且他還將三位婦女的臉部表情、動作和年齡畫出來。三位婦女的地方畫的暗暗的，再將後面畫的亮亮的，這樣是為了將三位婦女內

心的悲傷表現出來，也將三位婦女的努力表現出來。所以我要繼續欣賞下去。

17.

做了名畫導賞的教學之後，整個人的夜晚輕省下來。

星期一的凌晨下了雨。空氣中有著滋潤的氣息。

他想著教學演示的嘗試工作，維持著兩個知識取向的操作。

一個是從上層結構到下層結構的演繹法教學，直接呈現名畫閱讀類目，逐步從畫面細節找到支持自己觀察的要點。

二是從比較不同畫作的相異點，突顯不同的概念類別，逐步以歸納法教學。這樣教學者也在示範知識的學習建立歷程，是以歸納法理出多種閱讀名畫的類目，這也會有更原創性的發現。

教學進行中，他隨時掌握著孩子的情緒學習、智力學習。他又必須全神專注又表現放鬆的模樣，演出這場臨場教學戲碼。小組討論教學法的澄清法、探究法、延伸法、證實法，不斷地在教學中，成為一種習慣性的教學語庫，穿梭著。他的發問技巧熟練地，可以連結孩子的生活經驗與知識學習的概念。他的教學表徵常是原創性的神乎其技。

因為他愛教書，他愛和孩子一起玩耍，是一個頑童。

有一次，有個仁波切有意請他皈依門下，他說著：「我是佛教康樂隊。你這裡有這個部門嗎？」

又有一次，有位修練者說著：「我們是走正道。」

「我只會走人行道。」他總出其不意地，行不由徑。

黃老師也想著：「一個五年級的孩子，要回憶著『教學歷程』，慢慢的書寫二千字的稿件，真的不容易。景物描寫句、人物描寫句、現場寫作訓練、畫閱讀意象圖、書寫課文綱要，這一些閱讀、寫作基本功夫，這一天可要面臨考驗了。」他期待星期一的網路信箱，能趕快被看見，不知道會是什麼世界的產物？

　　他想著：「如果為教育慈悲下操作行定義，該怎麼下定義？」

　　「該包括從孩子的感受世界，再來思索教學工序、教學工藝的表現歷程？」他對自己內心的提問，也顯得有點難處。

　　最近閱讀法國人類學家，結構主義之父李維史陀的書籍。黃老師替換語詞般地，想著：「如果教育是終其一生要保有的目光。那這目光又是什麼？」

　　「我被初次體驗到的美感深深撼動。──這幅畫便彷若成為從露台看出去的遼闊景色。──可以使我沉浸數小時。──對我而言，仍是『童真愛情的綠色天堂』。」黃老師從日本川田順造先生在「月的另一面──一個人類學家的日本觀察」一書的序言，抄下這一段李維史陀的經驗。

　　這一段語言，讓他著迷好些陣子。

　　他每想起這一段語句，便會想起歌星兼藝術家的翁倩玉小姐在日本的版畫藝術作品。他會想起馬偕李永樹醫師手上的幾幅日本版畫。他會走到樓上，神遊地看著自己收藏的二幅日本山水畫，一是瀑布，一是走入山林中。

18.

是一塊綠柱石和琥珀，

寧靜大海上的

瓷器和紫色。

　　　　　〈沉思〉節錄 Antonio　Machado，1875-1939。

　　　　二十世紀西班牙詩歌的一代宗師。董繼平譯。p.262

　　窗外漂浮著中央山脈醒來的夢，行走幾處神秘的丘陵、平原。冬季把未可知的一切晨霧推開。雨季的語言是什麼？迷迷濛濛地說出存在主義。白日之夢像玻璃杯，有幾隻孔雀魚在游動。山上是印象派畫家，賽尚遙遠的句子。一個筆觸刷過冬末、初春的顏色。

後記

心眼之舞

〈心眼之舞〉2012.05.18.

微雨之夜，屋簷水路垂落蛛絲馬跡，
雨，澄明的祢，本自清淨。微微之密，
身上薄紗縷縷飄動祢再見前世的笑靨。

蒼穹守候多少個日子的層積烏雲，才足夠以釋放為名，
為雨，為水鏡之月，為祢在時間化為我點燃的松香粉末。
嬝嬝煙舞上供下施之登場，繞著我的咒語思念。

心情就是一場法會，心境就是一場空性法雨。

放入心情底端的菩薩形象，在長廊影像晨舞。
晶瑩的眼之神采有歌，有我念佛、念法、念僧的念珠
如曇那一世祢內心秘境的如露亦如電。
祢，菩薩的代名詞。菩薩，祢的代名詞。
身著一片葉衣佛母，嗡——阿——吽——

感，專注思綺回眸蕩然的空曠世界。
應，放開那一面心鏡的來到祢是全然的我。
道，找到我的路徑竹林，微風扶搖。
昭，朗然的壇城坐著祢我看著眾生淨土。
嗡——阿——吽——班雜　咕嚕　唄瑪悉地——吽——

為著憶念祢的眼睛蒼穹，

我無思無辯無物地想祢為我生活的空氣。

禮敬我的無邊思念。

嗡──阿──吽──班雜　咕嚕　唄瑪悉地──吽──

禮敬我的無止境想祢。

嗡──阿──吽──班雜　咕嚕　唄瑪悉地──吽──

新座標9　PF0094

新銳文創
INDEPENDENT & UNIQUE

白佛言閱讀與寫作教室
（下冊）
——Be-tween這樣幸福

作　　者	白佛言
責任編輯	林千惠
圖文排版	楊尚蓁、楊家齊
封面設計	王嵩賀

出版策劃	新銳文創
發 行 人	宋政坤
法律顧問	毛國樑　律師
製作發行	秀威資訊科技股份有限公司
	114 台北市內湖區瑞光路76巷65號1樓
	電話：+886-2-2796-3638　傳真：+886-2-2796-1377
	服務信箱：service@showwe.com.tw
	http://www.showwe.com.tw
郵政劃撥	19563868　戶名：秀威資訊科技股份有限公司
展售門市	國家書店【松江門市】
	104 台北市中山區松江路209號1樓
	電話：+886-2-2518-0207　傳真：+886-2-2518-0778
網路訂購	秀威網路書店：http://www.bodbooks.com.tw
	國家網路書店：http://www.govbooks.com.tw

出版日期	2012年8月　初版
定　　價	500元

國家圖書館出版品預行編目

白佛言閱讀與寫作教室：Be-tween這樣幸福 / 白佛言著. --
初版. -- 臺北市：新鋭文創, 2012.08
　　冊；　公分.
　ISBN　978-986-6094-89-7（上冊：平裝）--
ISBN　978-986-6094-91-0（下冊：平裝）

1.漢語教學　2.閱讀指導　3.作文　4.小學教學

523.311　　　　　　　　　　　　　　　　101009494

讀者回函卡

感謝您購買本書,為提升服務品質,請填妥以下資料,將讀者回函卡直接寄回或傳真本公司,收到您的寶貴意見後,我們會收藏記錄及檢討,謝謝!如您需要了解本公司最新出版書目、購書優惠或企劃活動,歡迎您上網查詢或下載相關資料:http:// www.showwe.com.tw

您購買的書名:＿＿＿＿＿＿＿＿＿＿＿＿＿＿＿＿＿＿＿＿＿＿＿＿

出生日期:＿＿＿＿＿年＿＿＿＿＿月＿＿＿＿＿日

學歷:□高中 (含) 以下　　□大專　　□研究所 (含) 以上

職業:□製造業　□金融業　□資訊業　□軍警　□傳播業　□自由業
　　　□服務業　□公務員　□教職　　□學生　□家管　　□其它＿＿＿＿

購書地點:□網路書店　□實體書店　□書展　□郵購　□贈閱　□其他

您從何得知本書的消息?

　　□網路書店　□實體書店　□網路搜尋　□電子報　□書訊　□雜誌

　　□傳播媒體　□親友推薦　□網站推薦　□部落格　□其他＿＿＿＿＿＿

您對本書的評價:(請填代號　1.非常滿意　2.滿意　3.尚可　4.再改進)

　　封面設計＿＿＿　版面編排＿＿＿　內容＿＿＿　文／譯筆＿＿＿　價格＿＿＿

讀完書後您覺得:

　　□很有收穫　□有收穫　□收穫不多　□沒收穫

對我們的建議:＿＿＿＿＿＿＿＿＿＿＿＿＿＿＿＿＿＿＿＿＿＿＿＿

＿＿＿＿＿＿＿＿＿＿＿＿＿＿＿＿＿＿＿＿＿＿＿＿＿＿＿＿＿＿＿＿

＿＿＿＿＿＿＿＿＿＿＿＿＿＿＿＿＿＿＿＿＿＿＿＿＿＿＿＿＿＿＿＿

＿＿＿＿＿＿＿＿＿＿＿＿＿＿＿＿＿＿＿＿＿＿＿＿＿＿＿＿＿＿＿＿

11466
台北市內湖區瑞光路 76 巷 65 號 1 樓

秀威資訊科技股份有限公司 收

BOD 數位出版事業部

....

（請沿線對折寄回，謝謝！）

姓　　名：＿＿＿＿＿＿＿＿＿　年齡：＿＿＿＿＿　性別：□女　□男

郵遞區號：□□□□□

地　　址：＿＿＿＿＿＿＿＿＿＿＿＿＿＿＿＿＿＿＿＿＿＿＿＿＿

聯絡電話：(日) ＿＿＿＿＿＿＿＿＿＿　(夜) ＿＿＿＿＿＿＿＿＿＿＿

E-mail：＿＿＿＿＿＿＿＿＿＿＿＿＿＿＿＿＿＿＿＿＿＿＿＿＿